数字经济概论

理论、实践与战略

中国信息通信研究院◎著

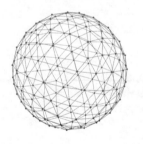

人民邮电出版社

北 京

图书在版编目（CIP）数据

数字经济概论：理论、实践与战略 / 中国信息通信研究院著. -- 北京：人民邮电出版社，2022.1
ISBN 978-7-115-53228-2

Ⅰ. ①数… Ⅱ. ①中… Ⅲ. ①信息经济学 Ⅳ. ①F062.5

中国版本图书馆CIP数据核字(2019)第282406号

内 容 提 要

当前，全球新一轮科技革命和产业变革突破爆发，数字化浪潮席卷全球。数字经济成为当前全球创新发展的时代趋势，深刻影响着全球的科技创新版图、产业生态格局和经济发展走向。本书致力于从理论、全局、技术、产业、治理等多个维度准确刻画当前全球数字经济的发展现实与核心逻辑，并希望为国家、企业等深入了解数字经济、规划未来发展战略提供清晰的参考蓝图与前进方向。本书适合宏观政策研究者、智库行业研究人员、公司高管、市场专家、架构师等人阅读与学习，也适合作为高校数字经济课程的参考读物。

◆ 著　　　　　中国信息通信研究院
　　责任编辑　赵　娟
　　责任印制　陈　犇

◆ 人民邮电出版社出版发行　　北京市丰台区成寿寺路 11 号
　　邮编　100164　　电子邮件　315@ptpress.com.cn
　　网址　https://www.ptpress.com.cn
　　涿州市般润文化传播有限公司印刷

◆ 开本：720×960　1/16
　　印张：19.75　　　　　　　　2022 年 1 月第 1 版
　　字数：279 千字　　　　　　2024 年 8 月河北第 11 次印刷

定价：79.90 元

读者服务热线：(010)53913866　印装质量热线：(010)81055316
反盗版热线：(010)81055315
广告经营许可证：京东市监广登字 20170147 号

编　委　会

前　言

纵观世界文明史，人类先后经历了农业革命、工业革命、信息革命。每一次产业技术革命，都给人类生产生活带来了巨大而深刻的影响，不断提高着人类认识世界、改造世界的能力。数字技术日新月异，应用潜能全面迸发。数字经济正在经历高速增长、快速创新，并广泛渗透到其他经济领域，深刻改变世界经济的发展动力、发展方式，重塑社会治理格局。

数字经济是以数字化的知识和信息为关键生产要素，以数字技术创新为核心驱动力，以现代信息网络为重要载体，通过数字技术与实体经济深度融合，不断提高传统产业数字化、智能化水平，加速重构经济发展与政府治理模式的新型经济形态。

发展数字经济，是紧跟时代步伐、顺应产业规律的客观路径，是着眼全球、提升综合国力的战略选择，是立足国情、推动高质量发展的内在要求。当前，我国处于大力发展新一代信息技术，推动新旧动能接续转换的关键期；处于通过数字化、网络化、智能化，深化供给侧结构性改革、建设现代化经济体系的攻坚期；更处于贯彻落实党中央、国务院决策部署，发展壮大数字经济的重要机遇期。发展数字经济对贯彻落实党中央、国务院决策部署，深化供给侧结构性改革，推动新旧动能接续转换，实现高质量发展意义重大。

中国信息通信研究院在数字经济领域研究积淀深厚，已经连续多年发布了"数字经济白皮书"，测算方法被纳入二十国集团（Group of 20，G20）《数字经济测算工具箱》，测算结果被广泛引用。本书在以往研究的基础上，对数字经济展开从理论到实践的全面深入研究。第一篇理论篇介绍了数字经济的内涵特征、运行机理、核算方法、生态体系。第二篇总体篇详述了全球数字经济发展态势、中国数字经济发展态势、数字经济对就业的促进作用、数字经济创新以及数字贸易。第三篇到第五篇深入剖析了数字经济"三化"（即数字产业化、产业数字化、数字化治理）的内涵、机理、问题、路径等。

未来几十年，是数字化改造提升旧动能、培育壮大新动能的发展关键期，是全面繁荣数字经济的战略机遇期。发展契机转瞬即逝，谁能抓住机遇，谁就能赢得发展先机。我国应准确把握发展大势，明确历史方位和发展方向，加强统筹谋划，借鉴国际经验，发挥大国大市场的优势，保持战略定力，增强发展动力，深化改革，努力开拓数字经济发展新局面。

"明者因时而变、知者随事而制"。为顺应新一轮科技革命和产业变革的世界大潮，中国信息通信研究院将一如既往，笃学求真，持续加强数字经济研究，坚持基础理论与产业实践相结合、国内发展与国际经验相结合、历史进程与战略远景相结合，努力探求数字经济内在机理，努力洞悉数字经济发展规律，努力为社会各界提供开卷有益的智库成果，为新时代数字中国建设做出更大的贡献。

目 录

第三篇　数字产业化篇

第四篇　产业数字化篇

第五篇　数字化治理篇

第一篇
理论篇

当前，我国正处于经济结构转型升级与新一轮科技革命和产业变革突破爆发的历史交汇期。经济发展依靠资源驱动的老路既行不通也走不远，亟须开辟新的发展路径，新旧动能接续转换的客观需求也日趋迫切。以数字技术为代表的创新多领域、群体性加速突破，实体经济利用数字经济的广度、深度不断扩展，新模式、新业态持续涌现，经济成本大幅降低，效率显著提升，产业组织形态和实体经济形态不断重塑，数字经济方兴未艾，发展大幕已然开启。

第一章
数字经济的内涵特征

一、数字经济的概念内涵

（一）概念历史沿革

从技术经济范式的角度看，科技产业革命尤其是关键技术创新，将深入影响宏微观经济结构、组织形态、运行模式，进而形成新的经济社会格局。当代经济社会正从传统的技术经济范式向创新应用推动的数字经济范式转变，从"信息经济"概念到"数字经济"概念的变化中可以看到这种转变不断深化。

信息经济概念的提出：数字技术—经济范式肇始。20世纪40年代，微电子领域取得重大技术突破，第二代晶体管电子计算机和集成电路得以发明。人类的知识储备和信息处理能力大幅提高，数字技术对经济生活的影响初步显现。1962年，弗里茨·马克卢普（Fritz Machlup）提出"信息经济"的概念，正是以20世纪50～60年代的这次数字技术创新为背景，弗里茨·马克卢普深刻认识到"向市场提供信息产品或信息服务的那些企业"是一个重要的经济部门，"信息经济"概念由此诞生。随着数字技术的广泛渗透，"信息经济"概念被广泛使用并且内涵不断得到丰富。20世纪70～80

年代，大规模集成电路和微型处理器的发明，以及软件领域的革命性成果都加速了数字技术的扩散，数字技术与其他经济部门的交互发展不断加速。马克·波拉特（Marc Porat）在1977年指出，除了弗里茨·马克卢普所说的"第一信息部门"外，还应包括融合信息产品和服务的其他经济部门，也就是他所说的"第二信息部门"，数字技术创新与其他经济部门融合渗透，对经济、社会的影响进一步深化。

数字经济概念的提出：数字技术—经济范式跃迁。20世纪80～90年代，互联网技术日趋成熟。随着互联网的广泛接入，数字技术与网络技术相融合，数字经济的特征发生了新变化，全球范围的网络连接生成的海量数据，超出之前分散的终端所能处理的能力，云计算、大数据等数字技术快速发展。20世纪90年代，数字技术快速从信息产业外溢，在加快传统部门信息化的同时，不断产生新的生产要素，形成新的商业模式，电子商务成为最为典型的应用。电子商务等新模式、新业态甚至超越了马克·波拉特提出的"第一信息部门"和"第二信息部门"，这时需要一个新的概念来描绘数字经济发展模式的新变化。正是在这样的技术背景和应用背景下，随着尼古拉·尼葛洛庞蒂（Nicholas Negroponte）的《数字化生存》一书的热销，数字化概念首先兴起。1996年，美国学者唐·泰普斯科特（Don Tapscott）在《数据时代的经济学》中正式提出数字经济的概念，1998年、1999年、2000年，美国商务部先后出版了名为《浮现中的数字经济》（Ⅰ，Ⅱ）和《数字经济》的研究报告。数字经济概念的出现、传播及被广泛接受，是在数字经济快速发展与广泛应用的背景下，数字经济范式朝着更广泛、更深入、更高级的目标发展的表现，将带来经济社会面貌更为深刻的巨变。

（二）定义与内涵

数字经济是继农业经济、工业经济之后的更高级经济阶段。我们认为数字经济是以数字化的知识和信息为关键生产要素，以数字技术创新为核心驱动力，以现代信息网络为重要载体，通过数字技术与实体经济深度融合，不断提高传统产业数字化、智能化水平，加速重构经济发展与政府治理模式的新型经济形态。

从技术经济范式的角度看，科技产业革命尤其是关键技术创新，将深刻影响宏微观经济结构、组织形态、运行模式，进而形成新的经济社会格局。技术经济范式是一定社会发展阶段内的主导技术结构以及由此决定的经济生产的范围、规模和水平，是研究经济长波理论的基本框架，是技术范式、经济范式乃至社会文化范式的综合。

技术经济范式主要包括 3 个部分的内容：**一是以重大的、相互关联的技术构成的主导技术体系，构成新的关键投入，表现为新的基础设施、新的生产要素等；二是新技术体系的导入和拓展会对生产制度结构产生影响，引发创新模式、生产模式、就业模式等的改变；三是新技术体系还会对社会制度结构产生影响，引发生活方式、社会治理方式等的变革。**

当代经济社会正在从传统的技术经济范式向数字技术创新应用推动的数字技术经济范式转变。数字经济是在数字技术驱动下，经济发展与政府治理模式加速重构的新型经济形态，体现了生产力和生产关系的辩证统一关系。数字经济的"三化"框架如图 1-1 所示。

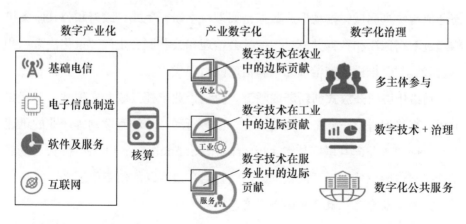

资料来源：中国信息通信研究院

图 1-1 数字经济的"三化"框架

1. 数字产业化：数字经济创新体系变革

数字产业化是数字经济发展的先导力量，以信息通信产业为主要内容，具体包括电子信息制造业、电信业、软件和信息技术服务业、互联网行业及其他新兴产业。数字产业化的稳步发展，集中表现为数字技术经济范式的创新体系变革。

基于互联网，全球创新网络深刻重构，数字经济创新生态系统构成国家创新体系的基石。跨领域、协同化、网络化的数字经济创新平台正在兴起，国家重大科技基础设施的开放和共享全面加快。数字经济领域的创新能力成为国家创新能力的核心和根本标志，创新主体互动、创新资源组织和创新成果转化的方式更加网络化、全球化和快捷化，促进形成更开放、更灵活、更快速、更贴近用户的创新发展模式，开启以融合创新、系统创新、大众创新、微创新为突出特征的创新时代。

数据驱动型创新正在向经济社会、科技研发等领域扩展，成为国家创新发展的关键形式和重要方向。工业、农业和服务业依托大数据分析，逐步实现精细管理、精益生产、精准营销、精确规划，并进一步优化产业供应链和资源配置效率；科研机构通过数据模拟和验证实现科学假设和科学推理的模态还原与仿真测试，推动形成数据密集型科学研究范式；政府和公共服务机构通过数据监测和数据共享，促使社会治理和公共服务走向"量化决策"和"数据治国"，推进国家治理体系和治理能力现代化。

网络化协同开放式创新渐成潮流。海量企业依托互联网实现联合多元化创新，直接促进电子商务、网络众筹、创客行动、移动互联网等产业的迅速崛起，加速效益向互联网技术（Internet Technology，IT）、营销、物流、设计等周边行业外溢。开放式创新已成为当今最活跃的创新形态之一。

2. 产业数字化：数字经济形态变革

产业数字化是数字经济发展的主引擎，是传统产业由于应用数字技术所带来的生产数量和生产效率的提升，其新增产出构成数字经济的重要组成部分。产业数字化集中体现为数字技术体系对生产制度结构的影响，即对传统产业组织、生产、交易等的影响。

数字经济"平台+生态"的组织结构呈现爆发式增长态势。平台化和生态化几乎成为所有数字经济领域企业的共同选择，越来越多的垂直领域产生平台企业和生态系统。在经济新常态的背景下，平台化和生态化的组织结构不仅能够有效促进供给侧结构性改革，而且能够有效扩大信息消费，同时也成为打通供给侧和消费侧的重要基础设施。

线上、线下融合发展成为引领数字经济发展的主导力量。从数字经济的发展史看，前几十年主要是信息产业自身的发展，而后几十年将进入线上、线下融合产业主导发展的阶段。不论是传统信息与通信技术（Information and Communication Technology，ICT）代表企业，例如 IBM、英特尔、微软等，还是新兴互联网代表企业，例如谷歌、苹果、Facebook 等，都是新兴信息产业自身崛起的典型代表。近几年来，一方面，互联网企业积极向线下渗透；另一方面，传统企业积极向线上转型，例如通用电气（General Electric，GE）、海尔、红领等企业的智能制造战略都凸显了线上、线下融合发展的趋势。

所有型经济向分享型经济加速演进。数字技术的融合渗透应用正在推动分享型经济快速发展，如同包产到户和承包制实现了所有权的分离一样，数字技术正在加速生产组织关系变革，使生产资料可以接近零成本无限复制，为经济提供新的发展动力。

交换式贸易转向统一聚合的数字经济市场。互联网改变了传统链条式的交换贸易方式，使设计、生产、流通、贸易、消费的全过程实现了在互联网聚合，减少了贸易环节，降低了交易成本，推动了企业之间或企业与消费者之间的交易，实现了即时按需采购、销售或消费。

3. 数字化治理：数字经济社会形态变革

数字化治理是数字经济发展的必要补充，包括利用数字技术完善治理体系、创新治理模式、提升综合治理能力等。数字化治理集中体现在数字技术对社会制度结构的影响，即在数字经济快速发展的背景下形成的与之相适应的政府治理体系、模式等的全面变革。

以民主参与、集体协作、"去中心化"、自组织为特征的网络社会正在加速形成。社交网络、移动互联、即时通信、线上与线下结合的广泛应用空前地扩展了人际交往空间，网络社会互动跨越了地域、种族、文化与宗教的界限。网络亚文化群、网络自律团体等不断涌现，传统社会组织与结构加速向扁平化、多中心模式发展演化。基于在线合作、分享互助的知识性协作社区，将从根本上改变人们知识创造和经验分享的方式。

数字技术融合渗透促进治理体系变化。互联网已经成为舆论宣传、诉求表达、组织动员的主要手段，为社会公众行使知情权、参与权、表达权、监督权开辟了新渠道，正在推动政府由传统管理方式向公开透明、精简高效的现代化治理方式转变。

数字经济融合渗透促进就业结构变化。数字技术赋予各种职业更大的灵活性，新的职业边界逐渐形成。同时，数字技术降低了信息的不对称性，促进了供需对接，增加了就业匹配的可能性，促进了按需就业、按兴趣就业、按时间就业。

与传统的农业经济、工业经济相比，数字经济主要呈现四大"新"特征。**一是新设施。**信息网络加快向高速移动、安全泛在方向发展，与传统电网、公路网、铁路网等深度融合，正在形成万物互联、泛在感知、空天一体的智能化综合信息基础设施，成为支撑经济发展不可或缺的重要基础设施。**二是新动力。**信息通信技术加快向跨界融合、创新变革方向演进，在各行业、各领域深度应用，新技术经济范式加快形成，有力推动了传统产业的技术进步，成为推动新一轮科技革命和产业变革的主导力量。**三是新要素。**传统经济依赖于劳动力、土地、资本和自然资源要素，数字经济中的信息和知识则普遍以数字化形式产生、保存、传播和利用，数据成为经济发展新的生产要素。**四是新产业。**网络应用加快从消费领域向生产领域、从虚拟经济向实体经济渗透，新模式、新业态、新应用不断涌现，融合型新兴产业迅速发展壮大，平台化、生态化新型产业组织形式加速形成。

二、数字经济的发展特征

（一）要素变革

历史经验表明，每次经济形态的重大变革，必然催生也必须依赖新的生产要素。如同农业经济时代以劳动力和土地、工业经济时代以资本和技术为新的生产要素一样，在数字经济时代，数据成为新的关键生产要素。数字经济与经济社会的交汇融合，特别是互联网和物联网的发展，引发数据爆发式增长。数据每年增长50%，每两年翻一番。迅猛增长的数据已经成为社会基础性的战略资源，蕴藏着巨大的潜力和能量。数据存储和计算处理能力飞速进步，数据的价值创造潜能大幅提升。20世纪90年代以来，数字化技术飞速发展，如今人类95%以上的信息都以数字格式存储、传输和使用，数据计算处理能力也提升了上万倍。数据开始向人类社会生产生活的方方面面渗透，推动人类价值创造能力发生新的飞跃。由网络所承载的数据、由数据所萃取的信息、由信息所升华的知识，正在成为企业经营决策的新的驱动力、商品服务贸易的新内容、社会全面治理的新手段，带来了新的价值增值。更重要的是，相比其他的生产要素，数据资源具有的可复制、可共享、可无限增长和供给的禀赋，打破了传统要素有限供给对增长的制约，为持续增长和永续发展提供了基础与可能，成为数字经济发展新的关键生产要素。

数字技术创新活跃，不断拓展人类认知的增长空间，成为数字经济发展的核心驱动力。人类经济社会发展从来不是渐进的平稳过程，少数重大事件决定了历史新阶段的到来。通用目的技术的进步和变革是推动人类经济社会阶跃式发展的核心动力。数字技术的创新进步和普及应用是新时代变迁的决定性力量。区别于以往的通用目的技术，数字技术进步超越了线性约束，呈指数级增长态势。数字技术能力的提升遵循摩尔定律。综合计算能力每 18 个月提高一倍、存储价格下降一半、带宽价格下降一半等产业现象持续印证了摩尔定律。联入网络的用户和设备的价值遵循梅特卡夫定律，这进一步推动了数字经济的快速成长。近年来，大数据、物联网、移动互联网、云计算等数字技术的突破和融合发展推动数字经济快速发展。人工智能、虚拟现实、区块链等前沿技术正加速进步，产业应用生态持续完善，不断强化未来的发展动力。此外，数字技术加速与制造、生物、能源等技术融合，带动群体性突破，全面拓展人类的认知和增长空间。

（二）结构变革

在每次科技变革和产业革命中，总有一些产业是基础性的、先导性产业的，它们率先兴起、创新活跃、发展迅速、外溢作用显著，引领带动其他产业创新发展。与交通运输产业和电力电气产业成为前两次工业革命推动产业变革的基础先导产业部门类似，信息产业是数字经济时代驱动发展的基础性、先导性产业。

信息产业早期快速扩张，现今发展渐趋平稳，已经成为支撑国民经济发展的战略性产业。1978 年，全球信息产业增加值占 GDP（国内生产总值）的比重为 1.5%，2000 年这一数据上升为 3.4%，2006 年这一数据达到 4.3%[1]。从 20 世纪 70 年代到 21 世纪初，美国信息产业增加值占 GDP 的比重提高了近 1 倍。20 世纪 90 年代以来，欧盟、日本、韩国的这一数据比重也明显上升。进入 21 世纪后，信息产业的增长与 GDP 基本同步，在 GDP 中的占比保持稳定，经济合作与发展组织（Organization for Economic Cooperation and Development，OECD）国家基本稳定地维持在 3% ～ 6%[2]。

信息产业领域创新活跃，引领带动作用增强。数字技术是技术密集型产

1　数据来源：国际电信联盟（International Telecommunication Union，ITU）数据库。

2　数据来源：OECD 数据库。

业，动态创新是其基本特点，强大的创新能力是竞争力的根本保证。受此驱动，信息产业成为研发投入的重要领域。OECD 数据显示，近年来，在全世界，几乎半数主要国家的信息产业领域的研发投资占全部投资的比重达到20%。信息产业领域密集的研发投资也带来丰厚的创新产出。以世界平均水平为例，信息产业领域的专利占比达到 39%，金砖国家的这一比例甚至达到 55%。

纵观历史，先导性产业部门占经济总量的比重日趋减少，通用目的技术与产业融合越来越成为经济发展的主引擎。英国国家统计局数据库的资料显示，在第一次工业革命时期，英国的纺织等先导性产业占经济总量的比重一度超过 40%。到了第二次工业革命时期，美国的化工等先导性产业部门占经济总量的比重下降到 20% 左右。如今在数字经济革命阶段，主要国家的信息产业等先导性部门占经济总量的比重稳定在 6% 左右。数字经济在其他产业领域的应用带来的效率增长和产出增加已成为推动经济发展的主要引擎。近年来，数字经济正在加快向其他产业融合渗透，提升经济发展空间。**一方面，数字经济加速向传统产业渗透，不断从消费向生产，从线上向线下拓展，催生了 O2O、共享经济等新模式、新业态，提升了消费体验和资源利用效率。另一方面，传统产业数字化、网络化、智能化转型步伐加快，新技术带来的全要素效率提升，加快改造传统动能，推动新旧动能接续转换。**传统产业利用数字经济带来的产出增长，构成数字经济的主要部分，成为驱动数字经济发展的主要引擎。

（三）组织变革

平台成为数字经济时代协调和配置资源的基本经济组织，是价值创造和价值汇聚的核心。一方面，互联网平台新主体快速涌现。商贸、生活、交通、工业等垂直细分领域平台企业发展迅猛。**另一方面，传统企业加快平台转型。**传统 IT 企业向平台转型，微软 2016 年并购职场社交平台领英，将微软的IT 技术优势与平台融合，打造更为互联、更加智能的生态系统。传统制造企业也开启平台化转型，例如传统建筑机械企业三一重工大力开发树根互联工业互联网平台，为客户提供精准的大数据分析、预测、运营支持及商业模式创新服务。

平台推动产业组织关系从线性竞争向生态共赢转变。工业经济时代，作为价值创造的主体，传统企业从上游购买原材料，加工后再向下游出售产成品，是线性价值创造模式。企业经营目标是打败竞争对手，并从上下游企业中获取更多的利润。在平台中，价值创造不再强调竞争，而是通过整合产品和服务供给者，并促成他们之间的交易协作和适度竞争，共同创造价值，以应对外部环境的变化。这表明平台在本质上是共建共赢的生态系统。在发展中，无论是新兴平台企业还是传统转型企业都广泛采取开放平台策略，打造生态系统，以增强平台的吸引力和竞争力。例如腾讯通过开放平台策略，吸引了 500 万个开发者入驻，极大地增强了平台的生命力。

数字经济时代，数字经济不断从网络空间向实体空间扩展边界，传统行业加快数字化、网络化转型。一方面，互联网企业积极开拓线下新领地。面对科技革命和产业变革大趋势，全球信息网络代表企业正在加快战略布局，大规模向实体经济扩展。**另一方面，传统行业加快从线下向线上延伸，获得发展新生机**。制造业领域代表企业，正在基于网络再造公司，通过建立平台生态系统，加快数字化、网络化转型，拓展新时期的生存和发展空间。海尔利用数字技术改造企业全系统、全流程，实施互联工厂，大幅提升整体效率，产品开发周期缩短 20% 以上，交货周期缩短一半以上。

线上、线下融合发展聚合虚拟与实体两种优势，升级价值创造和市场竞争维度。工业经济时代，价值创造和市场竞争都在实体空间中完成，易受到物理空间和地理环境等条件的约束。数字技术对人类社会带来的重大变革是创造了一个新世界——赛博空间（Cyberspace）。它为价值创造和市场竞争开辟了一个新的维度。在制造领域，虚拟与实体融合重塑制造流程，提高制造效率。依托日益成熟的网络物理系统技术，越来越多的企业在赛博空间构建起虚拟产线、虚拟车间和虚拟工厂，使产品设计、仿真、试验、工艺、制造等活动全部在数字空间完成，重建制造新体系，持续提升制造效率。**制造业数字化、网络化、智能化转型就是虚拟与实体融合制造的典型应用**。在流通领域，线上、线下融合丰富了市场竞争手段，重塑零售模式，提高零售效率。线上交易跨越了时空界限，释放长尾需求；线下交易丰富了用户感知，提升体验。线上、线下融合的新零售聚合了两种优势，**可以满足用户多样化、多层次的需求**。

（四）治理变革

数字经济时代，社会治理的模式发生深刻变革，过去政府单纯监管的治理模式正在加速向多元主体协同共治方式转变。数字经济是一个复杂的生态系统，海量主体参与市场竞争，线上、线下融合成为发展常态，跨行业、跨地域竞争日趋激烈，导致新问题层出不穷，老问题在线上被放大，新老问题交织汇聚，仅依靠政府监管难以应对。将平台、企业、用户、消费者等数字经济生态的重要参与主体纳入治理体系，发挥各方在治理方面的比较优势，构建多元协同治理方式，已成为政府治理创新的新方向。平台成为数字经济时代协调和配置资源的基本单元，对平台之上的各类经济问题，平台有治理责任和义务，也有治理优势。将平台纳入治理体系，赋予其一定的治理职责，并明确其责任边界，已经成为社会各界的共识。数字经济时代，激发用户和消费者参与治理的能动性，形成遍布全网的市场化内生治理方式，可以有效应对数字经济分散化、海量化的治理问题。

第二章
数字经济的运行机理

　　数字经济的本质是基于新技术应用的连接、联结和协同，深刻影响着经济活动的生产过程、交易过程，并导致主体间网络外部性的产生以及数字经济运行基础的变化。数字经济能够降低实体经济的成本、提高效率、促进供需精准匹配，使现存经济活动费用更低，并激发新模式、新业态，使传统经济条件下不可能发生的经济活动变为可能，推动经济向形态更高级、分工更精准、结构更合理、空间更广阔的阶段演进。数字经济的理论分析框架如图2-1 所示。

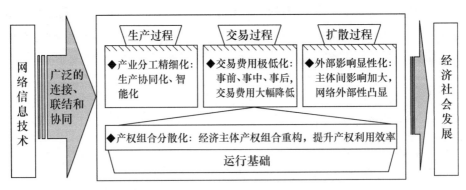

资料来源：中国信息通信研究院

图2-1　数字经济的理论分析框架

新技术经济范式的展开过程是一个对旧范式的破坏性重构过程。在交易费用、网络效应、分工、产权等理论基础上，新技术经济范式不断向传统领域扩张，新生力量与传统企业展开直接竞争，引发大规模的结构冲突。全社会要素资源向新技术领域大量集聚，创新不断涌现，新的经济生态系统逐步形成，并得以不断完善。

一、交易过程：降低运行成本

数字经济通过优化交易的搜寻过程以及交易的达成和履行的过程来催生新的经济或经济组织模式，并给需求端、供给端和市场端带来结构优化，从而促进经济增长和转型发展。具体而言，信息技术降低搜寻成本、影响经济运行的基本机制可以概括为：**信息技术的应用发展极大地降低了搜寻成本，将许多原本被搜寻成本约束或抑制的经济活力释放出来，从而催生了大量的新经济模式**。这些新经济模式能够从需求端、供给端和市场端优化经济结构，为经济增长提供新动能。数字经济与交易成本如图 2-2 所示。

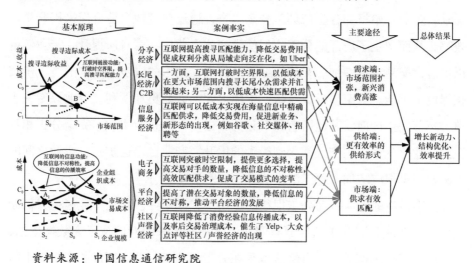

资料来源：中国信息通信研究院

图 2-2 数字经济与交易成本

信息技术通过降低交易达成和履行的成本影响经济运行的基本机制：在信息经济"技术—经济范式"下，随着信息不对称问题的改善，无论是在企业还是市场中，交易达成和履行的成本都会下降，许多原本被约束或抑制的新经济组织模式得以涌现。这些新的经济组织模式将从需求端、供给端和市场端优化经济结构，为经济增长提供新动能。

二、生产过程：提升经济效率

分工能够促进生产效率提升已经成为共识。人类社会的发展进步是社会分工推动下的生产、组织、模式不断创新演进的过程，伴随着技术的进步，社会分工已经由最初的产业间分工向产业内的细化分工转移。信息经济背景下，这种分工细化的活动和趋势越来越明显。在人类社会的最初阶段，企业生产处于自给自足状态，生产中的所有环节都由企业独立完成，专业化程度低、生产效率也很低。同时，企业与产业链环节的互动较少，所需的交易费用也很低。随着人类社会的进步，原有的自给自足模式已经无法满足人们的需求，企业开始将部分生产环节分离出去，通过与其他企业合作来提升生产效率，从而产生了局部的分工，促使生产的专业化程度有所提升，产业链得以扩展，交易费用增加。在信息经济条件下，技术的进步为分工的进一步细化提供了可能，时空界限被打破，主体之间的联系更加便利，企业只专注于单一环节的生产而将其他所有环节分离出去，此时企业实现了完全分工和真正的专业化生产，生产效率得到极大的提升，产业链迅速扩张，企业之间的交易费用也相应增加。分工演进的过程如图2-3所示。

数字经济的发展，在分工规律的作用下，促使许多新的产业诞生，例如大数据产业就是因分工而从原有产业链中分离出来的专门从事大数据挖掘、分析、利用等的产业。平台经济也是在分工规律下，独立而成的专门从事信息撮合、连接供需方等的行业。概括起来，信息经济的分工特征对供给、需求、市场都产生着重要影响。**在供给端,信息经济下的分工更加细化、更加专业,专业化分工帮助主体减少资源浪费、提高投入产出效率、增强竞争力,进而实现生产的规模经济和范围经济。在需求端,信息经济下分工的精细化、专业化,使社会多样化的消费、投资等需求得以满足,产生新的消费、投资领域,提升消费者的效用水平,实现需求的效益最大化。在市场端,信息经济下细化的分工,促使企业在专业领域的竞争力增强,促使该领域的市场集中度提高、市场竞争格局更加复杂。**数字经济条件下分工对供需的影响如图 2-4 所示。

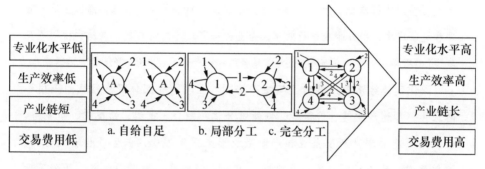

资料来源:中国信息通信研究院

图 2-3 分工演进的过程

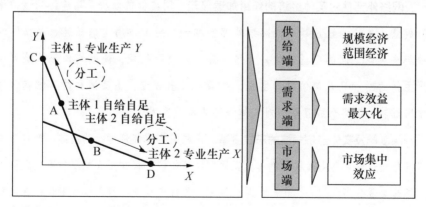

资料来源:中国信息通信研究院

图 2-4 数字经济条件下分工对供需的影响

专栏 2-1　互联网与实体经济融合的特点与趋势

互联网是实体经济的重要组成部分。互联网与实体经济深度融合发展是促进经济有序健康发展和转型升级的重要途径。在经济的运行过程中，互联网与实体经济融合发展呈现出以下特点和趋势。

一、融合特点

极大地降低实体经济的交易费用。互联网使单位信息采集、处理、传递、应用的成本降低。互联网与实体经济融合，使实体经济运行过程的事前、事中和事后交易费用大幅降低。企业内部表现为信息成为重要的生产要素，降低生产、管理和运营成本，提升企业运行效率；企业外部表现为广泛连接、联结和协同逐步实现，有效解决企业间信息不对称、信息费用和资产专用性瓶颈，降低经济运行成本。

深化实体经济的产业分工与生产协同。互联网在实体经济领域的应用不断深化，加速产业链、价值链、创新链分化、融合、重组，新模式、新业态、新应用不断涌现，新型企业和产业组织形态逐步形成，催生了智能机器人、虚拟现实、智能材料、能源互联网、工业互联网等一批新兴业态，开辟了新的产业发展空间，创造了云制造、个性化定制、精准化服务等制造业新模式。

网络外部性对实体经济的作用加速显现。网络价值取决于已连接到该网络的数量，连接的数量越多，网络外部性越大，经济作用也越显著。互联网通过经济主体之间的广泛连接，大幅提升私人边际收益，使网络外部性随着连接主体的增加呈几何倍数的增长，并通过溢出效应、正反馈和路径依赖 3 种作用机制，最终形成互联网对实体经济的显著作用。

深度触及实体经济领域的产权变革。产权是实体经济运行的基础，产权分离程度是经济发展高度的核心标志。互联网促使传统产权在更大程度和更大范围内广泛地实现分离和组合。在产权基础方面，传统产权被"进入权"取代；在产权组合方面，传统经济下权利有限分离逐渐被权利分离泛在化取代；在产权激励方面，传统委托代理转变为新型的劳资关系。互联网使经济主体产权组合不断重构和重新配置，提升产权配置和利用效率，触及经济变革的最深层次。

融合过程新增效应与冲击效应并存。互联网与实体经济融合，带来新兴蓝海市场，形成新增效应，同时对红海市场带来巨大冲击。互联网对实体经济的新增效应表现在扩大经济体量、降低企业成本、推进创新、实现供需精准匹配等方面；冲击效应表现在加速传统企业退出、交易频次增加、产生新的交易费用、新的垄断和中介成本、传统产业效率提升造成失业、实体经济风险复杂化等方面。测算结果表明，2018 年、2019 年我国工业互联网产业经济增加值规模分别为 1.42 万亿元、2.13 万亿元，同比实际增长分别为 55.7%、47.3%，占 GDP 比重分别为 1.5%、2.2%，对经济增长的贡献分别为 6.7%、9.9%。其中，工业互联网核心产业稳步增长，2018 年、2019 年核心产业增加值规模分别为 4386 亿元、5361 亿元；工业互联网融合带动的经济影响快速扩张，2018 年、2019 年增加值规模分别为 9808 亿元、1.60 万亿元。2020 年，受新冠肺炎疫情影响，我国工业互联网产业经济增加值规模略有下降。

二、融合趋势

互联网技术—经济范式正加速形成。网络信息技术与各行业、各领域融合渗透，互联网技术—经济范式加快形成，有力推动了传统产业的技术进步，引发新工业革命，传统产业的发展理念、业务形态、生产要素、组织模式和管理模式正在发生深刻变革。以智能制造为例，在国家强力支持和企业自主行动的推动下，集成电路、新型传感器、人工智能、移动互联、大数据、3D打印等新技术持续演进，使产品、机器、人、业务从封闭走向开放，从独立走向系统，从跨平台开放操作系统到芯片系统解决方案，从传感器网络到泛在连接的标准协议，从智能装备创新能力到智能工厂系统解决方案能力，从客户需求实时感知能力到需求链、产业链、供应链、创新链的快速响应与传导能力，从制造资源碎片化、在线化、再重组、再封装到新技术、新产业、新业态、新商业模式的创新，都构成了信息经济时代企业、国家智能制造产业生态系统的核心。一个超级复杂的智能制造产业生态系统正在加速形成。

工业将成为互联网与实体经济融合的重点领域。工业互联网对国民经济各行业的带动作用已初步显现。2018 年，第一、二、三产业中工业互联网融合带动的经济规模占行业增加值的比重分别为 0.19%、1.81% 和 0.63%；2019 年，第一、二、三产业中工业互联网渗透水平分别为 0.27%、2.76% 和 0.94%。其中，在第二产业中的渗透率最高，第三产业次之，第一产业较低。工业互联网对第一、二、三产业的影响逐渐增强，2017—2019 年，第一、二、三产业中工业互联网融合带动的经济规模占行业增加值的比重分别提升了 0.16、1.70 和 0.56 个百分点。其中，第二产业提升最快，第三产业次之，第一产业提升相对较慢。未来，随着传统企业对互联网认识的加深，行业基础不断优化，准入、标准等问题得以逐步解决，互联网对于产出增长和生产效率的促进作用将不断显现，工业也将逐渐成为互联网渗透的重点方向。

互联网与实体经济融合将有效推动第一、二、三产业融合发展。以"互联网＋农业"为例，其具有四大特点：一是用互联网思维经营农业可以打破时间、空间的限制，推动农特产品供需双方直接对接，助推农业实现个性化生产与集约化生产相结合；二是"互联网＋农业"可以充分利用大数据、物联网等新一代信息技术，与农业跨界融合，有效解决农业生产中的技术服务问题，农民可以通过电商购买所需的农资、农机，并获得防治病虫害、施肥用药等农业技术指导，科学种田，还可借助互联网形成信息和技术服务平台，从而实现精准化生产、智慧型生产；三是"互联网＋农业"可以促进农村第一、二、三产业之间的融合渗透和交叉重组，实现一体化经营，带动农村经济集约化发展；四是"互联网＋农业"有助于实现农产品质量安全追溯，让消费者通过扫码即可了解该产品产前、产中、产后的全链条信息。在经济面临下行压力的当下，互联网与农业深度融合发展，可以有效链接从技术、生产、加工、销售到物流、技术服务等产业的各个环节，重构农业产业链，催生农业新发展模式。

平台化、生态化将成为产业演进升级新趋势。互联网将加速向经济社会各领域全面渗透，引领新一轮产业变革和经济转型，平台化、生态化、产业化正成为信息经济的三大突出特征，新经济正加速到来。**一是平台企业将不断加速壮大。**平台企业正加快向实体经济拓展，谷歌连续收购多家机器人公司，苹果开展无人驾驶车计划。**二是传统产业将向平台不断转型。**制造业、服务业加快数字化、网络化转型，正在建立平台生态系统，拓展新时期发展空间。特别是依托云计算、大数据等新一代信息技术构建工业互联网平台，将成为全球制造业竞争的新焦点。**三是新兴融合产业将迅速崛起。**依托互联网新主体，新产业以惊人速度涌现并发展壮大，网络信息技术正在催生的新产业蓄势兴起，增材制造等新技术应用将快速走向成熟。

　　平台日益成为网络协同治理的新主体。平台作为协同治理主体地位的确立有两个原因：一方面，在数字经济时代，平台成为一种基础设施，大量经济活动发生在平台之上，平台除了是市场活动的参与者之外，还是市场组织者，因而对平台之上的经济活动的秩序负有一定的治理责任；另一方面，与政府相比，平台对发生于其上的不规范发展问题更加了解，治理手段也更多样，总体治理成本更低。在实践发展中，平台也承担着越来越多的治理任务。随着平台的继续扩张，平台作为治理主体的责任也将得到进一步明确。

三、扩散过程：推动组织创新

　　在数字技术—经济范式下，基于信息技术所产生的网络外部性逐渐凸显，个体的边际收益与网络外部性叠加所形成的个体总边际收益不断扩展，由此形成的外部效应（企业或个人无须付费而获得的收益或效用）随着信息经济中参与者与连接者数量的增长而急速扩展，梅特卡夫定律在信息经济生产和消费领域广泛体现。基于信息技术的网络外部性带来了3种效应：**一是溢出效应**，表现为利益对于经济活动本身而言是外在的，为社会带来了外部经济利益；**二是正反馈**，表现为网络外部性会引发局部的自我增强，形成自我强化机制；三是路径依赖，表现为经济主体会被锁定在某条特定的路径上。数字经济下的网络外部性如图 2-5 所示。

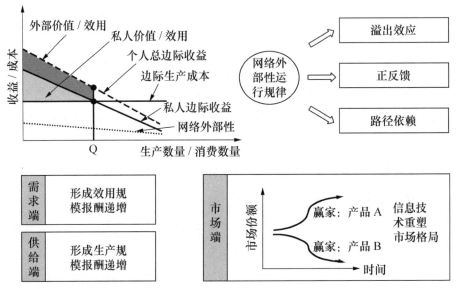

资料来源：中国信息通信研究院

图 2-5　数字经济下的网络外部性

以上 3 种效应会带来信息经济全方位的变革。在需求端，消费者因为获得了更多的不需要付费的收益而提升了总体效用，而消费者规模的不断扩大产生了更多的网络外部性，最终形成效应规模报酬递增。在供给端，在技术方面，企业可以凭借先进技术的外溢效应提升自身的生产效率；在成本方面，企业可以生产更多的产品，分摊固定成本，使单位产品的固定成本下降；在价格方面，企业可以利用产品随用户增加而增加的效用提高价格，通过向第三方受益者索取更高额的费用，例如广告等；在利润方面，市场的新增效应远远大于替代效应，可以带来整体利润的增加，最终形成生产规模报酬递增。在市场端，网络外部性往往会造成一定程度的市场垄断，首先达到一定市场规模的厂商往往会成为垄断者，形成的进入壁垒加大了后进入者进入市场的难度，信息技术在不断重塑信息经济市场的格局。

四、基础支撑：重构经济形态

信息技术带来了资本、劳动、资金等传统领域产权的深化与重构。在产权基础方面，法律范畴的对物化资产的所有权是唯一"权利源"的传统产权逐渐被信息、创意、知识、能力等进入产权束，边际贡献和能力成为"权利源"为特征的经济范畴的"进入权"所替代，例如创意经济蓬勃发展。在产权组合方面，传统领域的所有权、使用权、处置权、剩余追索权受制于信息、成本等因素；在生产领域，有限分离逐渐表现为权利分离泛在化，而且权利分离广泛扩散到经济的每个环节，并初步形成一种新的经济形态，例如共享经济等。在产权激励方面，传统领域下参与者分享企业利润是财产所有权下的激励机制，并按照固定约束的劳资契约关系的委托代理机制逐渐被参与者分享企业利润自身能力的贡献，按照参与者意愿的新型劳资契约关系所代替，例如"滴滴打车"等新型劳资关系等。在产权表现方面，传统企业理论，例如企业边界由所有权界定，企业组织形式以科层制为主，企业治理目标为防范利己主义风险等逐渐变现为新型企业理论，例如企业边界由进入权界定；企业组织形式以扁平化为主；公司治理目标为利润最大化等。数字经济产权基础变迁如图2-6所示。

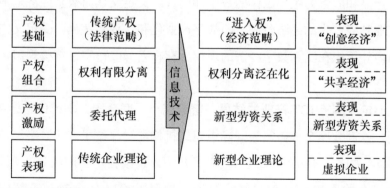

资料来源：中国信息通信研究院

图2-6 数字经济产权基础变迁

第三章
数字经济的测算

一、测算方法比较

（一）数字经济测算国内外方法总结

对于数字经济发展水平和统计测算的探讨，国际上尚未给出统一标准。根据对数字经济界定的不同，定义范围从小到大依次包括三大类：核心定义、狭义定义、广义定义。核心定义认定数字经济是数字经济活动的核心部门，即 ICT 产业；狭义定义认为数字经济是利用数字工具进行经济活动，即以生产数字产品和服务为主导工作的数字部门；广义定义认为数字经济是数字化驱动产业升级产生的经济效应，即数字产业化和产业数字化。受定义内涵影响，国内外组织在测算数字经济的规模上存在差异。数字经济核算口径比较如图 3-1 所示。

核心定义测算 ICT 产业的结果，普遍偏小。联合国、OECD、麦肯锡咨询公司、欧洲智库布鲁盖尔等国际组织或机构的测算结果表明数字经济核心产业 GDP 占比在 4.4% ～ 6.4%，应用方法为直接利用生产法 ICT 增加值。联合国发布的《2017 年信息经济报告》显示，2014 年全球 ICT 部门产品和服务 GDP 占比 6.4%；OECD 发布的《测算数字经济报告》显示，2013

年OECD国家信息产业GDP占比近6%；麦肯锡咨询公司发布《中国的数字化转型》报告显示，2013年中国互联网经济规模GDP占比4.4%；欧洲智库布鲁盖尔发布的《中国数字经济有多大》显示，2016年中国ICT规模制造的附加值占GDP的5.6%。

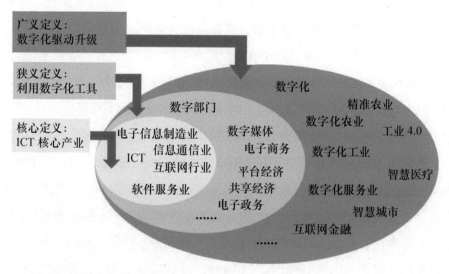

资料来源：中国信息通信研究院

图3-1　数字经济核算口径比较

狭义定义测算数字部门，规模相对居中。应用狭义定义的测算机构包括国际货币基金组织（International Monetary Fund，IMF）、美国经济分析局（Bureau of Economic Analysis，BEA）、波士顿咨询公司（Boston Consulting Group，BCG）等。测算结果表明，数字部门占GDP的比重为6.5%～13%。IMF发布《数字经济测算》报告，定义数字部门包括数字化活动、ICT产品和服务、在线平台和平台支持活动，生产法加总ICT增加值，并利用回归结果补充遗漏部分，测算表明绝大多数国家的数字部门经济附加值不到10%。BEA发布《数字经济定义及测算》工作论文，定义数字部门包含数字基础设施、电子商务、数字媒体，利用生产法测算出2016年数字部门占 GDP 的比重为 6.5%。BCG 发布《迈向 2035：4 亿数字经济的未来》，该文件提出 ICT 部门和 C2C 消费等的 e-GDP，利用支出法计算 2015 年中 e-GDP 的 GDP 占比为 13%。

广义定义测算数字化赋能，规模覆盖最广。应用广义定义测算的有埃森哲咨询公司、腾讯研究院、中国信息通信研究院等机构以及弗里茨·马克卢普、马克·波拉特等经济学家，测算范围为数字经济驱动产业创新升级的经济贡献。例如，中国信息通信研究院利用数字产业化和产业数字化的定义，测算数字经济的直接贡献和间接贡献，测算数据影响较广，被"G20峰会""数字中国建设峰会"等广泛引用。中国信息通信研究院测算得出 2019 年数字经济规模占 GDP 的比重为 36.2%。与中国信息通信研究院做法类似的研究，即测算 ICT 相关技术对于经济的直接影响和间接影响，早在 20 世纪中期就已经开展。弗里茨·马克卢普利用支出法测算知识和信息生产活动对于经济的影响，发现其对于 GDP 的贡献率高达 28.5%。马克·波拉特建立信息经济测度，借助生产法和收入法测算一级信息部门和二级信息部门，测算经济活动对于 GDP 的贡献率达 46.1%，被 OECD 等众多国际组织认可和应用。

（二）利用产业数字化和数字产业测算数字经济

应用数字产业化和产业数字化的数字经济广义定义，相较于其他定义，测算数字经济在范围、测算操作、实践经验上均具有优势，可以较为有效地检测数字经济与实体经济的深度融合程度，识别和量化数字经济催生新产业、新模式、新业态的影响，解释数字经济发展的倍增作用，对于壮大数字经济的发展更有意义。

一是涵盖更全面和合理。核心定义测算的范围仅包括 ICT 相关产业，狭义概念测算的范围仅增加主要利用数字化工具的部分新型行业，例如数字媒体等。两者的测算范围普遍偏小，仅测算数字产业和数字部门的直接影响，然而数字经济与第一、二、三产业的融合发展已经逐步加深，数字商品的渗透效应很难反映在核心和狭义概念中，不能全面监测数字经济的发展情况。例如根据 OECD 的报告，2008—2015 年期间 OECD 各国 ICT 部门增加值占 GDP 的比重基本没有增长，甚至有所下降，如果以此为依据，则认为数字经济的发展态势较差，与实际情况不符。应用广义概念测算数字产业化和产业数字化，可以较为有效地检测数字经济与实体经济的深度融合程度，对于监测数字经济的健康发展更有价值。

二是操作更标准化。利用核心定义和狭义定义测算，在定义和测算标准中有较多争议。首先是定义范围不够明确，因为核心定义和狭义定义仅需包含数字经济"核心"产业或部门，哪些产业、哪些部门被定义为"核心"在国际上并没有定论。例如，不同国际组织在利用核心定义测算时应用了 ICT 产业、信息产业、互联网产业等不同概念和范围，而应用狭义定义时是否将平台经济、电子商务等纳入数字部门备受争议。其次，随着新兴产业的发展和壮大，一些在测算前期规模较小、不被纳入"核心"的产业或业态的重要性逐步凸显，如果后期纳入数字经济测算会影响测算的跨年可比性，且反复调整测算范围和方法耗时耗力，如果不纳入，则无法全面监控数字经济。应用广义定义测算，从测算开始就全面考虑了数字经济的直接影响和间接影响，划分标准性较强，不存在人为定义空间。同时，受数字化影响的新兴产业和业态被及时纳入间接影响中进行测算，不用反复修改测算范围和方法，保证了测算的可持续性和规范性。

三是实践经验更充足和可靠。监测新兴技术对于经济的直接影响和间接影响的研究由来已久。1962 年美国经济学家弗里茨·马克卢普建立信息经济测度范式，利用支出法测算来自消费、政府购买、投资、净出口的信息产品及服务总额，测得美国信息经济规模，得到美国政府、学界和社会的广泛认同，对于美国加强科研投入具有重要意义。受弗里茨·马克卢普信息经济理论的影响，经济学家马克·波拉特在美国商务部的资助下，于 1977 年出版的 9 卷本《信息经济》，将信息部门分为一级信息部门和二级信息部门，分别表示信息活动的直接影响和间接影响，借助生产法和收入法加以衡量。这成为世界各国对信息经济学的研究以及对信息经济测度的典范，被OECD、联合国等国际组织广泛采用。根据信息经济和知识经济理论基础，中国信息通信研究院将数字经济分成信息通信产业的直接贡献和间接贡献，采用生产法测算数字经济规模，测算中国数字技术应用对行业产出的带动，至今已发布"中国信息经济发展白皮书（2016年）""中国数字经济发展白皮书（2017年）""中国城市数字经济指数白皮书（2018年）""中国数字经济发展与就业白皮书（2019年）""中国数字经济发展白皮书（2020年）"，测算成果为国内外各界广泛引用。应用产业数字化和数字产业化定义测算数字经济具有权威的理论支撑，其实用性和可操作性得到保障。

二、中国信息通信研究院的核算方法

数字经济是指以使用数字化的知识和信息作为关键生产要素，以现代信息网络作为重要载体，以网络信息技术的有效使用作为效率提升、经济结构优化、组织变革的重要推动力的高级经济形态。数字经济包括数字产业化和产业数字化。其中，**数字产业化指信息产业；产业数字化指其他行业利用网络信息技术带来的产出和效率提升，以及催生的新兴产业。**

数字经济包括数字产业化部分和产业数字化两个部分。两个部分的口径均为增加值，经过去重处理，相加之后与 GDP 可比。数字经济规模是增量而不是存量的概念，与 GDP 一致，即每年新增的部分。

数字经济总规模 = 数字经济的数字产业化规模 + 数字经济的产业数字化规模

（一）数字产业化部分的计算方法

数字产业化部分为信息通信产业增加值。其中，信息产业分为电信和互联网服务业、软件及信息技术服务业和电子信息制造业 3 个部分。

其计算方法如下。

分行业增加值 = 行业总收入 × 增加值率

其中，行业总收入数据来自工业和信息化部官方统计，增加值率来自国家统计局发布的投入产出表。

（二）产业数字化部分计算方法

产业数字化部分为信息产品在其他领域应用的边际贡献。该部分通过计量经济学方法计算。

1. 计算思路

经济产出（可近似理解为 GDP）是经济投入的结果，经济投入包括资本投入、劳动力投入、中间产品投入、自然资源投入等。其中，资本投入被分为 ICT 资本投入和非 ICT 资本投入两个部分。每种投入对产出有一定比例的贡献。例如，某行业在保持其他投入不变的前提下，每增加一单位的信息产品投入，产出会增加相应的份额。加上全部行业 ICT 投入的边际贡献，就可以得到一个国家或地区产业数字化部分的规模。

2. 计算方法

参照联合国、OECD、IMF、世界银行等组织测算信息经济、数字经济、信息化贡献等相关方法，实证研究主要有 3 种方法：增长核算法、指数法和生产前沿模型法。

增长核算法是指通过适当的函数形式表示出经济体的投入产出关系，并根据要素投入、生产率增长与产出增长之间的数量关系推算出边际产出。

指数法是分析各种经济变量变化最常用的方法，计算信息通信技术和信息资本存量边际产出同样也不例外。**数字经济的数字产业化部分指数是指一个数字经济的生产单元（企业、行业、国家或地区），在一定时期内生产的总产出和总投入之比。**经常使用的总量指数主要有拉斯拜尔指数（Laspeyres Index）、派氏指数（Passche Index）和费雪指数（Fisher Index），而在数字经济的数字产业化部分指数的计算中，可主要采用汤奎斯特指数（Tornqvist Index）。

生产前沿模型法的代表性方法是数据包络分析法（Data Envelopment Analysis，DEA），**它是以相对效率概念为基础发展起来的一种效率评价方法，特别适用于多投入、多产出的边界生产函数的研究**，因而被广泛应用在边际产出的研究中。

测算的主要目的是通过不同国家细分地区或行业的面板数据对数字经济的数字产业化部分的规模进行测算。对于指数法，其扰动项只是假设它服从非负断尾正态分析，对于其真正分布形式却无法识别，这会直接影响技术效率和边际产出的计算结果。而生产前沿模型法有三大不足：一是没有考虑测量误差和噪声的影响；二是其观察值到前沿面的偏差都被当作无效率的结果，完全忽略了测度的误差；三是其效率得分仅仅是样本量相对于最好厂商的得分。对于目前中国数字技术处于剧烈变化期的特征事实以及考虑到我们的测算目的，这两种分析方法显然不太适用。因此，我们对于数字经济的数字产业化部分的测算采用增长核算法，通过采集不同国家、不同行业、不同地区的面板数据，根据要素投入、生产率增长与产出增长之间的数量关系来推算边际产出，对各国或各行业的非信息产业部门的边际产出加总，得到数字经济的数字产业化部分的规模总量。

3. 数据来源

计算产业数字化数据来自工业和信息化部官方数据（含信息通信、电子信息制造、软件等）、国家统计局官方数据（含产业数据、投入产出表）。其中，投入产出表来自国家统计局公布的最新数据，我们利用国际统计学会（International Statistical Institute，ISI）推荐的 RAS 方法将投入产出表延长最新年份（各省份做相同处理）。

4. 计算步骤

（1）增长核算账户模型

首先把技术进步定义为希克斯中性。个体使用不同类型的生产要素进行生产，这些生产要素包括 ICT 资本（CAP_{it}^{ICT}）、非 ICT 资本（CAP_{it}^{NICT}）、劳动力（LAB_{it}）以及中间产品（MID_{it}）。希克斯中性技术进步由（HA_{it}）表示，在对各种类型的生产要素进行加总之后，可以得到单个投入指数的生产函数，记为如下公式。

$$OTP_{it} = HA_{it} f(CAP_{it}^{ICT}, CAP_{it}^{NICT}, MID_{it}, LAB_{it})$$

其中，OTP_{it} 表示个体 i 在 t 时期内的总产出。为了实证计算的可行性，把上面的生产函数显性化为超越对数生产函数，记为如下公式。

$$\mathrm{d}OTP_{it} = \mathrm{d}HA_{it} + \beta_{CAP_{it}^{ICT}} \mathrm{d}CAP_{it}^{ICT} + \beta_{CAP_{it}^{NICT}} \mathrm{d}CAP_{it}^{NICT} + \beta_{MID_{it}} \mathrm{d}MID_{it} + \beta_{LAB_{it}} \mathrm{d}LAB_{it}$$

其中，$\mathrm{d}X_{it} = \ln X_{it} - \ln X_{it-1}$ 表示增长率，β_x 表示不同生产要素在总产出中的贡献份额。$\beta_{it} = (\beta_{it} + \beta_{it-1})/2$，且有以下关系。

$$\beta_{CAP_{it}^{ICT}} = P_{CAP_{it}^{ICT}} CAP_{it}^{ICT} \Big/ P_{OTP_{it}} OTP_{it}$$

$$\beta_{CAP_{it}^{NICT}} = P_{CAP_{it}^{NICT}} CAP_{it}^{NICT} \Big/ P_{OTP_{it}} OTP_{it}$$

$$\beta_{MID_{it}} = P_{MID_{it}} MID_{it} \Big/ P_{OTP_{it}} OTP_{it}$$

$$\beta_{LAB_{it}} = P_{LAB_{it}} LAB_{it} \Big/ P_{OTP_{it}} OTP_{it}$$

其中，P 表示价格。$P_{OTP_{it}}$ 表示生产厂商产出品价格（等于出厂价格减去产品税费）$P_{CAP_{it}^{ICT}}$ 和 $P_{CAP_{it}^{NICT}}$，分别表示 ICT 资本和非 ICT 资本的租赁价格，$P_{MID_{it}}$ 和 $P_{LAB_{it}}$ 分别表示中间投入产品的价格和单位劳动报酬。根据产品分配净尽定理，所有生产要素的报酬之和等于总产出，记为如下公式。

$$P_{OTP_{it}} OTP_{it} = P_{CAP_{it}^{ICT}} CAP_{it}^{ICT} + P_{CAP_{it}^{NICT}} CAP_{it}^{NICT} + P_{MID_{it}} MID_{it} + P_{LAB_{it}} LAB_{it}$$

在完全竞争市场下，每种生产要素的产出弹性等于这种生产要素占总产出的收入份额。在规模收益不变的情况下，各种生产要素的收入弹性之和恰好为 1。

$$\ln\left(OTP_{it} \Big/ OTP_{it-1}\right) =$$

$$\bar{\beta}_{CAP_{it}^{ICT}} \ln\left(CAP_{it}^{ICT} \Big/ CAP_{it-1}^{ICT}\right) + \bar{\beta}_{CAP_{it}^{NICT}} \ln\left(CAP_{it}^{NICT} \Big/ CAP_{it-1}^{NICT}\right) +$$

$$\bar{\beta}_{MID_{it}} \ln\left(MID_{it} \Big/ MID_{it-1}\right) + \bar{\beta}_{LAB_{it}} \ln\left(LAB_{it} \Big/ LAB_{it-1}\right) + \ln\left(HA_{it} \Big/ HA_{it-1}\right)$$

此外，全要素生产率可以表示为如下公式。

$$TFP = \ln\left(OTP_{it} \Big/ OTP_{it-1}\right) - \bar{\beta}_{CAP_{it}^{ICT}} \ln\left(CAP_{it}^{ICT} \Big/ CAP_{it-1}^{ICT}\right) - \bar{\beta}_{CAP_{it}^{NICT}} \ln\left(CAP_{it}^{NICT} \Big/ CAP_{it-1}^{NICT}\right) -$$

$$\bar{\beta}_{MID_{it}} \ln\left(MID_{it} \Big/ MID_{it-1}\right) - \bar{\beta}_{LAB_{it}} \ln\left(LAB_{it} \Big/ LAB_{it-1}\right)$$

（2）ICT 资本存量测算

在"永续存盘法"的基础上，考虑"时间—效率模式"，即资本投入的生产能力随时间而损耗，相对生产效率的衰减不同于市场价值的损失，在此条件下测算出的则为生产性资本存量。

$$K_{i,t} = \sum_{x=0}^{T} h_{i,x} F_i(x) I_{i,t-x}$$

根据施赖尔（Schreyer）2004 年针对 IT 资本投入的研究，其中，$h_{i,x}$ 为双曲线型的时间—效率函数，反映 ICT 资本的相对生产率变化，$F_i(x)$ 是正态分布概率分布函数，反映 ICT 资本退出服务的状况。

$$h_i = (T-x)/(T-\beta x)$$

上式中，T 为投入资本的最大使用年限，x 为资本的使用年限，β 值规定为 0.8。

$$F_i(x) = \int_0^x \frac{1}{\sqrt{2\pi \times 0.5}} \, e^{\frac{(x-\mu_i)^2}{0.5}} \, dx$$

上式中，μ 为资本品的期望服务年限，其最大服务年限规定为期望年限的 1.5 倍，该分布的方差为 0.25。其中，i 表示各类不同投资，在本研究中分别为计算机硬件、软件和通信设备。

关于基年 ICT 资本存量，本研究采用如下公式进行估算：$K_t = \dfrac{I_{t+1}}{g+\delta}$。其中，$K_t$为初始年份资本存量，$I_{t+1}$为其后年份的投资额，$g$为观察期投资平均增长率，$\delta$为折旧率。

（3）数字经济数字产业化部分的测算步骤

第一，定义 ICT 投资。 为了保证测算具有国际可比性，同时考虑我国的实际情况，我们剔除了"家用视听设备制造""电子元件制造""电子器件制造"等项目，将 ICT 投资统计范围确定为以下几个项目。中国 ICT 投资统计框架见表 3-1。

表 3-1　中国 ICT 投资统计框架

分类	计算机	通信设备	软件
项目	电子计算机整机制造	雷达及配套设备制造	公共软件服务
	计算机网络设备制造	通信传输设备制造	其他软件服务
	电子计算机外部设备制造	通信交换设备制造	
		通信终端设备制造	
		移动通信及终端设备制造	
		其他通信设备制造	
		广电节目制作及发射设备制造	
		广播电视接收设备及器材制造	

资料来源：中国信息通信研究院

第二，确定 ICT 投资额的计算方法。 在选择投资额计算方法时，采用筱崎彰彦（1996、1998、2003）提出的方法。其思路是以投入产出表年份的固定资产形成总额为基准数据，结合 ICT 产值内需数据，分别计算出间隔年份内需和投资的年平均增长率，二者相减求得转化系数，然后再与内需的年增长率相加，由此获得投资额的增长率，在此基础上计算出间隔年份的投资数据。具体公式如下。

$$IO_{t_1} \times (1 + INF_{t_1 t_2} + \gamma) = IO_{t_2}$$

$$\dot{\gamma} = I\dot{O} - I\dot{N}F$$

其中，IO_{t_1} 为开始年份投入产出表基准数据值，IO_{t_2} 为结束年份投入产出表基准数据值，$INF_{t_1 t_2}$ 表示开始至结束年份的内需增加率（内需 = 产值 − 出口 + 进口），$I\dot{O}$ 为间隔年份间投入产出表实际投资数据年平均增长率，$I\dot{N}F$ 为间隔年份间实际内需数据的年平均增长率，$\dot{\gamma}$ 表示年率换算连接系数。在此，ICT 投资增长率 = 内需增长率 + 年率换算连接系数（γ）。

第三，确定硬件、软件和通信设备的使用年限和折旧率。 我们仍采用美国的 0.3119，使用年限为 4 年；通信设备选取使用年限的中间值 7.5 年，折旧率为 0.2644；由于官方没有公布软件折旧率的相关数据，同时考虑到全球市场的共通性，我们选择 0.315 的折旧率，使用年限为 5 年。

第四，计算中国 ICT 投资价格指数。 通常以美国作为基准国。

$$\lambda_{i,t} = f(\Delta \ln P_{i,t}^{U} - \Delta \ln P_{K,t}^{U})$$

其中，$\lambda_{i,t}$ 为美国 ICT 资本投入与非 ICT 资本投入变动差异的预测值序列；$\Delta \ln P_{i,t}^{U}$ 表示美国非 ICT 固定投资价格指数变化差；$\Delta \ln P_{K,t}^{U}$ 表示美国 ICT 价格指数变化差。（U 代表美国）

对价格差进行指数平滑回归，获得 $\lambda_{i,t}$，然后将其带入下式即可估算出中国的 ICT 价格指数。

$$\Delta \ln P_{i,t}^{C} = \lambda_{i,t} + \Delta \ln P_{K,t}^{C}$$

我们将依据此方法来估计中国的 ICT 价格指数，所有数据为当年不变价格。（C 代表中国）

第五，计算 ICT 的实际投资额，测算中国 ICT 的总资本存量和地区资本存量，即为数字经济数字产业化部分规模。 加上总网络基础设施、硬件与软件、新兴产业及传统产业中的数字经济部分，即可得到我国数字经济总体规模。

第四章
数字经济的生态体系

新一轮科技革命和产业变革孕育兴起，数字化浪潮席卷全球，数字经济的生态日益完善。

创新体系加快形成。数字技术呈指数级进步，与制造、能源、材料、生物等技术加速交叉融合，引领技术群体性突破。数据资源成为日益重要的生产要素，数据驱动的创新正在向经济社会、科技研发等领域扩展。创新主体活力进一步迸发，"政、产、学、研、用"等各类主体广泛参与、线上和线下结合的开放创新网络加快形成，产业体系持续升级。高速宽带、无缝覆盖、智能适配的新一代信息网络快速更迭，传统基础设施数字化、网络化、智能化进程加速推进。信息通信产业竞争力不断提升，数字经济的发展基础日益坚实。数字技术与实体经济融合的广度和深度不断扩展，推动新产业、新模式、新业态不断涌现，传统产业升级改造步伐加快。

治理体系逐步优化。政策、法律、监管三位一体的治理框架正在构建，包容审慎的治理原则逐渐清晰。以政府为主导，平台、用户、消费者等主体共同参与的多元协同治理体系正在加速形成。大数据推进政府管理和社会治理模式创新，提升国家治理的现代化水平。信息基础设施和关键数据资源的保护能力持续提升，信息安全保护体系得到进一步完善。

数字经济生态日新月异，抢夺数字经济生态主导权的国际竞争日趋激烈，提升数字技术创新能力、推动制造业数字化转型、加强平台治理成为当前我国加快构建数字经济生态的重点方向。数字经济的生态系统如图 4-1 所示。

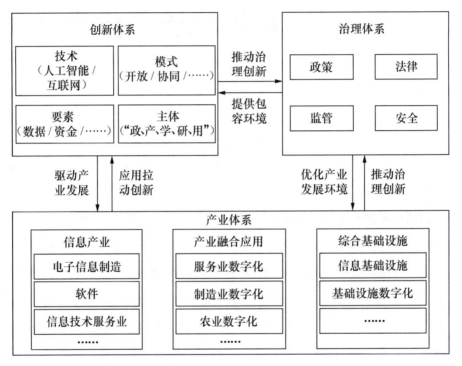

资料来源：中国信息通信研究院

图 4-1 数字经济的生态系统

一、创新体系：数字技术创新引领发展

创新是引领发展的第一动力。党中央、国务院高度重视数字技术创新发展，持续加大对物联网、云计算、大数据、人工智能等技术的创新投入。近年来，我国数字技术创新取得跨越式进步，创新成果加速向经济社会各领域普及渗透，产品创新、服务创新、商业模式创新等层出不穷。数字技术创新主引擎作用日益凸显，呈现四大特征。

（一）创新投入由数量追赶转向量质齐升

我国科技创新的总体投入正在加速迈向国际第一方阵。近年来，我国研发经费投入快速提升，总量已居世界第二位。企业研发投入增长迅猛，研发成效显著。2017年企业研发经费连续两年实现两位数增长，全社会的研发投入、研究人员、发明专利占比均超过70%。科技进步贡献率跨越式提升，从2012年的52.2%增长到2017年的57.5%。我国数字经济创新投入高速增长。2017年我国数字经济R&D经费支出达12020.43亿元，人均数字经济R&D经费支出达864.73元/人。数字经济R&D经费支出占GDP的比重也同步呈现显著增长态势，从2011年的1.219%增长到2017年的1.453%，增长了0.23个百分点，创新驱动能力不断提升。

（二）原始创新能力由跟跑为主转向更多领域并跑、领跑

近年来，我国紧抓新一代信息技术变革机遇，坚持创新引领发展，多领域技术创新已经实现由模仿复制为主转向在若干重要领域突破与引领。在前沿技术方面，2017年5月，我国研制出世界首台超越早期经典计算机的光量子计算机，为人类在量子计算领域的进展打开了新的窗口。"神威·太湖之光"作为世界首台并行规模超过千万核、计算性能超过每秒10亿亿次的超级计算机，已在众多科学及工程领域取得了100多项应用成果，涵盖了高性能研究的重要应用领域。在行业标准方面，我国紧紧抓住移动通信代际升级的历史机遇，打造具有国际竞争力的高科技领域。

（三）创新边界由封闭式向开放式转变

创新组织边界由清晰化向模糊化转变。在传统模式下，创新主要以企业、高校、科研院所等实体性组织为核心，创新的对接、协同、合作都基于线下实体空间，创新人员的组织边界可以清楚界定。在数字经济范式下，越来越多的个人、创新团队、创业者等可以通过线上平台或虚拟化的网络空

间进行研发合作与创新成果交易，创新主体边界日渐模糊。近年来，互联网众创平台支持个体或创业团队通过接入互联网开放平台开展创业或创新活动，极大地降低了社会大众从事创业和创新活动的门槛，带动网络化平台成为重要创新主体。

创新资源由封闭式占有向开放式共享转变。 在传统模式下，创新资源与创新合作的模式受制于区域、组织边界的影响，更多的通过"政、产、学、研、用"合作的方式进行，信息交互量有限，合作范围小。线上开源社区打破了封闭式创新模式下的信息共享壁垒，极大地促进了创新数据与信息的自由流动与开放共享。在开源模式下，从阿帕奇网页服务器到安卓智能终端操作系统，从云计算操作系统到大数据平台，创新得以在更为开放的网络架构上进行，创新成果在共享中实现价值倍增。

（四）创新组织方式由价值链向价值网络转变

创新组织方式由链条化转向网络化、"去中介化"。 在传统模式下，供需双方的产品或服务对接可能需要经过中间商、服务中介等诸多产业链环节，创新链条长，时效性久，难以形成实时用户反馈机制。在数字经济模式下，互联网直接打通了供需双方的创新资源，缩短了供应商和客户之间的距离，匹配供应和需求，进一步拆分产品和业务流程，实现由平台替代或最小化中介的作用。

近年来，我国大量涌现的共享经济平台正是瞄准了中介服务中利润率较高的市场，利用信息化、网络化手段，变垂直的价值链条为"去中介化"的平台模式。**创新合作方式由小范围强联系向大范围弱联系转变。** 作为创新节点的机构之间、机构与外部环境间存在或强或弱的网络联系。在传统模式下，企业创新主要依托信任度高、互动频繁的合作伙伴，联系范围小，联系强度高。在数字经济情景下，各方在创新平台上低成本接触，并且通过积极创新在平台上获取价值，促使企业可供选择的联系范围极大扩展，单个合作伙伴间的互动频率大幅降低，为企业建立创新合作的弱联系提供了良好机遇。弱联系被证明是传递信息的有效桥梁，拥有信息优势和资源交换优势，有助于为企业提供更多获得创新信息和创新资源的机会。很多大企业意识到，通过互联网平台在全世界范围内直接获取用户的需求与创意信息的重要性，不断提高企业弱联系能力。海尔通过在全球范围内征集研发方案；小米通过互联网平台汇聚用户意见和建议，指导产品服务完善方向。

当前，我国正由发展中大国向现代化强国迈进。历史经验表明，现代化强国无一不是创新强国、科技强国。面对新一轮科技产业变革与数字经济浪潮，我国必须发挥创新的主引擎作用，只有在技术创新与数字化应用中持续探索，才能在全球竞争中赢得战略主动。未来，我国应进一步提升与人工智能、工业互联网、云计算等相关的原始创新能力，真正发挥创新的主引擎作用，推动数字经济发展由数量和规模扩张向质量和效益提升转变。

二、产业体系：产业数字化转型快速推进

制造业数字化转型是以工业大数据为新型生产要素，以现代信息网络为主要载体，以数字技术与工业融合应用为效率改善和产业升级重要推动力的一系列经济活动。从内涵范畴看，制造业数字化转型主要包括两大部分：一是使能部分，涵盖工业软件、工业网络、感知硬件、工业互联网平台等，为制造企业数字化转型提供工具、知识和服务，是企业数字化转型的基础和先导；二是应用部分，主要指企业应用数字使能工具实现转型的一系列活动，这部分是数字化转型的重点，构成对使能部分的需求。

近年来，我国数字经济正在加速向制造领域渗透，制造业数字化转型通过数字空间与物理世界深度融合，对制造业加快转方式、优结构、换动力具有重要意义，成为当前和未来一段时间内推动数字经济发展的主战场。

（一）制造业数字化转型进入发展快车道

我国数字经济在产业中的渗透发展总体上呈现第三、二、一产业逆向推进的规律，服务业数字经济一直以来都是发展的先发和优势领域。近年来，我国制造业数字化转型蓬勃发展，制造业领军企业和信息技术服务企业相互协作，共同推动生产系统数字化、网络化、智能化，工业互联网、物联网、车联网等新型网络形态竞相涌现，智能制造取得明显成效，企业数字化能力显著提高。

制造业数字化转型发展基础日渐扎实。**一是工业互联网快速发展。**《国务院关于深化"互联网＋先进制造业"发展工业互联网的指导意见》出台，顶层设计日趋完善，政策举措不断丰富，《工业互联网标准体系框架1.0》发布推行，培育出一批颇具代表性的工业互联网平台。**二是高端芯片、基础软件、工业软件等产业基础持续增强。**《国家集成电路产业发展推进纲要》加快推进。**三是大数据产业集聚效应更加明显。**已建设8个国家大数据综合试验区，形成京津冀、珠三角等一批产业集聚发展区，国家新型工业化产业示范基地（大数据）建设加快推进。

制造业数字化转型融合创新活跃。**一是智能制造大力推进。**智能制造推进体系初步形成，截至2018年12月，共遴选出305个智能制造试点示范项目，覆盖92个行业类别。**二是制造业数字化转型步伐加快。**工业和信息化部数据显示，截至2020年6月，企业数字化研发设计工具普及率和关键工序数控化率分别达到71.5%和51.1%。截至2020年12月，我国培育形成了超过500个特色鲜明、能力多样的工业互联网平台，跨行业跨领域平台数量从2019年的10个增加至15个，全国具有行业和区域影响力的特色平台达到近100家，平台接入工业设施达到4000万台，工业App总量达到35万个，重点平台平均服务工业企业超过1万家。**三是制造业"双创"平台普及率持续提升。**截至2021年1月，制造业"双创"试点示范平台数超过400个，制造业"双创"平台注册用户数超126万个，制造业重点行业骨干企业"双创"平台普及率达 85%。

（二）数字化转型引领制造业发展五大变革

制造业数字化转型的发展正在推动制造业全要素、全流程、全生命周期数字化创新转型，构建数字驱动、智能主导的经济发展新形态，对未来制造业的发展产生重要影响，在发展动力、制造方式、协作方式、价值创造方式、运行方式 5 个方面呈现五大变革。

数据驱动制造业发展动力变革。在工业经济时代，物质资本投资是标准化大规模生产的根本动力，进入数字经济新时代，数据成为新的动力。互联网、物联网、人工智能等技术让感知无处不在、连接无处不在，数据也变得无处不在。在生产制造过程中，大量蕴含的隐性数据不断被采集、汇聚、加工，通过数据的自动流动，隐性知识得以显性化、自动化，能有效解决个性化定制生产带来的不确定性、多样性和复杂性问题。例如，红领通过将正确的数据在正确的时间发送给正确的人和机器，使生产效率提高了 30%，生产成本降低了 30%，定制衣服价格比普通成衣价格降低了 20%。

工业软件推动生产方式从传统实体制造向实体制造与虚拟制造融合转变。工业软件打破传统工业生产的"设计—制造—测试—再设计"流程，通过软件支撑和创造一个与实物制造相对应的虚拟制造空间，实现了研发设计、仿真、试验、制造、服务在虚拟空间的仿真测试和生产，通过软件定义设计、产品、生产、管理等制造全环节的方式，制造过程快速迭代、持续优化，制造效率和质量显著提高，成本快速下降。例如，欧特克公司（Auto Desk）通过衍生式设计软件，为空客设计的仿生隔断比原来设计的重量轻 45%。

平台推动工业生产分工协作方式从线性分工向网络化协同转变。在工业经济时代，工业生产价值链垂直分工，上下游分工环节通过生产配套关系实现协同，整个体系因专业化获得规模经济，分工协作方式是线性的、链式的。

在数字经济时代，产业分工协作发生重大变革，以开放化平台为核心，一方面向下整合并开放硬件、开发资源，降低工业 App 的开发壁垒；另一方面不断汇聚工业企业，并撮合应用开发者和企业用户之间交互，构建一个网络化的工业生产分工协作生态，实现数据资源、制造资源、设计资源等的汇聚整合和高效利用。例如，西门子推出工业互联网平台 MindSphere，搭建"智能机器 + 云平台 + 工业 App"功能架构，整合"平台提供商 + 应用开发者 + 企业用户"生态资源，构建制造业新生态。

数字技术进步和应用推动了工业价值创造方式深刻变革。在工业经济时代，价值创造方式是以标准化工业实物产品为载体，以规模化生产方式降低成本，满足消费者同质化的基本功能需求。在数字经济时代，价值方式转变为以多样化、个性化的智能产品为载体，通过增加设计、远程运维等服务，为消费者带来更多的体验价值。也就是说，在数字经济时代，服务成为工业价值创造中日益重要的来源，制造与服务之间的界限越来越模糊，企业从"卖产品"向"卖服务"转变。例如，美国农机制造企业约翰·迪尔（John Deere）推出精致农业管理系统，通过远程监控每个农机进行预防性维护、优化油耗，并为农户生产决策提供信息参考，该公司已从一家卖农机的公司转变为一家卖农作物和提供生长管理服务的公司，实现了服务增值。

互联网、大数据、人工智能与工业的融合发展推动了工业运行方式的深刻变革，将工业从自动化带入智能化时代。在工业经济时代，工业发展不断使用更多的机械设备，自动化成为主导工业运行的核心逻辑。在数字经济时代，智能技术的进步和应用，推动生产的智能化从研发工具智能化到产品本身智能化，再到产品服务智能化，乃至整个生产过程的智能化。自动化智能决策成为工业运行的核心逻辑。自动化时代能实现资源的单点、低水平和有限优化，**而智能主导时代能实现多点、高水平、全局的资源优化，从自动化主导到智能主导，是资源配置从局部优化到全局优化的过程。**

三、治理体系：多方共治格局基本形成

近年来发展迅猛的电子商务、互联网金融、共享经济等新业态，在提升经济效率、便利大众消费者的同时，也出现了不规范经营、集资诈骗等违法犯罪问题，催生了劳动保障、数据安全等新型业态，引起了社会各界的广泛关注，平台治理逐渐成为数字经济治理的关键内容。

（一）互联网平台治理取得积极成效

长期以来，我国在平台治理实践方面已经逐渐形成集政府统筹、平台自治、第三方参与、公众监督于一体的多方共治格局。

有利于平台经济发展的制度环境初步形成。监管部门通过现有法律法规对各方责任与义务进行初步明确，同时在新政策出台和监管实践中大力营造宽松环境。**第一，平台责任的主要方向基本明确**。互联网平台责任既包括平台自身违法违规所应承担的法律责任，也包括平台对其用户的违法违规行为所应承担的第三方责任。其中，平台的第三方责任认定，主要基于"避风港原则"和"红旗原则"来进行。**第二，创新和竞争环境较为宽松**。相较于欧美国家严格的不正当竞争监管和反垄断监管，我国对互联网平台等保持包容审慎的态度，对互联网行业中发生的各类竞争热点事件密切跟踪关注，尽量用市场规律解决问题，但当侵害到用户权益时便果断介入。

政府管理的协同机制与手段建设逐步完善。监管部门探索建立了融合监管机制，明确了平台企业主体义务，加强了监管手段能力建设。**第一，部门协同政企联动的治理模式初步建立**。多部门针对融合业务齐抓共管，探索政企合作新模式。例如，腾讯联合反电信网络诈骗产业发布"守护者计划"，利用大数据分析、云计算和云存储能力，协助公安机关开展各类网络诈骗打击行动。**第二，平台企业的主体义务逐步明确**。监管部门贯彻"以网管网"的思路，根据现行法律法规，要求平台加强规则制定，履行秩序维护和内容管理义务，同时落实用户资质核验义务，加强用户网络真实身份信息管理，逐步形成"政府—平台企业—用户"逐级管理模式。**第三，信用体系应用不断加强**。近年来，我国整合各行业信用系统资源，建立全社会信用体系，加强互联网企业信用体系建设。例如，工业和信息化部已上线信息通信行业企业主体信息库和企业违法不良记录信息库，探索建立不良名单和失信名单，明确对失信主体的重点监管和惩戒措施。

互联网平台企业自治意识与能力显著提高。随着企业不断壮大，平台企业积极承担了部分治理责任，在自身能力建设和用户管理方面进行探索与创新。**第一，平台规则制定和用户管理逐步完善**。平台主动对平台内的秩序和用户行为进行管理，加强平台秩序维护，加强内容管理。例如，微信平台在《微信个人账号使用规范》《微信朋友圈使用规范》等规范中列举了十余项违规内容类别及具体违规内容。**第二，平台自身能力不断提升**。平台企业不断提升服务质量。一方面，加强消费者权益保护。例如，阿里巴巴对消费者诚信水平进行量化评级，推出极速退款、退货、维权等多项诚信分级服务。另一方面，加强安全防控和个人信息保护。例如，微信设立了安全中心，设置账号冻结、解冻等安全工具，建立了用户投诉维权机制。

企业联盟与行业组织的桥梁作用日益增强。经多方推动，第三方机构在平台治理中的角色逐渐明晰，效果逐渐显现。**第一，企业联盟成为行业协同共治的重要形式**。一方面，通过行业自律公约规范企业行为。例如，中国国际贸易促进委员会商业行业分会和百度外卖共同起草发布了《外卖配送服务规范》，对外卖配送的服务机构、人员、流程等方面的内容提出要求。另一方面，建立行业内的信用信息共享机制。例如，中国互联网金融协会召集17家会员单位建设启用互联网金融信用信息共享平台，对借款人的信用状况进行交叉比对。**第二，行业组织成为政府、平台与用户的协调平台**。行业组织在受理投诉举报、协助政府监管方面的效果逐步体现。例如，中国互联网协会设立 12321 网络不良与垃圾信息举报受理中心，利用电话、网站、微博、微信、客户端多种渠道受理网络举报，建立网络曝光台，协助相关部门处置不良 App 和网站、垃圾短信。

社会监管与公众参与的约束效应愈发凸显。近年来，社会媒体一直对互联网行业高度关注；同时，越来越多的网络用户也主动参与，通过评论、举报、自媒体传播等多种方式，对互联网平台及平台经营者的经营活动进行监督。

（二）互联网平台治理的六大重要议题

当前，互联网平台加速向各产业领域延伸，许多在传统经济活动中并不突出或不曾出现的问题，成为互联网平台治理的主要议题。

海量商事主体经营行为治理。在互联网平台上，商事主体的不规范经营行为频发，问题的根源在于，现有市场监管方式不适应互联网平台上的经营主体海量化、个体化，以及竞争行为线上化、分散化等新特点。加强治理创新，要突破传统单一的监管主体和传统的监管方式，让平台参与治理，建立健全对第三方服务提供商的审核、监管、评价机制。

自媒体时代的信息内容治理。随着自媒体平台的快速兴起，一些违反公序良俗的信息内容日益增多，例如谣言、低俗内容等。这些违反法律与道德的信息会对公众产生明显误导，继而引发一系列的负面效应。面对自媒体日益庞大的用户群体及不断增强的影响力，如何监管自媒体平台，发挥其正面作用，是互联网平台治理的一个重要议题。

平台垄断与竞争行为治理。互联网平台经济是一种具有很强的网络效应的经济模式，往往表现出"赢者通吃"的市场格局。随着平台市场地位的提升，垄断行为初现端倪。如何重新认识和合理规制互联网平台经济的"一家独大"现象是平台治理面临的重要议题。

数据安全及合规利用治理。数据是互联网平台经济的核心生产要素，是平台竞争优势的核心来源。近年来，平台数据管理能力和安全利用问题不断引发人们的担忧：一方面，海量数据收集使用户隐私泄露的风险增加，数据安全事件频发；另一方面，数据流动风险难以有效控制，规范数据流转过程、建立有效风险规避机制，既是对平台上的数据所有者负责，也有利于保障数据使用者的权益。

自然人主体的税收征管治理。 如何对平台经济体系中的各类主体征税是平台治理的难题，如何兼顾线上与线下、效率与公平，营造公平的税制环境是互联网平台治理应充分考虑的问题。

平台型就业的劳动关系治理。 平台经济正在深刻改变传统的就业模式，其进入门槛低、工作时间灵活等特点吸引了大量个体参与，正在形成庞大的新型劳动者群体。这种新就业模式不仅增加了劳动者收入和工作自由度，也引发了如何保障自由劳动者权益的新挑战。平台和用户之间的新型劳动关系至今没有得到明确的法律认定，用户劳动权益保障缺乏强有力的依据，再加上相较于大平台，分散用户的劳资谈判能力明显不对等，用户的合法劳动权益难以得到有效保障。

第二篇
总体篇

　　当前，全球新一轮科技革命和产业变革爆发，数字化浪潮席卷全球，经济全球化、社会信息化深入发展。面对国际金融危机的深层次影响，世界经济正处在动能转换的换挡期，依靠资源投入、要素投入的经济发展道路遭遇了瓶颈，亟须为推动经济可持续发展开辟新的路径、寻找新的方式。数字经济成为创新发展的时代趋势，深刻影响着全球的科技创新版图、产业生态格局和经济发展走向。

第五章
全球数字经济的发展态势

近代以来，大国崛起的关键在于把握重大科技革命带来"另辟蹊径"的窗口机遇，在影响全球进程的技术和产业中占据制高点，从而成为世界发展的领军者。当今世界正处在数字经济与工业经济交汇更迭的过渡时期，跨越发展的新路径正在形成，而新的产业和经济格局尚未定型，世界各国均面临重大战略机遇。

一、发展数字经济成为全球普遍共识

当前，数字经济在促进贸易便利化、驱动经济增长、提高劳动生产率、培育新市场和新增长点、实现包容性增长和可持续发展中发挥着日益重要的作用，世界各国尤其是发达国家和新兴经济体纷纷将发展数字经济作为重要的战略选择。发展数字经济已经成为应对国际激烈竞争、抢占战略制高点的重要手段。

（一）主要国家加强数字经济战略布局

世界各国普遍认为数字经济是世界经济未来的发展方向。数字经济作为驱动全球经济发展的新动能，各国对其重视程度日益提升，不断升级数字经济发展战略，抢夺战略高地。

1. 美国数字化战略举措

美国聚焦前沿技术和高端制造业，2016 年至今先后出台了一系列政策文件，从大数据、人工智能、智能制造等领域推动数字经济发展。

一是聚焦数字经济前沿技术，升级相关战略。 美国是全球最早布局数字经济的国家之一，20 世纪 90 年代就启动了"信息高速公路"战略，并相继发布了《浮现中的数字经济》《新兴的数字经济 1999 年》《数字经济 2000》《数字经济 2002》《数字经济 2003》等报告，持续关注数字经济的发展及其影响。近年来，美国进一步聚焦大数据和人工智能等前沿技术领域，发布了新一轮战略计划，推动原有战略的持续升级。在大数据领域，美国于 2016 年 5 月发布了《联邦大数据研发战略计划》，旨在构建数据驱动的国家战略体系，基于大数据的分析、信息提取以及决策支持能力激发联邦机构和整个国家的新潜能。在人工智能领域，美国成立了机器学习与人工智能委员会，专门负责跨部门协调人工智能的研究与发展工作，于 2016 年先后发布了《国家人工智能研究和发展战略计划》和《为人工智能的未来做好准备》，将人工智能上升到国家战略层面，进一步引领人工智能的研发与应用。2018 年 3 月进一步发布了《美国机器智能国家战略报告》，提出六大国家机器智能策略，旨在通过对产品研究与开发的长期资金支持，促进机器智能技术安全发展，并通过加强创新基地巩固美国的领先地位。2019 年 2 月，时任美国总统特朗普签署行政命令，启动"美国人工智能计划"，集中联邦政府资源发展人工智能。2019 年 6 月，美国发布了最新的《国家人工智能研究和发展战略计划》，重新评估了联邦政府人工智能研发投资的优先次序。2019 年 8 月，国家标准与技术研究所就政府如何制定人工智能技术和道德标准提出指导意见，发布《美国如何领导人工智能：联邦参与制定技术标准及相关工具的计划》。

二是把握制造业高附加值环节，推动智能制造产业发展。 自 2008 年金融危机后，美国进行再工业化，实施制造业回归，以拉动经济增长、创造就业，同时牢牢把握制造业产业链的高附加值环节。2011 年，美国发布了《确保美国先进制造领导地位》，强调推进先进制造战略的重要性。2012 年发布了《先进制造业国家战略计划》，从投资、劳动力、创新等方面提出五大目标及具体实现措施。此后相继发布了 AMP1.0 战略《获得先进制造本土竞争优势》和 AMP2.0 战略《加速美国先进制造》，逐步完善智能制造整体框架。2014 年发布了《制造业创新网络评估指南》，评估美国国家制造创新网络发展，不断推进新的创新研究中心建设。2016 年发布了《智能制造振兴计划》，依托新一代的信息技术、新材料、新能源等创新技术，加快发展技术密集型的先进制造业。2016 年发布了《国家制造创新网络战略计划》，该计划围绕制造业领域展开，旨在创造一个竞争性的、有效的和可持续发展的科研到制造体系，以提升美国制造业的竞争力。2018年 10 月发布了《先进制造业美国领导力战略》，该文件指出通过创新推出的新制造方法和新产品是美国经济实力的引擎和国家安全的支柱，旨在开发和转化新的制造技术，教育、培育和集聚制造业劳动力，同时扩展国内制造供应链的能力。

三是立足高质量就业和可持续增长，全面提升国家创新能力。早在 20世纪 90 年代，美国政府相继制定了《MEP 规则》《国家技术转移改进法案》《技术管理法》《美国发明家保护法案》等创新政策法案，率先构建国家创新系统和创新网络。这一系列创新法案注重创新的短期效益，促进科技直接为经济发展服务。21 世纪以来，美国立足高质量就业和可持续增长，不断升级创新政策，进入全面提升国家创新能力阶段。2004 年，美国竞争力委员会发布了《创新美国》报告，提出 80 多条强化创新的政策建议，标志着美国创新政策向提升国家创新能力转变。2009 年，美国政府发布了《美国创新战略：推动可持续增长和高质量就业》报告，强调注重国家创新基础架构建设，鼓励创新创业，推动国家重点项目取得突破。2011 年发布了《美国创新战略 2011：确保我们的经济增长和繁荣》，在 2009 年《美国创新战略》的基础上更加强调民生相关的清洁能源、医疗卫生、先进制造技术等领域的优先突破。2015 年，美国发布了《美国创新战略》，强调政府在创新中的重要作用，对构建创新战略进行了描述，并继续将高质量就业和可持续经济增长作为战略发展的重点。

专栏 5-1 《美国创新战略》

《美国创新战略》首次发布于 2009 年，用于指导联邦管理局的工作，确保美国持续引领全球创新经济、开发未来产业以及协助美国克服经济社会发展中遇到的重重困难。

2015 年版《美国创新战略》承认联邦政府在投资美国创新基本要素、激发私营部门创新、赋予全国创新者权利方面的重要作用。该战略描述了奥巴马政府如何通过 3 套战略计划扩建这些重要的创新要素。其中的 3 套战略计划重点为创造高质量的就业岗位、推动经济持续增长、推动国家优先领域突破及建设创新型政府服务大众。2015 年版《美国创新战略》有 6 个关键要素并针对 6 个关键要素提出了具体的战略行动。

1. 投资创新基础要素

美国创新生态系统的基础指那些联邦投资为创新过程提供了基础信息的领域。对此，美国的具体行动包括在基础研究方面进行世界领先的投资，推进高质量的科学、技术、工程、数学教育，开辟移民路径以帮助推动创新型经济，建设一流的 21 世纪基础设施，建设下一代的数字基础设施。

2. 激发私营部门创新

美国的具体行动包括加强研究与实验税收抵免，支持创新企业家，确保适当的创新框架条件，将公开的联邦数据授权于创新人员，从实验室到市场（联邦资助研究的商业化、支持区域性创新生态系统的发展、帮助创新的美国企业在国外竞争）。

3. 营造一个创新者的国家

通过激励奖励的方式充分激发美国人民的创造力，通过众包等方式挖掘创新人才。

4. 创造高质量就业岗位和持续经济增长

通过加强美国先进制造的领先地位，投资未来产业，建设包容性创新经济等对就业岗位和经济增长产生重大影响。

5. 推动国家优先领域创新突破

在国家优先领域创新影响较大意味着确保重点投资领域能够取得变革性结果，以应对国家和世界面临的挑战。这些优先领域包括应对重大挑战，用"精准医学"概念治疗疾病，通过"脑计划"加速发展新型神经技术，推动卫生保健方面的突破性创新，采用先进车辆显著减少死亡事故，建设智慧城市，推动清洁能源技术和提高能源效率，开发先进的教育技术和推动教育技术革命，发展空间技术并努力取得突破性进展，致力于计算新领域等。

6. 建设创新型政府服务大众

基于人才、创新思维及技术工具的适当组合，政府能够为民众提供更好的服务效果。对此，美国的具体行动包括采取创新的工具包解决公共部门问题，在联邦机构的创新实验室推动创新文化革新，通过更高效的数字技术为美国民众提供更好的服务，提升政府解决社会问题的能力。

2. 欧盟数字化战略举措

欧盟坚持合作共赢原则，着力打破成员国间的数字市场壁垒，先后出台了《数字化单一市场战略》《通用数据保护条例》《人工智能合作宣言》等战略，从数字单一市场、数据保护、人工智能等领域推动数字经济发展。

一是积极加强合作，推动建立数字单一市场。早在 2009 年，欧盟便相继出台了《数字红利战略》《未来物联网发展战略》等。为释放"数字红利"频段、刺激无线业务发展，《数字红利战略》要求成员国自2012年起全部实现从模拟电视向数字电视的转换。《未来物联网发展战略》提出实施ICT研发计划，启动90多个研发项目，让欧盟的物联网实现质的突破。

二是注重数据保护，构建全方位的数据法律规则。构建欧盟内部统一的数字市场，需要以数字立法为保障。早在1995年10月，欧洲议会就通过了《资料保护指令》，围绕"知会用户、目的明确、用户同意、信息安全、明确收集方、用户查验、追责渠道"7个关键词，提出企业对个人数据的处理须遵守透明、目的合理、数据完整准确等标准。为进一步提升数据保护力度，2012年1月，欧盟委员会提出了《通用数据保护条例》，取代之前各成员国根据《资料保护指令》的相关立法。经过4年酝酿，该条例最终于2016年通过，2018年5月正式投入实施，成为欧盟内部唯一、统一的数据保护条例。《通用数据保护条例》从个人数据处理的基本原则、数据主体的权利、数据控制者和处理者的义务、个人数据跨境转移等方面，建立了完备的个人数据保护制度，成为全球个人数据保护立法的典范。2019年10月发布的《非个人数据在欧盟境内自由流动框架条例》，旨在确保非个人数据在欧盟范围内的自由流通，推动数字经济发展，增强欧盟在全球市场的竞争力。鉴于数据在全球竞争和数字社会发展中的价值日益凸显，2020年2月，欧盟委员会发布《欧洲数据战略》致力于构建"单一数据市场"，并提出欧盟"单一数据市场"的四大预期目标和五大应用场景，将自身打造成全球数据赋能社会的典范和领导者。

三是不断升级人工智能战略，加强人工智能领域的前沿探索。欧盟于2013年相继提出了"人脑计划"和"石墨烯旗舰项目"，开启了欧盟探索人工智能领域的大门。"人脑计划"旨在通过计算机技术模拟大脑，建立一套全新的生产、处理、整合、模拟数据的信息通信技术平台。该计划将脑科学研究数据与产业相结合，可直接为人工智能发展提供最有力的支持。石墨烯是世界上电阻率最小的材料，基于石墨烯开发的芯片比普通芯片运行得更快、能耗更低。"石墨烯旗舰项目"旨在为人工智能的发展提供硬件支撑。2019 年 4 月，欧盟发布《可信赖人工智能道德准则》，列出了"可信赖人工智能"的 7 个关键条件，为实现可信赖的人工智能设定了一个伦理框架。2019 年 7 月发布的《可信赖的人工智能政策与投资建议》向欧盟和其成员国提出 33 条相关建议，旨在确保可信赖人工智能的可持续性、增长性、竞争性以及包容性。2020 年 2 月，欧盟委员会发布"人工智能白皮书"，讨论了欧盟委员会通过加强投资和监管，促进人工智能发展和处理相关技术应用带来的风险，并提出建立"可信赖的人工智能框架"。

专栏 5-2　丹麦"人工智能国家战略"

丹麦政府发布的"人工智能国家战略"提出，成为负责任地开发和使用人工智能领先国家的愿景，打造发展、繁荣、世界一流的公共服务，使个人、企业和社会都能从人工智能中获得最大的收益。为发展和使用人工智能，该战略提出 4 个目标：人工智能应当建立以普遍道德准则和以人为本的发展基础；加强对人工智能的研发力度；发展和使用人工智能以实现企业增长；公共部门应用人工智能提供世界一流的服务。

该战略提出政府应当做到以下 4 点。

第一，打造人工智能的责任感基础，包括人工智能的道德原则、建立数据道德委员会、安全和人工智能、关于人工智能开发和使用的法律阐明、公共部门透明化使用算法、商业界对数据使用的道德责任感和可持续性、丹麦人工智能标准版本说明。第二，有效提供更多更好的数据，包括公共的丹麦语言资源、提高公共部门数据的可获得性、云储存更多人工智能数据、为丹麦商人和研究人员提高境外数据的可获得性。第三，提升突出的能力和新知识，包括与人工智能研究基金会对话、提高中央政府的数字化能力、积极参与欧盟研究与创新框架计划、通过成人继续教育提高数字化能力。第四，增加在人工智能领域的投资，具体包括"签名"项目，增加对丹麦企业的投资、探讨与欧盟签订投资协议的可能性，增加公共当局之间的知识共享、创造有吸引力的增长环境。

该战略还指出了人工智能需要发展的 4 个重点领域——医疗保健、能源和公用事业、农业、运输业，在此分别举例说明。

1. 医疗保健

丹麦首都地区的紧急医疗服务与 Corti 公司已经开发出一种鉴别心力衰竭的项目解决方案。该项目在公民拨打紧急电话号码时进行监听，使医护人员能够在其屏幕上收到建议或警报，有助于医护人员识别心脏衰竭的症状，进而更快更准确地做出反应。数据表明，这一解决方案可以识别 84% 的心力衰竭的情况，使医疗保健人员的识别率提高到 73%。

2. 能源和公用事业

人工智能项目可以更好地维护电站。丹麦电网公司在丹麦各地的选定电站安装了许多传感器。人工智能可用于识别安装时的声音、振动、温度等。收集的数据可以预测电站的某些指标、设备是否偏离标准、是否需要维护或更换。这将释放资源，为电站提供更有效的监测。人工智能实现了更灵活、安全的电力供应。丹麦的电力消耗随着一年中所处的时间和一天中所处的时间不同而有所波动。通过分析消费模式，公用事业公司可以根据需求调整生产，从而节约资源。

3. 农业

丹麦 Agrointelli 公司推出了自动驾驶机器人 Robotti。该机器人通过全球定位系统（Global Positioning System, GPS）导航，使用人工智能优化自己在野外的路线，用于苗床准备、播种、机械清洁和添加营养。而牧群导航（Herd Navigator）是丹麦开发的用于监测奶牛的繁殖和健康状况的一种全自动系统，通过对来自传感器和奶牛的数据进行在线分析，为农民提供有关动物健康、繁殖、营养等方面的信息。

4. 运输业

丹麦独立研究基金正在支持一项关于将人工智能应用于节油路线的研究项目。该项目可以指导交通运营商利用白天不同时段的交通移动数据来选择最快和最省油的路线。奥尔堡大学的研究人员与来自美国和澳大利亚的研究人员合作，开发能够管理与极大不确定性相关的系统法。丹麦独立研究基金已向该项目拨款 580 万丹麦克朗（约为 80 万欧元）。

3. 英国数字化战略举措

英国不断升级数字经济战略，先后出台了《数字英国》《英国信息经济战略 2013》《英国数字经济战略（2015—2018）》和《英国数字战略 2017》等战略，大力推动数字经济创新发展，打造数字化强国。

一是不断升级数字经济战略，打造数字化强国。英国是最早出台数字经济政策的国家之一，2009 年发布了《数字英国》计划，是数字化首次以国家顶层设计的形式出现。该计划从国家战略的高度，为英国社会、经济、文化等方面的数字化进程设立了明确目标，旨在将英国打造成世界数字之都。2013 年，英国政府发布了《英国信息经济战略 2013》，与《数字英国》计划紧密相连，着重于数字化对经济发展带来的变化，将数字经济单独作为一个概念进行细致的剖析。该战略通过分析当时英国数字经济的发展情况及未来将要面临的机遇挑战，制定了发展目标及行动纲要，明确了英国信息经济的短期发展方向。2015 年发布了《英国数字经济战略（2015—2018）》，该战略强调通过数字化创新驱动经济社会发展，旨在将英国建设成未来的数字强国。在该战略中，数字经济对其他领域发展的重要影响再一次被重点提出，并将英国融入数字经济发展的浪潮视为持续推动全社会经济发展的重要因素。英国政府为应对脱欧后的新形势，于 2017 年发布了《英国数字战略 2017》，对英国脱欧的数字经济发展规划进行了详细部署，并提出了多项数字化转型战略，主要包括连接战略、数字技能与包容性战略、数字经济战略、数字转型战略、网络空间战略、数字政府战略和数据经济战略。

二是大力推动数字经济创新发展。早在 2009 年的《数字英国》计划中，英国政府就提出包括提供资金扶持、推广数字产权模式在内的多项举措，拉开了英国数字经济创新的序幕。2015 年年初，英国政府出台了《数字经济战略（2015—2018）》，旨在通过数字化创新驱动社会经济发展，努力跻身全球数字化浪潮的前列。英国政府成立了"创新英国"项目，作为数字经济战略的独立机构负责执行战略计划，这标志着英国数字经济创新进入全新的阶段。近年来，英国不断探寻数字经济的创新路径。2018 年，英国政府进一步出台了《产业战略：人工智能领域行动》，再次强调要支持人工智能创新，以提升生产力、打造世界最创新的经济。

三是完善相关立法，增强网络安全能力。为保障网络空间安全，2009 年，英国出台了首个《国家网络安全战略》，成立了网络安全办公室和网络安全运行中心，分别负责政府各部门网络安全计划和协调政府与民间机构的计算机系统安全保护工作。2011 年，英国启动了为期 5 年的《国家网络安全战略：在数字世界中保护和促进英国的发展》计划，强化英国对于网络威胁的恢复能力，同时建立以政府通信总部为中心的监测网络。2016 年，英国政府启动了新一轮的 5 年《国家网络安全战略》，投入 19 亿英镑用于提升网络防御技术水平，加强网络空间建设。2017 年，英国颁布了新版《数字经济法》，在通信服务、移动电话合同、电子书借阅、抵制网络色情等方面采取保护措施，积极建设数字化基础设施，保护公民的网络安全。2018 年，英国政府发布了《数字宪章》，规定线上人群应了解适用规则、尊重并妥善使用个人数据、采取措施保护人们特别是儿童的线上安全、线下权利在线上应受到同等保护等原则，旨在使英国成为全球最安全的网络国家和成立数字企业的最佳之地。

4. 日本数字化战略举措

日本以支持科学技术创新为重点，先后出台了一系列的战略，从智能制造、数字化人才培养等领域推动数字经济发展。

一是不断升级创新政策，重视科学技术创新。日本政府从 2013 年开始，每年制定《科学技术创新综合战略》，提出从"智能化、系统化、全球化"的角度推动科技创新。近年来，日本政府不断升级创新政策，科学技术创新进入新阶段。日本于 2016 年通过《第五期科学技术基本计划》，该计划首次提出"超智能社会"的概念。**"超智能社会"被定义为"能够细分掌握社会的种种需求，将必要的物品和服务在必要时以必要的程度提供给需要的人，让所有人都能享受优质服务，超越年龄、性别、地区、语言差异，快乐舒适生活的社会"**。日本政府于 2018 年先后出台了《集成创新战略》《综合创新战略》。《集成创新战略》系统总结了《第五期科学技术基本计划》的经验与不足，提出了包括创新基础建设、科技创新创造、创新的社会应用、创新国际合作的开展以及需要重点加强的主要领域在内的诸多举措。《综合创新战略》则将关注的焦点放在大学改革、加强政府对创新的支持、人工智能、农业发展、环境能源五大领域。2019 年 6 月，日本内阁会议发布了最新《综合创新战略 2019》，该战略重点分析了过去一年日本国内外形势的变化，提出了需要加强和亟待解决的问题，加快落实一系列必要举措，实现"超智能社会"的建设。

二是重视发展高端制造业，推动智能制造。日本政府高度重视高端制造业的发展，强调要加强对制造业信息化、大数据等领域的研究和资助，积极推动信息通信、智能制造的发展。为进一步推动制造业的转型升级，日本政府于 2016 年正式发布"日本智能制造参考框架"（Industrial Value chain Reference Architecture，IVRA），标志着日本智能制造策略有了实质性的突破。IVRA 是日本智能制造独立的顶层框架，它建立了智能工厂互联互通的基本模式。在 2018 年 6 月发布的"日本制造业白皮书"中，明确将互联工业作为制造业发展的战略目标。互联工业强调"通过连接人、设备、系统、技术等创造新的附加值"，明确制造的 3 个层次分别为管理层、业务层和操作层。

三是重视人力资本建设，积极培育数字化人才。日本政府历来高度重视人力资本建设，早在 2001 年出台的"e-Japan"中就提出要加强信息化知识的普及教育，多渠道培养高级专业人才。具体措施包括尽快实现"教育信息化"的新世纪计划；加强学校的信息技术专业教育，增加 IT 领域的硕士、博士学位人数，扩大培养高学历的信息技术人才；改革国外技术人才的入境许可制度，完善吸引国外专业人才的机制。日本政府于 2009 年又进一步出台了"i-Japan"，强调要重视教育和人力资源培育，加大对教育机构的信息教育和数字技术设施的投入，加快远程教育发展，提高学生的学习欲望和专业能力以及充分利用信息的能力。除此之外，要培养拥有较高数字能力的专业人才，为日本数字经济发展做好人才储备。近年来，日本政府始终坚持推动数字化人才建设，先后在出台的战略文件中提及要通过开展制造业企业员工的数字化技能培训以及技能提升工程，通过研修将大学教授和学生纳入工作平台的人才培养机制等举措加强数字化人才培育。

5. 德国数字化战略举措

德国为弥补数字鸿沟推动数字化转型，先后出台了《德国联邦政府 ICT 战略：数字德国 2015》《数字议程（2014—2017）》《数字化战略 2025》等政策，不断升级高技术战略，积极践行"工业 4.0"，推动中小型企业数字化转型。

一是弥补数字鸿沟，全面推动数字化转型。为弥补数字鸿沟，德国政府于 2010 年提出了《德国联邦政府 ICT 战略：数字德国 2015》，于 2014 年提出了《数字议程（2014—2017）》，于 2016 年提出了《数字化战略 2025》。德国联邦经济部发布的《数字化战略 2025》，明确提出德国经济数字化转型的十大行动步骤，即"打造千兆光纤网络、开创新的创业时代、明晰政策框架、推进智能互联、加强软硬件信息安全、促进中小型企业数字化转型、帮助德国企业实践'工业 4.0'、增强研发能力、加强数字化方面的教育培训、成立联邦数字机构"，这些行动计划涉及德国数字化转型的诸多领域，为德国全面推动数字化转型指明了方向。

二是积极推动中小型企业数字化转型。 德国在世界经济中的重要地位离不开中小型企业的贡献，数字化对企业尤其是中小型企业的发展尤为重要。2014 年 8 月，德国政府出台了《数字议程（2014—2017）》，倡导数字化创新驱动经济社会发展，提出为中小型企业建立最佳实践展示中心，为中小型企业数字化发展提供技术方面的支持。在德国政府于 2016 年发布的《数字化战略 2025》中，促进中小型企业数字化转型成为德国经济数字化转型的十大行动步骤之一。为推动中小型企业数字化转型，德国在扶持计划"中小型企业 4.0——数字化生产流程和工作流程"框架下逐步在德国所有地区建立大量技能中心，以深化对数字化通信、云计算、流程管理和贸易的研究，并提供支持服务。通过"数字化（Go-Digital）"项目，德国将在 IT 安全、网络营销和数字化经营流程 3 个模块中为中小型企业提供用于外部咨询服务的资金。

专栏 5-3　德国《国家工业战略 2030》

德国经济和能源部于 2019 年 2 月 5 日发布了《国家工业战略 2030》。该战略旨在有针对性地扶持重点工业领域，恢复经济和技术能力，提高工业产值，保证德国工业在欧洲乃至全球的竞争力，是持续保障和扩大德国整体经济实力、促进公民就业和经济繁荣的必然要求。该战略计划到 2030 年将德国工业产值占 GDP 的比例增至 25%，在欧盟的比例增至 20%。

草案指出，当今最重要的突破性创新是数字化，尤其是人工智能应用的快速扩散：全球平台经济的快速发展是互联网时代经济发展的必然。它可以极大程度地提高价格的可用性和透明度，促进商品和服务流的国际化并带来更多竞争。相反，少数公司的垄断会导致市场萎缩。

三是积极践行"工业 4.0"，不断升级高技术战略。德国政府于 2013 年 4 月正式提出"工业 4.0"战略。该战略旨在打造以信息物理系统为特征、以智能工厂为具体体现的智能化时代，全面提高德国工业的竞争力。为进一步践行"工业 4.0"，德国政府于 2016 年 5 月在其《数字化战略 2025》中提出了迈向数字化的 10 项行动计划，包括在德国经济的核心领域推进智能网联、强化数据安全和数据保护，利用"工业 4.0"加强德国制造业的地位，利用数字化技术使研发和创新达到具有竞争力的水平等。近年来，德国政府不断升级高技术战略，于 2018 年发布了《高技术战略 2025》。该战略以"为人研究和创新"为主题，明确了德国未来 7 年研究和创新政策的跨部门目标和举措，旨在进一步推动德国科学技术的发展，为德国未来高技术的发展提供重要指导。2018 年 11 月，德国政府发布《建设数字化战略》，提出建设数字化能力、数字化基础设施、数字化转型创新、数字化转型社会和现代国家五大行动领域。2019 年 11 月，德国政府发布的《国家工业战略 2030》，提出人工智能、数字化等创新技术与传统行业融合是推动经济发展的利器，未来要努力确保或重夺所有相关领域在国内、欧洲乃至全球的经济技术实力、竞争力和工业领先地位。

（二）多双边机制将数字经济作为重要议题

从 G20 领导人峰会到金砖国家领导人会议，再到达沃斯论坛等，数字经济都是重要议题，历次会议的重点虽然各有侧重，但都强调各成员国要加强沟通与合作，共同促进数字经济的繁荣和蓬勃发展。

G20 已连续多年就数字经济议题达成重要的会议成果。2016 年，G20 中国杭州峰会首次把数字经济与创新、新工业革命、结构性改革并列，作为推动经济创新增长的四项行动之一，以应对全球经济增速低缓、复苏乏力的挑战。同时，峰会还通过了《G20 集团数字经济发展与合作倡议》，这是全球首个由多国领导人共同签署的数字经济政策文件，敏锐地把握了数字化带来的历史性机遇，为世界经济摆脱低迷、重焕生机指明了新方向，提供了新方案，带来了新希望。2017年，在德国举行的首次G20数字化部长会议上，发布了《G20数字经济部长宣言》主报告以及《数字化路线图》《职业教育和培训中的数字技能》《G20数字贸易优先事项》3个分报告。《G20数字经济部长宣言》承认并重视数字化在创造经济繁荣、推进包容性经济增长和全球化发展方面的潜力，认为数字基础设施至关重要，强调ICT技术作为当今数字经济支柱的重要性，重申对国际电信联盟"连通2020议程"的承诺以及"到2025年各国国内所有人都能实现互联"的目标。《数字化路线图》为数字化中的改善网络接入、扩大数字化基础设施等11个重大关键问题初步勾勒出了解决方案。2017年7月，汉堡峰会通过了G20汉堡峰会公报——《塑造联动世界》。该公报认为数字化转型是实现全球化、创新、包容和可持续增长的驱动力，有助于减少不平等，强调要更好地发挥数字化的潜力。2018年，在阿根廷举行的G20数字化部长会议通过了《G20数字经济部长宣言》及《G20数字政府原则》《衡量数字经济》《加快部署数字基础设施以促进发展》等文件。

金砖国家将推动数字经济发展上升为多边合作机制的重要领域。 2017年第三届金砖国家通信部长会议围绕"数字经济时代的信息通信技术创新与融合发展"这个主题，就金砖国家信息通信创新发展、信息基础设施建设与互联互通等各国共同关注的议题进行深入探讨，金砖各国代表深刻地认识到数字经济在驱动产业转型升级、促进包容性增长、建立透明决策体系、拉动国家经济发展等方面的重要作用，一致认为应该继续深化信息通信领域政策交流，加强国家和国际之间的数字联通，扩大信息通信技术在其他行业中的广泛应用，促进全球数字经济加快发展。2017年《金砖国家领导人厦门宣言》倡议："我们生活在数字经济时代，已准备好利用数字经济为全球增长带来的机遇，并应对有关挑战；我们将基于创新、伙伴、协同、灵活、开放和利于营商、注重信任和安全，保护消费者权益等原则，采取行动为数字经济繁荣和蓬勃发展创造条件，促进世界经济发展并惠及所有人。"2018年《金砖国家领导人第十次会晤约翰内斯堡宣言》倡议，欢迎签署《在数字经济发展背景下开展分布式记账技术和区块链技术联合研究的谅解备忘录》，以更好地适应不断发展的互联网经济，同时倡导在金砖国家工商理事会框架内建立数字经济工作组。

达沃斯论坛以研究探讨世界经济问题、促进国际经济合作交流为宗旨，数字经济成为该论坛近年来关注的焦点议题。在2015年冬季达沃斯论坛"数字经济的未来"分论坛，参会嘉宾一致表示，虽然地缘政治挑战不断，但数字时代，互联网将为经济发展创造更多的机会，使生产、经济都变得更有效率，参会嘉宾对未来数字经济的发展持乐观态度。2017年夏季达沃斯论坛，"数字经济"成为风口话题，在一场题为"战略动态：数字经济"的分论坛中，如何抢滩新经济革命的蓝海，政商领袖又将如何跟上技术、监管与经济的发展步伐，成为会议讨论的焦点。2017年冬季达沃斯论坛设立"未来数字经济"分论坛，来自工业、IT和通信行业的跨国企业领袖一致认为，产业的数字化将带来各行业商业模式和商业生态的重塑，但同时也对信息安全和信息透明带来了更多挑战。伴随着技术进步和数字经济的不断发展，如何应对第四次工业革命成为2018年冬季达沃斯论坛讨论的焦点之一。

二、主要国家积极探索发展数字经济

（一）强化技术创新能力

一是各国加速数字技术、产品和服务创新，积极制定相关激励战略。美国先后发布了《联邦云计算战略》《大数据的研究和发展计划》《支持数据驱动型创新的技术与政策》等，将技术创新战略从商业行为上升到国家战略，维持美国在数据科学和创新领域的竞争力。德国通过建立两个大数据中心，推动大数据创新在"工业4.0"、生命科学、医疗健康领域的应用，并促进ICT、信息安全、微电子、数字服务等领域的投资。英国鼓励本土数字科技企业成长，并通过吸引世界各地的科技创新企业来促进发展。欧洲数字议程提出"数字技术标准和兼容性"的概念，以确保新的数字技术设备、应用程序、数据存储库和服务之间无缝交互。日本强调支持超高速网络传输技术、数据处理和模式识别技术、传感器和机器人技术、软件开发和无损检测、多语种语音翻译系统。墨西哥着力扩大ICT产品和服务出口，以期成为全球排名第二的IT设备出口国。

二是强调宽带网络作为战略性公共基础设施建设，支撑经济社会发展。美国提出到2020年为至少1亿个家庭提供最低100Mbit/s的实际下载速度和最低50Mbit/s的实际上传速度的网络服务。德国"数字议程"提出，在2018年之前建成覆盖全国、下载速度在50Mbit/s以上的高速宽带网络的目标。英国提出到2015年年底使全国2Mbit/s宽带覆盖率达到100%，到2017年年底使全国24Mbit/s超高速宽带覆盖率达到95%。同时，英国在2017年秋季预算报告中提出"2017—2019年电信基础设施草案"，给予新光纤网络最长可达5年的地方企业税率优惠，在提交议会的地方政府财政预算案中，将对企业新的5G和FTTH/P宽带网络给予税费减免，减免价值高达6000万英镑，减免的资金可投资于其他网络建设。加拿大提出"连接每一个加拿大人"，保证农村地区的居民都能接入高速宽带网络，充分享受廉价的无线服务，参与并受益于数字经济。挪威通过强化交通运输部、通信部、供应商、邮电管理局在网络安全上的协作，提高电信网络的安全性和稳定性。日本提出在发生大规模自然灾害时，ICT部门可以借助冗余的ICT基础设施实现正常运转。

（二）深化融合创新应用

一是推动数字技术与教育、医疗和运输融合。在硬件方面，政策重点在于提高宽带基础设施水平、增加学校计算机硬件设施数量。美国每年专项拨款39亿美元用于建设和改造宽带网络，以保证各地区的学校和图书馆都能享受高速稳定的宽带连接。在软件方面，推动数字教育的关键在于增加在线授课内容。英国旨在促进大规模网络公开课来支持数字技能学习、劳动力再培训。

二是推进数字健康战略。将数字技术应用于医疗行业，能够提高诊疗的质量和效率、降低运营成本，并构建全新的医疗模式。日本通过加大医疗机构的数字基础设施建设力度，促进远程诊疗技术、电子健康记录、医疗处方和配药信息的电子化等来提高医护人员的知识技能，提升医疗服务水平和质量。

（三）提升政府治理能力

一是鼓励建设数字政府。美国提出《开放政府指令》《政府信息开放和可机读的总统行政命令》《开放政府合作伙伴——美国第二次开放政府国家行动方案》等，明确要求所有联邦政府机构都应在公开的网站发布此前的内部电子数据集。英国将数据描述为创新货币和知识经济的命脉。日本提出"建设成为世界上最先进的 IT 国家"，其中一项重要目标就是让任何人在任何时间、任何地点，都可以通过"一站式"电子政务门户访问公共部门数据，享受公共服务。

二是立法保障信息产业健康发展。美国高度重视保护互联网产业的技术研发、专利和知识产权，并已在核心领域与关键领域形成专利体系，强调完善的知识产权保护制度对促进生物技术、数字技术、互联网及先进制造业发展的推动作用。英国政府为加强网络安全保障，减少网络侵权等问题的出现，保护创新创业者的知识产权，颁布了《数字经济法案》，从法律层面切实做到保护数字知识产权，加大数字信息的安全保护力度，积极采取保全措施，使知识产权对权利人保护的及时性、便利性、有效性得以增强，进而鼓励知识创新。

（四）保障数字经济安全

美国发布《网络空间国际战略》，将网络空间视为与国家海、陆、空、外太空同等重要的国家战略性基础设施，并将网络空间安全提升到与军事和经济安全同等重要的地位。欧洲网络与信息安全局发布的《国家网络安全评估指南》提出了构建网络安全的关键举措，发展网络防御能力、增加网络弹性、降低网络犯罪率、加强网络安全方面的资源投入和研发支出、确保关键信息基础设施安全。英国反复承诺保障国家网络安全，重点在研发和人才方面加大投入。德国计划推广使用安全的通信基础设施，促进数字技术安全产业发展，强化在线服务的安全性。

（五）注重消弭数字鸿沟

一是重视基础设施普惠。 美国较早出台促进信息公平、消除数字鸿沟的战略政策措施。1999 年 7 月，美国政府发布了《填平数字鸿沟》政府报告。2000 年 2 月，白官新闻办公室发布了《从数字鸿沟走向数字机遇》，将普及互联网作为施政目标之一，将宽带视作每个美国人都需要的服务，提倡不分穷人富人、城市乡村，均加速普及网络。欧盟则实施基础设施建设普及和提高全民数字素养等战略推动消除数字鸿沟，例如，在《电子欧洲：创建所有人的信息社会》一系列行动计划中指出，安全可用的宽带网络是推动欧盟信息社会发展的一项重要的基础设施，加快宽带覆盖和接入是欧盟推进信息社会发展的一项重要内容，宽带接入状况在一定程度上反映了欧盟的数字鸿沟现状，欧盟在这方面所采取的态度和措施充分表明了其努力应对数字鸿沟挑战的决心。

二是着力提升数字素养。 欧盟把数字素养提升到了国家战略的高度，为促进对数字素养的理解和公民数字素养的发展，实施了"数字素养项目"，该框架包括信息、交流、内容创建、安全意识和问题解决 5 个"素养域"，通过提升公民利用数字资源、数字工具的能力扩大数字使用需求，提升欧洲数字经济基础普及能力，为欧盟从根本上缩小和消除数字鸿沟指明了方向。

三、主要国家数字经济发展成效凸显

（一）数字经济整体持续蓬勃发展

全球数字经济总体规模不断扩大。 近年来，全球经济数字化发展趋势愈加明显，传统产业加速向数字化、网络化、智能化转型升级，数字经济规模持续扩大，数字经济增加值规模由 2018 年的 30.2 万亿美元扩张至 2019 年的 31.8 万亿美元，增长了 1.6 万亿美元，数字经济已成为全球经济发展的新动能。

高收入国家数字经济规模占全球比重超过 75%。从不同收入组别国家来看，高收入国家数字经济体量大，远超中高收入和中低收入国家。2019 年，34 个高收入国家数字经济增加值规模达到 24.5 万亿美元，占 47 个经济体数字经济总量的 76.9%，10 个中高收入国家数字经济增加值规模为 6.6 万亿美元，占 47 个经济体数字经济总量的 20.8%，3 个中低收入国家数字经济规模仅为 7479 亿美元，仅占 47 个经济体数字经济总量的 2.3%[1]。

发达国家数字经济规模是发展中国家的 3 倍。从不同经济发展水平来看，发达国家经济发展水平较高，数字经济发展优势明显，2019 年发达国家数字经济增加值规模为 23.5 万亿美元，占 47 个经济体数字经济总量的 73.9%，发展中国家数字经济增加值规模为 8.3 万亿美元，占 47 个经济体数字经济总量的 26.1%，数字经济南北差距较大，发达国家数字经济体量是发展中国家的 2.8 倍多[2]。

全球数字经济在国民经济中地位持续提升。近年来，数字经济已成为各国国民经济的重要组成部分。数字经济占 GDP 比重已由 2018 年的 40.3% 增长至 2019 年的 41.5%，提升了 1.2 个百分点，数字经济对全球经济的贡献持续增强。

1　根据世界银行 2019 年划分标准，在测算的 47 个国家中，高收入国家包括爱尔兰、爱沙尼亚、奥地利、澳大利亚、比利时、波兰、丹麦、德国、法国、芬兰、韩国、荷兰、加拿大、捷克、克罗地亚、拉脱维亚、立陶宛、卢森堡、美国、挪威、葡萄牙、瑞典、瑞士、日本、塞浦路斯、斯洛伐克、斯洛文尼亚、西班牙、希腊、新加坡、新西兰、匈牙利、意大利、英国；中高收入国家包括巴西、保加利亚、俄罗斯、罗马尼亚、马来西亚、墨西哥、南非、泰国、土耳其、中国；中低收入国家包括印度、印度尼西亚、越南。

2　根据联合国最新的《人类发展指数》，在测算的 47 个国家中，挪威、瑞士、澳大利亚、爱尔兰、德国、瑞典、新加坡、荷兰、丹麦、加拿大、美国、英国、芬兰、新西兰、比利时、日本、奥地利、卢森堡、韩国、法国 20 个国家为发达国家，其余均为发展中国家。

高收入国家数字经济 GDP 占比超全球平均水平。从不同收入水平来看，收入水平越高的国家数字经济占比越高，2019 年高收入国家的数字经济占其 GDP 比重高达 47.9%，中高收入国家数字经济占其 GDP 比重为 30.8%，中低收入国家这一数据仅为 17.6%，高收入国家数字经济对国民经济的带动作用远超中高收入和中低收入国家。

发达国家数字经济 GDP 占比约是发展中国家的两倍。从不同经济发展水平来看，经济发展水平越高的国家数字经济占比越高，数字经济在发达国家国民经济中已占据主导地位，2019 年发达国家数字经济在 GDP 中已占据"半壁江山"，占比已达到 51.3%，而发展中国家数字经济在 GDP 中的占比仅为 26.8%，发达国家的这一数据是发展中国家的 1.9 倍。

全球数字经济快速增长。2019 年全球经济增长乏力，发达国家的经济增长速度放缓，新兴经济体的增长动能不足，在此背景下，数字经济的持续高速增长，为缓解经济下行压力，带动全球经济复苏贡献了巨大力量。经测算，2019 年，全球数字经济平均名义增速为 5.4%，高于同期全球 GDP 名义增速 3.1 个百分点，数字经济已成为拉动经济增长、缓解经济下行压力、带动经济复苏的关键抓手。

中高收入国家数字经济增长动能释放。中高收入国家集中了大部分新兴经济体，凭借市场优势、成本优势以及后发优势等，数字经济增长迅猛。2019 年，中高收入国家数字经济增速为 8.7%，高于其同期 GDP 名义增速 4.7 个百分点；中低收入国家数字经济增速紧随其后，增速为 8.5%，高于其同期 GDP 增速 2.4 个百分点；高收入国家数字经济增速为 4.5%，增长较慢，高于其同期 GDP 增速 3.1 个百分点。

发展中国家数字经济增速远超发达国家。2019 年发达国家数字经济同比仅增长 4.5%，而发展中国家数字经济实现了 7.9% 的增长，超过发达国家 3.4 个百分点。发展中国家数字经济体量较小，数字经济发展处于信息化普及的初级阶段，数字经济增长较快，而发达国家数字经济体量较大，数字经济发展正向深层次、高水平阶段迈进，数字经济高级阶段效果尚未显现，增速相对较慢。

亚洲受新兴经济体带动数字经济增长最快。亚洲受中国、印度等新兴经济体带动，数字经济快速增长，2019 年增速达 7.7%，高于同期 GDP 增速 3.4 个百分点，美洲数字经济也实现了较快增长，增速为 5.7%，高于同期 GDP 增速 1.9 个百分点，大洋洲数字经济同比增长 4.9%，高于同期 GDP 增速 7.2 个百分点，非洲数字经济同比增长 2.3%，欧洲数字经济增长相对较慢，仅增长 2.0%，但仍高于同期 GDP 增速 3.8 个百分点。

（二）产业数字化占据主导地位

产业数字化是全球数字经济发展的主导力量。产业数字化代表数字经济在实体经济中的融合渗透，是数字经济的关键组成部分，发展潜力巨大，数字产业化占比趋稳，产业数字化占比逐步提升是全球数字经济发展的普遍规律。2019 年，全球数字产业化占数字经济比重为 15.7%，占全球 GDP 比重为 6.5%，产业数字化占数字经济比重达到 84.3%，占全球 GDP 比重为 35.0%，产业数字化成为驱动全球数字经济发展的关键主导力量。

收入水平越高的国家产业数字化占比越高。2019 年，中低收入国家产业数字化占数字经济比重为 70.1%；中高收入国家产业数字化占数字经济比重为 80.0%；高收入国家产业数字化占数字经济比重达到 85.9%，较中高收入和中低收入国家水平分别高 5.9 和 15.8 个百分点，高收入国家数字经济融合应用更加深入，中高收入和中低收入国家产业数字化发展潜力更大。

经济发展水平越高的国家产业数字化占比越高。从不同经济发展水平来看，发达国家通信业、软件业等基础较强、实力雄厚，同时电子商务、先进制造等产业数字化起步较早，对数字经济发展的驱动作用较强。2019 年，在发达国家和发展中国家数字经济中，产业数字化占比均高于数字产业化，这一数据在发达国家中更高，发达国家产业数字化占数字经济比重达到 86.3%，发展中国家产业数字化占比为 78.6%，低于发达国家产业数字化占比 7.7 个百分点。

多国产业数字化占数字经济比重均超过 50%。从单个国家来看，数字经济中产业数字化占比超过数字产业化是各国数字经济结构的共性特征。2019 年，德国产业数字化高度发达，占比达到 90.3%，英国、美国、俄罗斯、日本、南非、巴西、挪威等 15 个国家产业数字化占比超过 80%；新西兰、意大利、韩国、印度、新加坡、荷兰、马来西亚等 26 个国家产业数字化占比在 60%～80%；另有塞浦路斯、奥地利、印度尼西亚、斯洛伐克、土耳其 5 个国家产业数字化占比不足 60%。2019 年，中国产业数字化持续快速发展，占数字经济比重达到 80.2%，超过中高收入国家和发展中国家平均水平。

（三）三次产业数字经济逆向渗透

全球服务业数字化转型快于工业和农业。受行业属性影响，固定成本低、交易成本高的服务业更易于进行数字化转型。2019 年，全球服务业数字经济渗透率达到 39.4%，较 2018 年提升 1.5 个百分点，固定成本高、交易成本低的工业进行数字化转型的难度较大，2019 年工业数字经济渗透率为 23.5%，较去年提升 0.7 个百分点，而生产经营严重依赖自然条件的农业进行数字化转型的制约因素更多，2019 年农业数字经济渗透率仅为 7.5%，较 2018 年提升 0.5 个百分点。

高收入国家三次产业数字经济渗透率显著高于其他国家。从不同收入水平来看，收入水平越高的国家三次产业数字化转型的程度越深。2019 年，高收入国家农业、工业、服务业数字经济渗透率分别为 11.9%、30.5% 和 43.7%，分别较 2018 年提升 0.6、1.0 和 1.7 个百分点；中高收入国家农业、工业、服务业数字经济渗透率分别为 7.3%、17.5% 和 30.3%，较 2018 年分别提升 0.6、1.1 和 1.5 个百分点；中低收入国家农业、工业、服务业数字经济渗透率分别为 3.2%、7.9% 和 16.4%，较 2018 年分别提升 0.1、0.2 和 0.5 个百分点。

发达国家三次产业数字化转型水平更为均衡。从不同经济发展水平来看，发达国家产业数字化转型起步早、基础强，正由数字化加速向网络化、智能化发展阶段迈进。2019 年，发达国家农业、工业、服务业数字经济渗透率分别为 13.3%、33.0% 和 46.7%，分别较 2018 年提升 0.6、1.0 和 1.5 个百分点，是各国家分组中数字化渗透最为均衡的组别；发展中国家农业、工业、服务业数字经济渗透率分别为 5.9%、15.7% 和 25.2%，较 2018 年分别提升 0.3、1.1 和 1.4 个百分点。

德国、英国、美国产业数字化转型水平显著高于其他国家。以德国、英国为代表的国家三次产业数字化渗透水平均较高，属于产业数字化均衡发展国家，2019 年，德国农业、工业、服务业数字经济渗透率分别为 23.1%、45.3% 和 60.4%，英国三次产业数字经济渗透率分别为 27.5%、32.0% 和 58.1%，以韩国、爱尔兰为代表的国家工业数字经济渗透率高于其他行业，属于工业数字化领先国家，以美国、中国等为代表的绝大部分国家服务业数字经济渗透率明显高于其他行业，属于服务业数字化领先国家。中国农业、工业、服务业数字经济渗透率分别为 8.2%、19.5% 和 37.8%，高于中高收入国家和发展中国家平均水平，但仍显著低于世界平均水平以及高收入国家和发达国家平均水平，与美国、德国、英国等国家相比，仍有较大差距。

总体来看，各组别、各国数字经济发展差异显著，主要源于各国收入水平、经济发展水平、产业结构等差异。**从不同收入组别来看**，高收入国家居民收入水平高、购买力较强，数字经济市场需求大；中高收入国家虽然居民收入水平较低，但中等收入群体快速增长，且人口基数较大，数字经济市场需求正在快速释放；中低收入国家居民收入水平低、购买力弱，数字经济市场需求较难释放。因此高收入国家数字经济规模大、占比高、增速慢；中高收入国家数字经济规模相对较小、占比较低、增速快；中低收入国家数字经济规模小、占比低，但增长较快。**从不同经济发展水平来看**，发达国家信息化建设起步早，企业依托雄厚的技术基础开展数字技术研发创新的能力强，依托坚实的工业经济基础开展数字技术融合应用的阻力小、市场需求大，而发展中国家工业经济发展尚不成熟，技术力量较弱，企业信息化建设起步晚，大部分企业仍处于信息化1.0、2.0阶段，尚未触及深度数字化应用。因此发达国家的数字经济规模大、占比高、增速慢，发展中国家的数字经济规模小、占比低，但增速快。**从具体国家来看**，各国数字经济发展特征与其经济发展阶段、产业结构等具有较高的关联度。例如，美国、韩国、爱尔兰等国的ICT产业发达，导致其数字产业化占比相对较高。再如，英国、德国、韩国、爱尔兰等国的工业发达，导致其工业数字化转型推进较快，美国、中国等国的服务业快速发展，导致其服务业数字化转型推进相对较快。

（四）数字经济地区发展不平衡

数字经济呈三级梯队发展特征。主要国家的数字经济发展与各国经济的实际情况高度相关，呈现清晰的三级梯队。数字经济三级梯队如图5-1所示。美国作为全球最大的经济体，其数字经济总量及各行业的发展水平都处于全球前列，实力遥遥领先于第二梯队。中国、日本、德国、英国、法国、韩国积极布局数字经济关键领域，发展跟随其后。印度、巴西、加拿大、意大利、墨西哥、俄罗斯、澳大利亚、印度尼西亚与南非处于数字经济发展第三梯队。

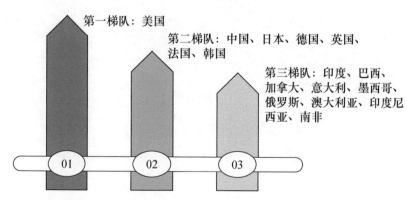

第一梯队：美国

第二梯队：中国、日本、德国、英国、法国、韩国

第三梯队：印度、巴西、加拿大、意大利、墨西哥、俄罗斯、澳大利亚、印度尼西亚、南非

01　02　03

数据来源：中国信息通信研究院

图5-1　数字经济三级梯队

　　各大洲数字经济特色鲜明。欧洲 5 个国家的数字经济综合实力最强，各国间的数字产业化与产业数字化的实力差距较小，数字经济占 GDP 比重的平均值高达 44.7%。亚洲 5 个国家普遍对数字产业化领域有较高的重视，数字技术及产业发展成为拉动数字经济的关键部分，数字产业化平均占比达 21.7%。在美国强大的数字经济拉动下，北美洲 3 个 G20 国家的数字经济平均规模达 4.1 万亿美元，远高于其他地区。非洲、大洋洲、南美洲分别只有 1 个国家，其中南非的数字经济增速高达 19.5%，发展潜力巨大；澳大利亚的产业数字化占比较高，达 83.4%；巴西的数字经济发展较为中庸，数字经济发展亮点略显不足。

　　金砖国家数字经济增速较快。金砖国家数字经济同比增速均高于 15%，呈现快速增长态势。其中，俄罗斯的增速最快，数字经济同比增长 24.9%；南非其次，数字经济同比增长约 19.5%；中国位居第 3 位，数字经济同比增长达 18.3%；巴西与印度的数字经济同比增长率分别为 16.1% 和 15.2%。

第六章
中国数字经济的发展态势

发展数字经济，是紧跟时代步伐、顺应产业规律的客观路径，是着眼全球、提升综合国力的战略选择，是立足国情、推动高质量发展的内在要求。当前，我国正面临发展数字经济的难得机遇，发展数字经济前景广阔、潜力巨大。同时，我国着力提高数字技术的创新能力，加速推进数字产业化与产业数字化，促进互联网、大数据、人工智能与实体经济深度融合，充分发挥大市场优势，释放数字经济发展新动能，数字经济将保持规模化高速扩张态势。

一、中国政府高度重视数字经济发展

我国高度重视数字经济发展，着力提高数字技术创新能力，加速推进数字产业化与产业数字化，促进互联网、大数据、人工智能与实体经济深度融合，充分发挥大市场优势，释放数字经济发展新动能。

一是国家层面加快出台数字经济相关政策。党的十八大以来，党中央、国务院陆续出台了《国务院关于积极推进"互联网+"行动的指导意见》《国家信息化发展战略纲要》《促进大数据发展行动纲要》《新一代人工智能发展规划》等，进一步扩大和升级信息消费等系列重大战略和政策措施，从战略层面支持推动数字经济发展。国家发展和改革委员会、工业和信息化部、科学技术部等部门也纷纷加快数字经济相关政策出台。在总体战略层面，国家发展和改革委员会等 19 个部门联合印发了《关于发展数字经济稳定并扩大就业的指导意见》，通过加快培育数字经济新兴就业机会、持续提升劳动者数字技能、大力推进就业创业服务数字化转型等政策举措推动数字经济稳定与扩大就业。在基础设施层面，工业和信息化部、国务院国有资产监督管理委员会组织实施加快培育经济发展新动能 2018 专项行动，进一步提升信息通信业供给能力，补齐发展短板，优化发展环境，促进数字经济发展和信息消费扩大升级，有力支撑经济发展新旧动能转换。在组织实施层面，国家发展和改革委员会启动了 2018 年数字经济试点重大工程，重点支持政务信息系统整合共享应用、大数据应用创新、数字经济公共基础设施等领域。在国际合作层面，外交部、国家互联网信息办公室联合发布了《网络空间国际合作战略》，明确提出促进数字经济合作的战略目标以及推动数字经济发展和数字红利普惠共享的行动计划，深化网络文化交流互鉴，让互联网发展成果惠及全球，更好地造福各国人民。

二是各地积极出台数字经济发展规划。在国家政策的引导下，各级地方政府将大力发展数字经济作为推动经济高质量发展的重要举措，加快数字经济政策落地实施。浙江省人民政府提出把数字经济作为"一号工程"来抓，大力发展以数字经济为核心的新经济，加快构建现代化经济体系。贵州省人民政府发布《贵州省数字经济发展规划（2017—2020 年）》，提出到 2020 年探索形成具有数字经济时代鲜明特征的创新发展道路，信息技术在三大产业中加快融合应用，数字经济发展水平显著提高，数字经济增加值占地区 GDP 的比重达到 30% 以上。福建省人民政府发布《福建省人民政府办公厅关于加快全省工业数字经济创新发展的意见》，提出要坚持创新引领与融合发展，坚持市场主导与政府引导，坚持包容审慎与安全规范，推动数字技术向工业各领域、各环节渗透，激发工业强劲发展动能。陕西省人民政府印发《陕西省 2018 年数字经济工作要点》，部署了陕西省 2018 年数字经济工作的 20 项主要任务，提出了全省数字经济工作的 7 项保障措施。广西壮族自治区出台《中共广西壮族自治区委员会　广西壮族自治区人民政府关于深入实施大数据战略加快数字广西建设的意见》主文件和 13 个配套文件，并于 2018 年 9 月发布《广西数字经济发展规划（2018—2025 年）》，将积极推动数字产业集聚发展，重点培育发展大数据、云计算、人工智能、物联网、区块链、集成电路、智能终端制造、软件和信息技术、北斗卫星导航等数字产业，超前布局未来网络等新兴前沿领域。2019 年 5 月，天津市人民政府印发《天津市促进数字经济发展行动方案（2019—2023 年）》，提出到 2023 年，数字化转型成为实现天津市高质量发展的主导力量，力争把滨海新区打造为国家数字经济示范区的目标，重点从建设智能化基础设施、发展智能型先导和支柱产业、加快产业数字化转型升级、推进公共服务数字化变革、推动 "港城""产城" 智慧融合发展、深化区域协同与国际交流合作 6 个方面描绘了发展数字经济路线图。中国部分省（自治区、直辖市）出台的数字经济相关政策见表 6-1。

表 6-1　中国部分省（自治区、直辖市）出台的数字经济相关政策

地区	时间	政策
福建省	2011 年 9 月	《福建省人民政府关于印发福建省"十二五"数字福建专项规划的通知》
河北省	2011 年 10 月	《河北省县级数字规划建设技术导引（试行）》
湖南省	2011 年 11 月	《数字湖南规划（2011—2015 年）》
湖南省	2011 年 12 月	《数字湖南建设纲要》
甘肃省	2012 年 12 月	《甘肃省信息化领导小组办公室关于印发甘肃省数字城市建设规划（2012—2016 年）的通知》
福建省	2013 年 2 月	《福建省人民政府办公厅关于印发加快建设"数字福建 · 宽带工程"工作措施的通知》
福建省	2013 年 3 月	《福建省人民政府关于印发 2013 年数字福建工作要点的通知》
浙江省	2013 年 6 月	《浙江省民政厅关于加快推进"数字民政"建设的意见》

续表

地区	时间	政策
陕西省	2013 年 8 月	《"数字陕西·智慧城市"发展纲要（2013—2017）》
福建省	2014 年 1 月	《福建省人民政府关于印发 2014 年数字福建工作要点的通知》
河北省	2014 年 3 月	《全省数字规划建设工作进展情况通报和 2014 年重点工作安排》
山东省	2014 年 6 月	《山东省数字化城市管理系统建设与运行管理导则（试行）》
福建省	2016 年 5 月	《福建省人民政府办公厅关于印发福建省"十三五"数字福建专项规划的通知》
江苏省	2016 年 7 月	《江苏省数字化城市管理系统运行管理办法（试行）》
浙江省	2016 年 8 月	《"数字浙江 2.0"发展规划》
贵州省	2017 年 1 月	《中共贵州省委　贵州省人民政府关于推动数字经济加快发展的意见》
海南省	2017 年 1 月	《转发农业部办公厅关于做好 2017 年数字农业建设试点项目前期工作的通知》
贵州省	2017 年 2 月	《贵州省数字经济发展规划（2017—2020 年）》
福建省	2018 年 1 月	《关于加快全省工业数字经济创新发展的意见》
广东省	2018 年 4 月	《广东省数字经济发展规划（2018—2025 年）》
福建省	2018 年 5 月	《福建省人民代表大会常务委员会关于进一步推进数字福建建设的决定》
安徽省	2018 年 6 月	《关于加快建设"数字江淮"的指导意见》
贵州省	2018 年 6 月	《贵州省人民政府关于促进大数据云计算人工智能创新发展加快建设数字贵州的意见》
吉林省	2018 年 7 月	《关于以数字吉林建设为引领加快新旧动能转换推动高质量发展的意见》
广西壮族自治区	2018 年 8 月	《广西数字经济发展规划（2018—2025 年）》
广西壮族自治区	2018 年 8 月	《关于加快数字广西建设的若干措施》
安徽省	2018 年 10 月	《安徽省人民政府关于印发支持数字经济发展若干政策的通知》
广东省	2018 年 10 月	《广东省人民政府关于印发广东省"数字政府"建设总体规划（2018—2020 年）的通知》
广西壮族自治区	2018 年 11 月	《广西数字政务一体化平台建设方案》
福建省	2019 年 1 月	《福建省人民政府办公厅关于印发新时代"数字福建·宽带工程"行动计划的通知》
湖北省	2019 年 1 月	《湖北省人民政府关于推进数字政府建设的指导意见》
安徽省	2019 年 3 月	《关于印发支持数字经济发展若干政策实施细则的通知》
福建省	2019 年 3 月	《福建省人民政府办公厅关于印发 2019 年数字福建工作要点的通知》
山东省	2019 年 3 月	《山东省人民政府办公厅关于印发数字山东 2019 行动方案的通知》

续表

地区	时间	政策
山东省	2019 年 3 月	《山东省人民政府办公厅关于印发山东省数字政府建设实施方案（2019—2022 年）的通知》
广东省	2019 年 4 月	《广东省人民政府办公厅关于印发广东省"数字政府"改革建设 2019 年工作要点的通知》
天津市	2019 年 5 月	《天津市促进数字经济发展行动方案（2019—2023 年）》
福建省	2019 年 6 月	《2019 年数字泉州工作要点》
黑龙江	2019 年 6 月	《"数字龙江"发展规划（2019—2025 年）》
宁夏回族自治区	2019 年 6 月	《自治区加快推进"数字政府"建设工作方案》

截止时间：2019 年 6 月

资料来源：中国信息通信研究院

二、中国数字经济实现量质齐升发展

（一）数字经济实现新跃升

中国数字经济规模持续扩大。测算数据显示，2018 年我国数字经济总量达到 31.3 万亿元，占 GDP 的比重超过三分之一，达到 34.8%，占比同比提升 1.9 个百分点。数字经济蓬勃发展，推动传统产业改造升级，为经济发展增添新动能，2018 年数字经济发展对 GDP 增长的贡献率达到 67.9%，贡献率同比提升 12.9 个百分点，超越意大利、加拿大等部分发达国家水平，数字经济成为带动我国国民经济发展的核心关键力量。中国数字经济的发展情况如图 6-1 所示。

中国数字经济增速保持高位运行。当前，我国发展面临多年少有的国内外复杂严峻形势，稳外贸、稳投资、稳预期等是近期经济发展的主要任务。数字经济的持续稳定快速发展，成为稳定经济增长的重要途径。2003—2018 年，我国数字经济增速显著高于同期 GDP 增速，并且自 2011 年以来，数字经济与 GDP 的增速差距有扩大趋势。按照可比口径，2018 年我国数字经济名义增长 20.9%，高于同期 GDP 名义增速约 11.2 个百分点。未来，伴随着数字技术创新并加速向传统产业融合渗透，数字经济对经济增长的拉动作用将愈发凸显。中国的数字经济增速与 GDP 增速的比较如图 6-2 所示。

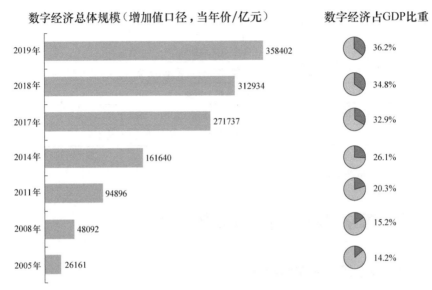

数据来源：中国信息通信研究院

图 6-1　中国数字经济的发展情况

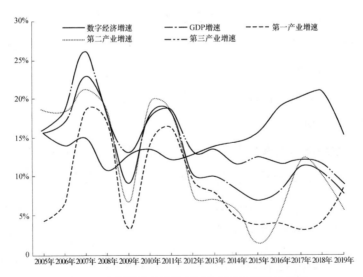

图 6-2　中国的数字经济增速与 GDP 增速的比较

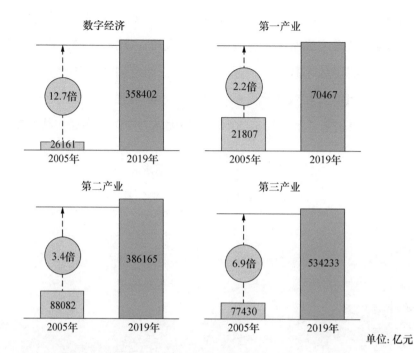

单位：亿元

数据来源：中国信息通信研究院、国家统计局

图6-2 中国的数字经济增速与GDP增速的比较（续）

（二）数字经济结构不断优化

从数字经济的内部结构看，信息通信产业的实力不断增强，为各行各业提供充足的数字技术、产品和服务支持，奠定了数字经济发展的坚实基础；产业数字化蓬勃发展，数字经济与各领域的融合渗透加深，推动经济社会效率、质量提升。测算数据显示，2018年我国数字产业化规模达到6.4万亿元，在GDP中的占比达到7.1%[1]，在数字经济中的占比为20.5%。产业数字化在数字经济中继续占据主导位置，2018年产业数字化部分的规模为24.9万亿元，同比名义增长23.1%，产业数字化部分占数字经济的比重由2005年的49%提升至2018年的79.5%，占GDP的比重由2005年的

---

1 数字产业化中的互联网行业收入根据工业和信息化部网站的最新数据进行调整。

7% 提升至 2018 年的 27.6%，产业数字化部分对数字经济增长的贡献率高达 86.4%。在数字经济中，产业数字化部分的占比高于数字产业化部分的占比，表明我国数字技术、产品、服务正在加速向各行各业融合渗透，对其他产业产出增长和效率提升的拉动作用不断增强。产业数字化成为数字经济增长的主引擎，数字经济的内部结构优化。中国数字经济结构如图 6-3 所示。

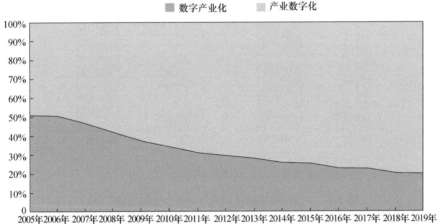

数据来源：中国信息通信研究院

图 6-3　中国数字经济结构

（三）数字产业化稳中有进

1. 数字产业化总体实现稳步增长

2019 年，数字产业夯实基础，内部结构持续优化。从规模上看，2019 年，数字产业化增加值规模达 7.1 万亿元，占 GDP 比重为 7.2%，同比增长 11.1%。从结构上看，软件产业和互联网行业占比持续小幅提升，分别较 2018 年增长 2.15 和 0.79 个百分点，电信业、电子信息制造业占比小幅回落。中国 2013—2019 年数字产业化增加值规模及增速如图 6-4 所示。中国数字产业化内部结构如图 6-5 所示。

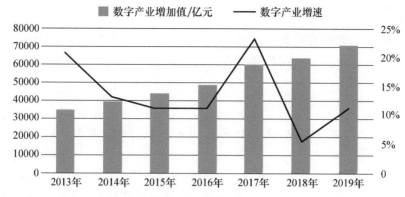

数据来源：中国信息通信研究院、国家统计局

图6-4　中国2013—2019年数字产业化增加值规模及增速

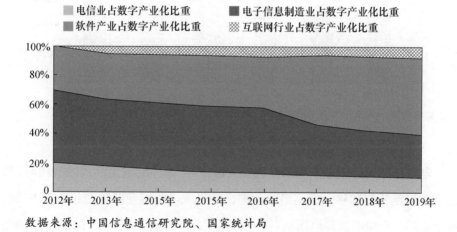

数据来源：中国信息通信研究院、国家统计局

图6-5　中国数字产业化内部结构

2. 数字产业化各行业稳步发展

电信业基础支撑作用不断增强。2019年，我国通信业深入贯彻落实党中央、国务院决策部署，坚持新发展理念，积极践行网络强国战略，5G建设有序推进，新型信息基础设施能力不断提升，有力支撑社会的数字化转型。2019年，电信业务收入回升，电信业务总量较快增长。初步核算，我国2019年电信业务收入累计完成1.31万亿元，比2018年增长0.8%。"双

G 双提"工作加快落实，网络提速卓有成效，固定宽带迈入千兆时代。移动网络覆盖向纵深方向延伸，4G 用户总数达 12.8 亿人，全年净增 1.17 亿人，占移动电话用户总数的 80.1%。中国电信业收入规模与增速如图 6-6 所示。

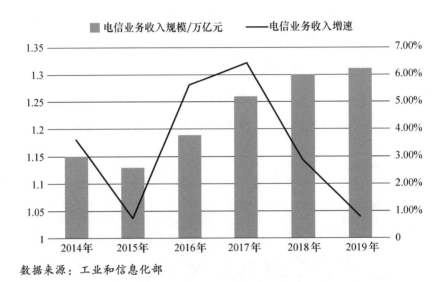

数据来源：工业和信息化部

图 6-6 中国电信业收入规模与增速

电子信息制造业迎来周期性波谷。 2019 年是移动通信制式的换代期，通信基础设施投资和移动终端销售收缩，且集成电路等元器件产业处于周期性波动低谷，全球经贸环境面临各种不稳定因素。从总体上看，2019 年，规模以上电子信息制造业增加值同比增长 9.3%，增速比 2018 年回落 3.8 个百分点。2019 年，规模以上电子信息制造业累计实现出口交货值同比增长 1.7%，增速比 2018 年回落 8.1 个百分点。从细分行业看，通信设备制造业收入同比增长 4.9%，电子元件及电子专用材料制造业收入同比增长 1%，电子器件制造业收入同比增长 8.3%，计算机制造业收入同比增长 4.4%。2018 年 12 月至 2019 年 12 月中国电子信息制造业增加值和出口交货值分月增速如图 6-7 所示。

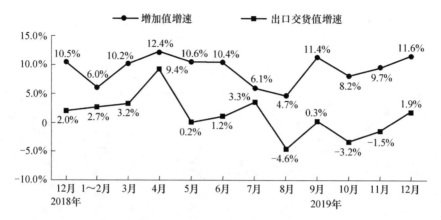

数据来源：工业和信息化部

图 6-7　2018 年 12 月至 2019 年 12 月中国电子信息制造业增加值和
出口交货值分月增速

软件和信息技术服务业平稳较快增长。2019 年，我国软件和信息技术服务业呈现平稳向好发展态势，收入和利润均保持较快增长，从业人数稳步增加；信息技术服务加快云化发展，软件应用服务化、平台化趋势明显。从总体上看，软件业务收入保持较快增长。2019 年，我国软件和信息技术服务业规模以上 [2] 企业超 4 万家，累计完成软件业务收入 7.2 万亿元，按可比口径计算，同比增长 15.4%。从细分领域看，软件产品收入实现较快增长，2019 年，软件产品实现收入 2 万亿元，同比增长 12.5%。其中，工业软件产品实现收入 1720 亿元，增长 14.6%，为支撑工业领域的自主可控发展发挥重要作用。信息技术服务加快云化发展，实现收入 4.3 万亿元，同比增长 18.4%。其中，电子商务平台技术服务收入 7905 亿元，同比增长 28.1%；云服务、大数据服务共实现收入 3460 亿元，同比增长 17.6%。嵌入式系统软件收入平稳增长，2019 年嵌入式系统软件实现收入 7820 亿元，同比增长 7.8%，嵌入式系统软件已成为产品和装备数字化改造、各领域智能化增

2　指主营业务年收入 500 万元以上的软件和信息技术服务企业。

值的关键性带动技术。2012—2019 年中国软件业务收入增长情况如图 6-8
所示。

数据来源：工业和信息化部

图 6-8　2012—2019 年中国软件业务收入增长情况

互联网和相关服务业创新活跃。在人工智能、云计算、大数据等信息技
术和资本力量的助推下，在国家各项政策的扶持下，2019 年，我国互联网
和相关服务业保持平稳较快增长态势，业务收入和利润保持较快增长，研发
投入快速提升，业务模式不断创新拓展，对数字经济发展的支撑作用不断增
强。从总体上看，我国互联网业务收入保持较高增速，2019 年我国规模以
上[3]互联网和相关服务企业（以下简称"互联网企业"）完成业务收入 12061
亿元，按可比口径计算，同比增长 21.4%。从细分领域看，信息服务收入
整体快速增长，音视频服务增速保持领先，2019 年，互联网企业网络音乐
和视频、网络游戏、新闻信息、网络阅读等信息服务收入 7879 亿元，同比
增长 22.7%。互联网平台服务收入增长较快，生活服务、网络销售服务规模
不断扩大。2019 年，以提供生产服务平台、生活服务平台、科技创新平台、
公共服务平台等为主的互联网平台服务企业实现业务收入 3193 亿元，同比

3　指 2018 年度互联网和相关服务收入达 500 万元以上的企业。

增长 24.9%。互联网数据服务收入保持较快增长，2019 年，随着 5G、云计算、大数据和人工智能等新技术应用的加快，新型基础设施建设进入快速增长期，拉动互联网数据服务（含数据中心业务、云计算业务等）实现收入 116.2 亿元，同比增长 25.6%。2013—2019 年中国互联网业务收入增长情况如图 6-9 所示。

数据来源：工业和信息化部

图 6-9　2013—2019 年中国互联网业务收入增长情况

（四）产业数字化深入推进

产业数字化转型由单点应用向连续协同演进，传统产业利用数字技术进行全方位、多角度、全链条的改造提升，数据集成、平台赋能成为推动产业数字化发展的关键。2019 年我国产业数字化增加值规模约为 28.8 万亿元，2005 年至 2019 年年复合增速高达 24.9%，显著高于同期 GDP 增速，占 GDP 比重由 2005 年的 7% 提升至 2019 年的 29.0%，产业数字化加速增长，成为国民经济发展的重要支撑力量。中国产业数字化发展情况如图 6-10 所示。

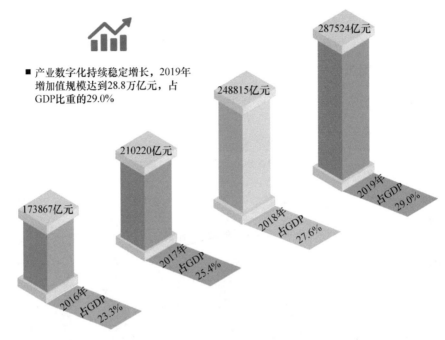

- 产业数字化持续稳定增长，2019年增加值规模达到28.8万亿元，占GDP比重的29.0%

173867亿元

210220亿元

248815亿元

287524亿元

2016年占GDP 23.3%

2017年占GDP 25.4%

2018年占GDP 27.6%

2019年占GDP 29.0%

数据来源：中国信息通信研究院

图6-10　中国产业数字化发展情况

　　三次产业数字经济仍然呈现不均衡发展特征。各行业数字经济发展依然延续第三产业优于第二产业、第二产业优于第一产业的特征。**服务业**（第三产业）一直是产业数字化发展最快领域，2019年服务业数字经济增加值占行业增加值比重为37.8%[4]，同比提升1.9个百分点，显著高于全行业平均水平。**工业**数字化转型正在加速推进，2019年工业数字经济增加值占行业增加值比重为19.5%[5]，同比提升1.2个百分点，增长幅度正在快速逼近服务业。**农业**（第二产业）由于行业生产的自然属性，数字化转型需求相对较弱，2019年农业数字经济增加值占行业增加值比重为8.2%，同比提升0.9个百分点，但仍显著低于行业平均水平，数字化发展潜力较大。中国三次产

4　不包含信息通信服务业、软件和信息技术服务业。

5　不包含电子信息制造业。

业数字经济发展情况如图 6-11 所示。

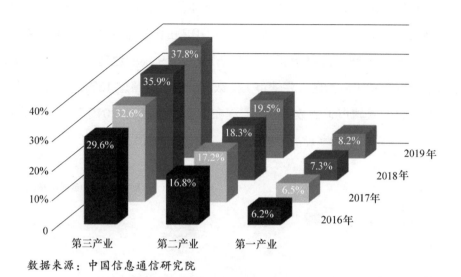

数据来源：中国信息通信研究院

图 6-11 中国三次产业数字经济发展情况

三、中国区域数字经济发展各具特色

（一）各省（自治区、直辖市）数字经济发展差异显著

各地区数字经济与国民经济发展水平具有较强的正相关性[6]。2019 年各地区数字经济发展水平基本延续前几年发展态势，经济发展水平较高的省份，数字经济发展水平也较高。**从总量来看，**2019 年数字经济增加值超过1 万亿元的省（自治区、直辖市）包括广东、江苏、浙江、上海、北京、福建、湖北、四川、河南、河北、安徽、湖南等，辽宁、重庆、江西、陕西、广西等省（自治区、直辖市）的数字经济增加值规模也超过 5000 亿元。**从占比来看，**北京市、上海市的数字经济在地区经济中占据主导地位，数字

---

6 由于数据可得性及数据连续性等问题，本书测算不包括山东、天津、海南、黑龙江、吉林、云南、西藏、香港、澳门、台湾。

经济 GDP 占比已超过 50%，广东、浙江、江苏、福建等省（自治区、直辖市）的数字经济占 GDP 比重也超过 40%，重庆、湖北、辽宁、河北、广西、四川等省（自治区、直辖市）的数字经济 GDP 占比超过 30%。**从增速来看，**贵州省、福建省数字经济增长仍领跑全国，2019 年增速超过 20%，重庆、浙江、河北等省（自治区、直辖市）的数字经济增速超过 15%，其余大部分省（自治区、直辖市）的数字经济增速在 10%～15%。2019 年中国部分省（自治区、直辖市）数字经济增加值规模、占比、增速如图 6-12 所示。

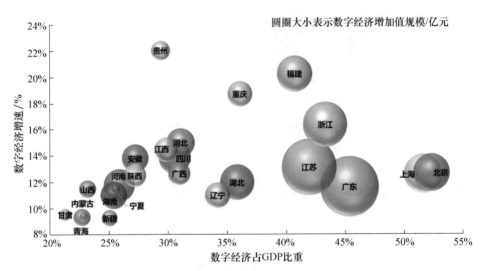

数据来源：中国信息通信研究院

图 6-12　2019 年中国部分省（自治区、直辖市）数字经济增加值规模、占比、增速

　　各地区数字产业化发展与地区产业结构密切相关。从总量来看，信息产业强省广东、江苏继续引领全国数字产业化发展，2019 年数字产业化增加值均超过 1.5 万亿元，北京、浙江、上海、四川、福建、湖北、河南、重庆、安徽、陕西数字产业化增加值均超过 1000 亿元。**从占 GDP 比重来看，**信息产业作为推动地方经济发展、具备较强创新能力的主导产业之一，在广东、江苏、北京的地区经济中占比均超过 15%，其余省市占比相对较低，尤其是中西部省市，其占比不足 5%。2019 年中国部分省（自治区、直辖市）数字产业化增加值规模及占 GDP 比重如图 6-13 所示。

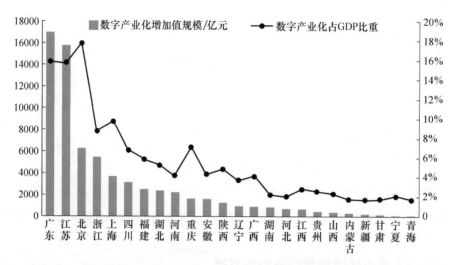

数据来源：中国信息通信研究院

图 6-13 2019 年中国部分省（自治区、直辖市）数字产业化增加值规模及占 GDP 比重

各地区产业数字化是驱动数字经济发展的主引擎。2019 年，各省（自治区、直辖市）产业数字化占数字经济的比重均超过 60%，新疆维吾尔自治区、青海省、内蒙古自治区等西部地区产业数字化占比甚至接近 95%，产业数字化已经成为地区数字经济的关键支撑。**从总量来看**，广东省、江苏省、浙江省产业数字化增加值规模均超过 2 万亿元，上海、北京、福建、湖北、四川、河南、河北等省（自治区、直辖市）产业数字化增加值规模也超过 1 万亿元。**从占 GDP 比重来看**，上海市产业数字化占 GDP 比重最高，超过 40%，福建、浙江、北京、湖北、辽宁等省（自治区、直辖市）产业数字化占 GDP 比重均超过 30%。2019 年中国部分省（自治区、直辖市）产业数字化增加值规模及占 GDP 比重如图 6-14 所示。

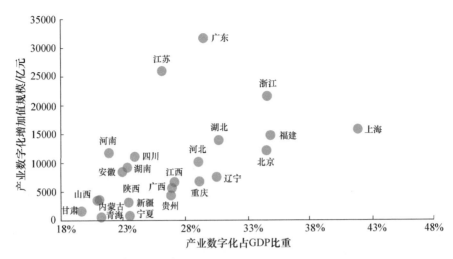

数据来源：中国信息通信研究院

图 6-14　2019 年中国部分省（自治区、直辖市）产业数字化增加值规模及占 GDP 比重

（二）重点区域数字经济协调发展

区域协调推动数字经济集群发展。近年来，京津冀地区协调发展加快推进，《京津冀协同发展规划纲要》《京津冀协同发展交通一体化规划》《关于加强京津冀产业转移承接重点平台建设的意见》《北京市推进京津冀协同发展 2018—2020 年行动计划》等政策相继出台，为推动区域协调发展引路领航。京津冀大数据综合试验区建设顺利推进，三地已经签署诸多细项合作协议。这种合作不仅是硬件更新的初级阶段，未来还将构建统一、共享的区域城市服务平台，带动更多行业与企业开放数据、利用数据、共享数据，真正释放数字经济的新动能。长三角地区正在着手打造数字经济产业集群，并力图将其培育成未来经济发展的新动能。长三角三省一市将根据《长三角地区一体化发展三年行动计划（2018—2020 年）》等指导性文件，聚力建设现代化经济体系，未来将大力发展物联网、大数据、人工智能、5G、集成电路等核心产业，以此打造覆盖长三角全境的数字经济产业集群，助推长三角地区的经济高质量发展。在网络基础设施建设方面，重点布局 5G 网络建设，以新一代信息基础设施建设引领长三角地区数字经济发展。

 专栏 6-1　长三角地区：打造全球数字经济发展高地

2018 年 6 月，《长三角地区一体化发展三年行动计划（2018—2020 年）》（以下简称《三年行动计划》）发布，到 2020 年长三角地区要基本形成世界级城市群框架。在此基础上，再经过一段时间的努力，把长三角地区建设成全国贯彻新发展理念的引领示范区，成为全球资源配置的亚太门户，成为具有全球竞争力的世界级城市群。

《三年行动计划》覆盖了 12 个合作专题，聚焦交通互联互通、产业协同创新、公共服务普惠便利、市场开放有序等 7 个重点领域，形成了一批项目化、可实施的工作任务；梳理提炼了 30 多项重要合作事项清单，纳入近期工作要点，包括长三角区域城际铁路网规划，率先布局 5G 网络建设，共建 G60 科创走廊，建设产业协同发展示范区等。

《三年行动计划》以建设世界级产业集群为目标，优化重点产业布局，推动产业链深度融合。长三角地区将共同推动云计算、大数据、物联网、人工智能等技术创新，打造全球数字经济发展高地。

从数字经济总量来看，2018 年，长三角地区的数字经济规模最大，达到 8.63 万亿元；珠三角地区次之，数字经济规模达到 4.31 万亿元；京津冀地区的数字经济规模为 3.46 万亿元；东北老工业基地和西北地区的数字经济发展相对较慢，分别为 1.60 万亿元和 1.26 万亿元。数字经济规模与地区经济发展水平具有较强的相关性。**从数字经济占比来看**，2018 年，珠三角地区的数字经济占 GDP 的比重最高，达到 44.3%；长三角地区和京津冀地区紧随其后，分别为 40.9% 和 40.7%；东北老工业基地和西北地区的数字经济占 GDP 的比重分别为 28.2% 和 25.6%。数字经济已成为区域经济发展的重要支撑。**从数字经济增速来看**，2018 年，长三角和珠三角地区的数字

经济新模式、新业态创新活跃，数字经济增长最快，增速分别达到 18.3%
和 17.6%；西北地区的数字经济增速超过京津冀地区的 14.2% 和东北老工
业基地的 11.3%，增速达到 16.7%。发展数字经济已成为西北地区实现经
济振兴的重要选择。**从数字经济的内部结构来看，**2018 年产业数字化仍然
是带动各重点区域数字经济发展的主引擎，经济欠发达地区应更注重加强
数字经济产业化应用，西北地区的产业数字化占数字经济的比重最高，达
到 90.8%；东北老工业基地次之，达到 88.8%；京津冀地区的产业数字化
占数字经济的比重为 79.9%；而信息通信产业发达省份，例如广东、江苏分
别所处的珠三角和长三角地区，产业数字化占数字经济的比重较低，分别为
62.6% 和 71.3%。2018 年中国重点区域数字经济发展情况如图 6-15 所示。

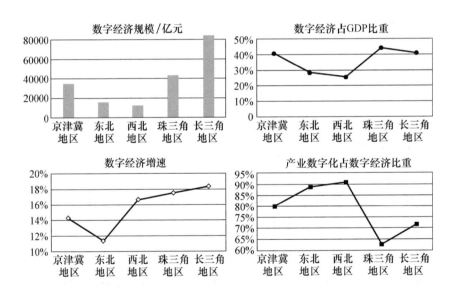

数据来源：中国信息通信研究院

图 6-15　2018 年中国重点区域数字经济发展情况

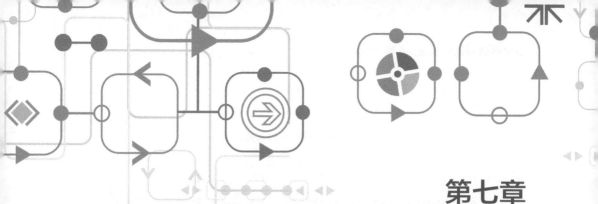

第七章
数字经济对就业的促进作用显著

就业是民生之本、财富之源。2019年《政府工作报告》首次将就业优先政策置于宏观政策层面，旨在强化各方面重视就业、支持就业的导向。当前和今后一个时期，我国就业总量压力不减、结构性矛盾凸显，新的影响因素还在增加。发展数字经济，加强对灵活就业、新就业形态的支持，既保障城镇劳动力就业，也为农业富余劳动力转移就业创造空间，将成为我国优化就业结构、实现稳就业目标的重要选择。

一、数字经济就业吸纳能力不断提升

（一）数字经济助力实现稳就业目标

初步测算表明，2018年我国数字经济领域的就业岗位达到1.91亿个，占全年总就业人数的24.6%。在全国总就业人数同比下降0.07%的背景下，数字经济领域的就业岗位实现了两位数的高速增长，同比增长11.5%。其中，数字产业化部分的就业岗位达到1220万个，同比增长9.4%，产业数字化部分的就业岗位达到1.78亿个，同比增长11.6%，传统产业数字化转型吸纳就业岗位多、增长快，已成为我国稳就业的重要力量。中国数字经济领域的就业情况如图 7-1 所示。

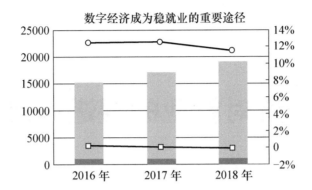

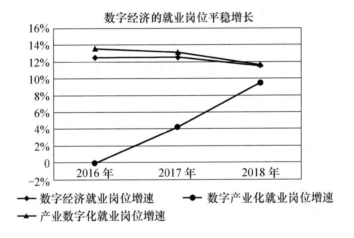

数据来源：中国信息通信研究院

图 7-1 中国数字经济领域的就业情况

同时，数字经济也在催生新产业、新模式、新业态短期内创造了许多新岗位并带来大量的就业，例如快递配送员、外卖配送员、电商客服、专车司机、网络主播、数据标注员等。近年来，"机器换工"、去产能等分流出来的就业者大部分通过转移到共享经济、电子商务等数字经济新模式、新业态中再就业。数字经济是最好的就业吸纳器，是稳就业的重要渠道。

（二）数字经济提升就业质量和效率

在提质方面，数字经济通过数据流引领人才流、物质流、技术流、资金流，能够优化资源配置效率和提高劳动生产率，带来更高的薪酬，从而有利于提升员工的薪酬水平，是促进就业质量持续提升的引领力量。

在增效方面，数字技术能降低劳动力市场的交易成本，促使求职者与招聘岗位有效对接，有利于实现精准就业，提高就业效率。例如智联招聘、前程无忧等在线招聘网站通过聚合海量人才岗位、简历智能高效筛选、岗位需求数据分析、合适人才智能推荐等创新，促进就业者实现高效求职，促使企业实现精准招聘。智联招聘数据显示，近年来，应届高校毕业生通过招聘网站获取就业信息的比例达到60%。网络招聘超过校园招聘会等传统方式，成为高校毕业生的主要就业渠道。

（三）三大产业数字化转型就业吸纳能力显著提升

第三产业劳动力数字化转型难度最小，第二产业劳动力数字化转型难度最大。经初步测算，2018年第一产业数字化转型相关就业岗位约有1928万个，占第一产业总就业人数的9.6%，占比提升约2个百分点；第二产业数字化转型相关就业岗位为5221万个，占第二产业总就业人数的23.7%，占比提升约1.4个百分点；第三产业数字化转型相关就业岗位约有13426万个，占第三产业总就业人数的37.2%，占比提升约4个百分点。第三产业数字化转型岗位占比提升最快，第二产业数字化转型岗位占比提升最慢。究其原因，行业属性导致数字化转型难易程度存在差异。高交易费用、低固定资产占比、低技术密集度的第三产业进行数字化改造的难度较小，行业从业者向数字化技能从业者的角色切换更为容易；而低交易费用、高固定资产占比、高技术密集度的第二产业进行数字化改造的难度较大，工业基础工艺方面的人才缺乏数字化、智能化的相关知识和经验，转型难度较大。例如，传统的出租车司机转换为网约车司机较为容易，而普通生产工人转换为掌握人机协同、智能辅助决策等技术的数字技能型人才的难度较大。中国三大产业数字经济就业情况如图 7-2 所示。

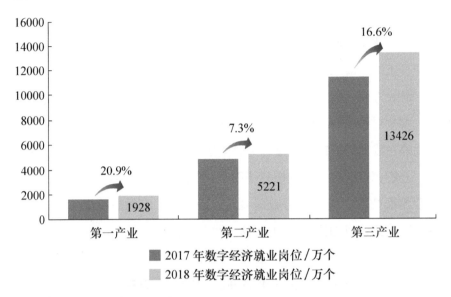

数据来源：中国信息通信研究院

图 7-2　中国三大产业数字经济就业情况

（四）各省（自治区、直辖市）数字经济领域就业岗位稳步增长

从就业规模来看， 2018 年，山东、广东数字经济就业岗位最多，分别达到 2159 万个和 2088 万个，河南、江苏、浙江、四川、河北、湖北、安徽等就业大省，数字经济相关就业岗位也超过 1000 万个，福建、湖南、广西、江西、云南、上海、辽宁、北京、贵州等省（自治区、直辖市），数字经济就业岗位超过 500 万个，而西部回族自治区、青海省的数字经济就业岗位较少，仅分别为 84 万个和 68 万个。**从就业增速来看，** 2018 年，贵州省发展数字经济吸纳劳动力增长最快，达到 18.1%；福建省、江苏省紧随其后，增速分别达到 13.8% 和 13.0%；重庆、浙江、新疆、天津、上海、广东、山东、北京、江西等省（自治区、直辖市）的数字经济领域的就业岗位增长也较快，均超过 10%；青海省、内蒙古自治区、黑龙江省、甘肃省的数字经济就业岗位增长较慢，仅分别为 2.5%、2.2%、1.4% 和 1.1%。**从就业占**

比来看，2018 年，上海、北京数字经济领域的就业岗位占总就业人数的比重最高，分别为 47.2% 和 44.1%；天津、福建、浙江、山东、广东、湖北的数字经济就业岗位占比也超过三成；甘肃数字经济就业岗位在总就业人数中的比重最低，仅为 19.1%，其余省（自治区、直辖市）的数字经济就业岗位占比均超过 20%。2018 年中国各省（自治区、直辖市）的数字经济就业情况如图 7-3 所示。

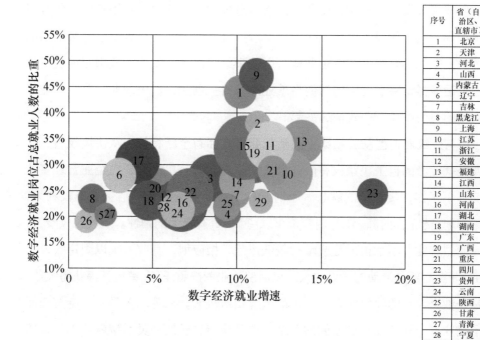

序号	省（自治区、直辖市）
1	北京
2	天津
3	河北
4	山西
5	内蒙古
6	辽宁
7	吉林
8	黑龙江
9	上海
10	江苏
11	浙江
12	安徽
13	福建
14	江西
15	山东
16	河南
17	湖北
18	湖南
19	广东
20	广西
21	重庆
22	四川
23	贵州
24	云南
25	陕西
26	甘肃
27	青海
28	宁夏
29	新疆

数据来源：中国信息通信研究院

图 7-3　2018 年中国各省（自治区、直辖市）的数字经济就业情况

二、数字经济促进灵活就业快速兴起

（一）重构就业模式

数字经济引发就业模式深刻变革，催生了灵活型就业新模式。从就业发

展的历史看，第一次工业革命推动了雇佣型就业的兴起。纺织、钢铁等现代工业品的生产制造活动日益复杂，个人只有进入工厂或企业，与企业签订雇佣合约，通过与其他雇佣型劳动者协作，才能共同完成工业产品的生产。第二次工业革命进一步增强了雇佣型就业的主导地位。电力、化工等重工业的发展催生出更大的组织，大型跨国公司中衍生出更多层级的管理层，个人与企业之间的雇佣与被雇佣关系变得更加稳固。新一轮科技变革和产业革命推动就业模式发生了根本性变革。网络信息技术、互联网平台等打破了传统组织边界，向个体提供市场、研发、生产等资源，降低了个体从事经济活动的壁垒，个体不必进入传统企业就可以从事经济活动。就业形式相应地变得更加灵活多样，除了传统的雇佣型就业外，自主创业、自由职业、兼职就业等新型的灵活就业新模式快速兴起。

与传统雇佣型就业相比，灵活就业模式拥有全新特征。从决策权看，雇佣型就业者的自主决策权有限，个人必须让渡部分决策权，在企业管理者的监督下工作，最典型的就是8小时工作制。灵活就业者的自主选择权利大，工作地点、工作时间、工作内容都可以商量，具有极大的弹性。从收益风险看，雇佣型就业者不承担风险或承担较低风险，相应地，其收入也以固定收入为主，兼拥有部分浮动的绩效收入。灵活型就业者按照任务、销售额等获得收益，是一种全浮动的绩效收入，承担的风险相对较大。从劳动关系看，传统雇佣型就业是一种雇佣与被雇佣的关系，关系稳定、长期；灵活型就业不是长期雇佣关系，而是兼职、市场交易或合作关系，关系呈现弹性化、短期化的特征。

灵活就业因弹性大、自主选择多等特点而成为近年来全球就业中日益重要的构成力量。麦肯锡咨询公司的最新调查数据显示，英国和德国灵活就业人数的比例稍低，分别达到26%和25%；美国灵活就业者的比例相对较高，比例达到27%左右；法国、西班牙等国的灵活就业人数的比例更高，分别达到30%、31%。更重要的变化是，依托数字经济的灵活就业已经越来越成为劳动者就业的自主选择，而非生活所迫。灵活就业变得如此盛行，以至于许多研究者和政策制定者把它作为一种新的经济形态加以研究和管理，称其为"零工经济"。

（二）灵活就业队伍迅速壮大

改革开放以来，灵活就业一直是我国就业的重要补充，在稳定和促进我国就业中扮演了重要角色。随着数字经济的蓬勃发展，我国新型灵活就业队伍快速发展壮大，在就业中的比重快速增加，成为我国就业日益重要的正式组成力量。总体来看，数字经济推动我国灵活就业实现了四大转变。

规模爆发式增长，实现从边缘补充到重要组成的转变。如今随着网络购物、共享经济等数字经济新模式、新业态的发展，灵活就业人数快速增加，已逐渐成长为一股重要的就业力量。

范围快速扩张，从少数领域到多样化领域就业的转变。传统的灵活就业者主要分布在商贸流通领域，以各类批发市场、夫妻零售店的店主为代表。如今灵活就业除了分布在商贸流通领域以外，还广泛分布在快递、物流、直播、共享经济等多样化领域。

质量快速提升，从低层次就业到高层次就业的转变。传统灵活就业是低技能就业者的蓄水池和缓冲器。如今更多拥有高学历、高人力资本的人开始参与灵活就业，尤其是在知识分享等领域，灵活就业者的受教育水平大幅提升。

竞争力大幅跃迁，从被动选择到主动参与的转变。在传统的灵活就业中，灵活就业者只能依靠个人力量，竞争力较低，在本地、边缘领域就业是一种迫不得已的选择。如今依托技术和平台的赋能，灵活就业者可以在很多领域展开竞争，并因为更小、更灵活而在专业化领域更好地满足日益个性化和多样化的需求，成为就业者的主动选择。

三、需要进一步防范结构性失业风险

在经济学范畴中，失业是指一个人愿意并有能力为获取报酬而工作但尚未找到工作的情况。**常见的失业类型包括摩擦性失业、周期性失业、结构性失业等**。其中，结构性失业是指由于经济结构（包括产业结构、产品结构、地区结构等）发生变化，导致劳动力市场供需之间不匹配引起的失业，其特点是职位空缺和劳动者失业并存。结构性失业的产生必须同时具备两个条件：**一是经济变动使社会劳动力需求结构发生变化；二是主客观条件约束使劳动力供给结构无法迅速对需求结构变化做出调整**。

随着数字经济的快速发展，数字技术被广泛应用于经济社会的各个领域，企业生产效率、组织分工、产业结构发生较大变化，加剧了结构性失业的风险。

（一）数字技术应用带来结构性失业风险

一是"机器换人"风险加剧。近年来，中国工业机器人产量呈现上涨的趋势，仅在 2018 年上半年，全国工业机器人累计产量 73849.1 套，同比增长 23.9%。智能机器设备的运用使厂家能够更加从容地应对交货周期短、安全问题等方面的挑战，但同时也引发了人们对失业的担忧。例如，美国 WorkFusion 公司的智能管理平台将众包模式与自动化相结合，几乎能完全管理和执行以往需要大量劳动力的企业项目。夏季达沃斯论坛发布的《2018 年未来就业报告》预测，未来自动化技术和智能科技的发展将取代7500 万份工作。我国制造业处在全球价值链的中低端，主要从事的是生产组装等常规工作，就业者只需要具备较低的技能即可胜任，被机器替代的可能性极大，一旦被机器大规模替代，将带来巨大的就业压力。**二是生产效率提升引发的失业风险**。数字经济大幅降低交易成本，导致专业化分工日趋精细化、精准化，产业分工、产品分工、模块分工日趋深化。实体经济通过利用数字经济，将分散的生产实体组织在一起，相互配合、协调一致地工作，以完成单一实体不能完成或经济性差的任务，实现总体效益优于单独效益之和。在劳动需求不变的前提下，劳动者效率的提升使企业对劳动者个体数量的需求降低。

（二）新旧业态更替带来结构性失业风险

近年来，以数字技术为代表的创新多领域、群体性加速突破，实体经济利用数字经济的广度和深度不断扩展，新模式、新业态持续涌现，个别传统领域面临严重的冲击，相关产业人群的失业风险加剧。**在批发零售领域**，阿里巴巴、京东、拼多多等电子商务企业取得了巨大的成功，同时传统商品交易市场逐步走向衰落。2013—2018 年，亿元以上商品交易市场数量开始逐年递减，截至 2018 年年底，交易市场累计减少数量超过 10%，成交额平均增速不足 4 个百分点，增速约为网络零售的 10%。**在生活文化领域**，在线媒体、电子书的发展冲击着传统报刊。截至 2018 年年底，我国报纸种类相比 2002 年峰值下降超过 11 个百分点，期刊总印数相比 2012 年峰值下降超过 25 个百分点。业态间的新老交替，一方面创造了新的就业机会，另一方面在一些受冲击较大且不易调整的部门则会出现失业。**在生产制造领域**，新一代信息技术与制造业深度融合，正在引发产业变革，形成新的生产方式、产业形态、商业模式和经济增长点。世界各国都在加大科技创新力度，推动制造领域的深层次、高质量发展。这就要求我们全面增强从业人员的信息技术应用能力，培养具有创新思维和创新能力的领军人才，以及掌握共性技术和关键工艺的专业人才。《制造业人才发展规划指南》显示，预计到 2025 年，我国新一代信息技术产业、高档数控机床和机器人等行业人才缺口将分别为 950 万人、450 万人。提高人才素质、填补人才缺口也成为我国应对结构性失业的重要途径之一。

（三）产业结构转型升级带来结构性失业风险

数字经济推动我国经济社会加快转型发展，服务业逐步成为我国主导产业。国家统计局的数据显示[1]，2018 年，我国服务业增加值为 469575 亿元，占 GDP 的比重为 52.2%，超过第二产业 11.5 个百分点，主导地位得到进一步巩固；服务业的增加值比 2017 年增长 7.6%，连续 5 年增速高于第二产业，对经济增长的贡献率接近六成，成为推动我国经济增长的主动力。我国人才供给结构的调整滞后于产业结构的变化，信息传输、计算机服务和软件业、制造业、金融业、房地产业、租赁和商务服务业、批发和零售业等行业人才需求巨大。

 专栏 7-1 技术性失业

在数字经济引发的结构性失业中，技术性失业问题是讨论最多的。技术性失业概念最早由凯恩斯在 1930 年正式提出，一直沿用至今。顾名思义，技术性失业是由于技术进步引致的失业，主要有两种类型：一是"机器换人"，即技术进步使生产越来越多地采用机器设备，导致对劳动力的需求相对减小，导致失业；二是技术进步使某些岗位变得"过剩"或"过时"，导致失业。

技术性失业不是现在才有。历史上，每次重大技术革命和产业变革都会引发技术性失业浪潮。自工业革命发展至今，人类社会已出现四次技术性失业浪潮，当前全球整体上正处在第三次浪潮的末尾阶段和第四次浪潮的起始阶段。工业革命以来的四次技术性失业见表 7-1。

表 7-1 工业革命以来的四次技术性失业

	开始时间	技术革命	失业的基本表现
第一次	18 世纪末	蒸汽技术	替代手工艺人
第二次	20 世纪初	电力技术	替代低端生产工人
第三次	20 世纪 70 年代	信息技术	替代重复性常规工作
第四次	2010 年以来	人工智能等	替代中高端和服务工作

1　2018 年国民经济和社会发展统计公报。

技术性失业是典型的非自愿性失业。与自愿性失业、摩擦性失业、周期性失业等常见的失业类型相比，技术性失业的持续时期更长，波及范围更广，失业者再就业的难度更大，失业者家庭会蒙受更不利的影响，因而历来受到决策者的高度重视，也是宏观经济政策的着眼点和发力点。2016年，人工智能的革命性进步再次唤起人们对未来就业的广泛担忧，技术性失业快速成为全球共同关注的话题。世界银行、世界经济论坛等主要国际组织纷纷发布报告，预测世界主要国家未来10～20年的就业前景。麦肯锡咨询公司在2017年年内发布3份重量级就业研究报告，讨论数字技术对就业数量和模式的影响。

我国技术性失业已经初步显现。当前，我国服务和制造领域都出现了轻微的技术性失业。在服务领域，"互联网＋"的深入推进让部分岗位因"过剩""过时"而被替代。例如，电子商务的发展加速了传统商品交易市场的衰落，导致从2007年到2017年，亿元以上商品交易市场就业人数占全部批发零售业就业的比例由33%降到不足19%，相对减少超过150万个工作岗位。在制造领域，伴随着人力成本持续上升、智能制造深入推进等因素，沿海地区制造企业纷纷加入自动化升级浪潮，由此引发失业。例如，深圳雷柏科技股份有限公司用机器人替代了75%的员工。但从总体上看，当前技术性失业规模不大，影响范围有限，且快速被服务业新增加的就业岗位所吸纳，失业风险得到了有效化解。

短期压力将集中在制造业中低端就业市场。未来3～5年，在制造领域可能会迎来一轮技术性失业高峰，原因有3个：一是广阔的"机器换人"空间，我国制造业的劳动生产率与美国等发达国家相比仍然较低，机器人的使用数量虽然加速增加，但是总保有量较低，工业机器人密度仅约为韩国的1/8、日本的1/6、德国的1/5、美国的1/3，"机器换人"存在巨大的空间；二是"机器换人"进程将加快，近年来我国人工成本持续上升，而工业机器人的成本逐年递减，相关数据显示，165千克的六轴机器人的回收周期已由2010年的4.96年下降到2016年的1.22年，人机性价比出现拐点，"机器换人"进程正在加快推进；三是我国制造业就业岗位层次和结构较低，被替代的潜在风险高，我国制造业处在全球价值链中低端，主要从事的是生产、组装等常规工作，就业者只需要具备较低的技能即可，被机器替代的可能性极大。统计资料显示，2017年，在我国制造业中，高中及高中以下教育水平的就业者占比接近75%，总人数超过1亿！如此庞大的"高风险"就业者一旦被机器大规模替代，将带来巨大的就业压力，处理不当就可能危及社会稳定。

中长期问题在于人机全面融合引发的失业风险。未来10～20年，各行业都可能出现技术性失业风险，将带来更大的就业挑战。其中，最大和最令人担忧的挑战在于人工智能等技术对服务工作的替代。我国正在向服务型社会转型，服务业是新增就业的主要阵地，是制造业技术性失业的最好吸纳器。如果服务性工作被机器广泛替代，影响的不仅仅是这一部分被替代的服务业就业岗位，更会影响制造业与服务业之间的就业转移机制，给就业促进工作带来双重压力。同时，我国服务业就业结构和质量相对较低，被替代的潜在风险大。2017年，在我国服务业中，高中及高中以下教育水平的就业者占比接近50%，人数达1.5亿。服务业人机融合引发失业是未来需要重点关注和解决的问题。

四、趋利避害，进一步增强数字经济对就业的促进作用

就业是最大的民生，是必须守住的底线。各级政府要全面落实党中央关于稳就业工作的决策部署，把就业摆在经济发展更加突出的位置，坚持实施就业优先战略，坚持以发展促就业的工作总思路趋利避害，全面提升数字经济对就业的促进作用。

（一）培育壮大数字经济新模式、新业态，创造更多就业机会

一是坚持放管服改革。对数字经济新模式、新业态，各级政府应坚持"鼓励创新、包容审慎"的监管原则，对于存在较大争议的法律监管问题可以先

"放一放",进一步加强研究和论证,防止政策频繁起落和摇摆,稳定企业家的发展预期,留足企业发展空间。**二是优化创新创业发展环境。**各级政府应做优做强数字经济创业创新机构,完善孵化服务网络体系,为创新创业者提供优质的服务环境。**三是推动数字经济创新发展。**各级政府应积极发展平台经济、共享经济等新模式、新业态,加快培育基于在线平台的新型灵活就业;发展壮大大数据、人工智能等新兴产业,催生数据标注和分析、算法开发、智能应用等就业岗位;推动数字经济与第一、二、三产业深度融合,促进产业链延伸和升级,带动更多数字化运营、智能化控制等新兴岗位。

(二)利用数字技术升级就业服务水平,打造效率更高的劳动力市场

一是推动公共就业服务体系数字化、智能化升级。支持地方政府建设智能化就业服务平台,促进就业信息服务线上、线下高效精准对接。**二是支持培育市场化人力资源服务新业态。**推广招聘信息精准推送、人岗智能匹配等个性化就业服务。**三是加强就业形势监测分析。**加强与互联网就业平台企业的合作,依托平台企业数据优势,创新就业统计分析体系,形成长效的就业联动监测和风险预警机制。

(三)加强灵活就业者的劳动保障,提升就业质量

一是探索建立适应灵活就业的新型劳动关系。《中华人民共和国劳动法》仅适用于形成劳动关系的劳动者,灵活就业者亟须新的法律法规予以保障和规范。加快劳动法规修订,将灵活就业者与平台之间的劳动关系纳入劳动关系体系之中,为从根本上保护灵活就业者提供基本依据,同时也应鼓励平台和灵活就业者选择多种合作方式,提高灵活性。**二是探索建立适应灵活就业的社会保障模式,加快社会保障体系改革。**改革传统的以企业为基本单位的保障方式,探索建立以劳动者个人为基本单位的保障方式,提高保障的灵活性、全面性。完善适应新就业形态的用工和社保制度,针对非雇佣关系的灵活就业者,根据工作时长、专兼职、收入等弹性设定社保缴费标准,引导保险机构提供有针对性的商业保险服务。

（四）扎实推进教育和职业培训改革，提升劳动者相对数字技术的比较优势

从长期发展来看，就业问题是人才教育问题，解决了人的素质问题，也就从根本上解决了就业问题。**一是推动教育改革。**在中小学通识教育中，应持续增加计算机、互联网等网络化、数字化基础知识培养；在高等教育中，既要增加大数据、人工智能等新兴领域、交叉学科人才的培养，又要注重在更宽松的环境下培养学生的文化、个性和价值取向，培养出更多具有科学素养、人文关怀和丰富创造力的工程师、企业家，提高劳动者在未来人机协同世界中的比较优势，化解技术性失业风险，从根本上提高我国未来的国家竞争力。**二是加强职业培训。**鼓励和支持大型制造企业建立数字技能培训制度和体系，通过在干中学、转岗再就业等方式，尽可能在内部处理好"机器换工"带来的失业问题；培育一批专注提升职工数字能力的市场化培训机构，为中小型企业就业者提供更多能力提升的机会。

第八章
数字经济创新活跃

近年来，我国数字经济持续高速增长，引发组织方式、生产方式、生活方式的深刻变革。信息通信领域的技术创新、产品创新、模式创新加速向生产生活的各个领域渗透、融合、传播，带动了经济社会向数字化、网络化、智能化方向飞速发展，成为经济提质增效及推动新旧动能接续转换的关键力量，引起社会各界的广泛关注。党中央、国务院高度重视数字经济的创新发展。顺应数字经济创新发展的趋势，加强对数字经济创新的理解与关键问题的识别，对驱动数字经济高质量发展意义重大。

一、创新成为推动数字经济发展的战略选择

（一）数字技术驱动经济社会的力量不断增强

纵观世界文明史，人类每次重大的生产力跃升背后都离不开技术创新的驱动。从第一次科技革命以来，技术创新在经济社会中的引领作用不断增强，改造产业竞争方式的能力不断加大。尤其是在云计算、大数据、物联网等新技术的引领下，创新在数字经济中的驱动作用日益凸显，影响范围持续扩大。

数字技术推动形成技术密集型产业生态。从历史发展来看，技术创新变革改变的不仅是先导技术领域，还引发产业生态的颠覆式变化。以蒸汽机为代表的第一次科技革命带动了纺织业等劳动力密集型产业的飞速发展，极大地提升了全社会的劳动生产率；以电力为代表的第二次科技革命引发了资本密集型产业的迅速壮大，促进了企业化管理、现代工业体系的建立；以电子计算机、信息技术为代表的第三次科技革命，带动了技术密集型创新的爆发式增长，并通过技术应用、融合创新等方式渗透到经济社会的方方面面，技术创新的主引擎地位不断夯实。

数字技术推动形成新的组织竞争模式。一方面，数字技术创新需求促进全球研发与创新模式的变革。与工业经济相比，实现数字技术创新所需的技术复杂性高、创新迭代速度快、领域跨度大，使以内部研发为核心的企业研发创新模式不得不向模块化、外包化、开放化的方向转变，进而带动全球产业链分工合作不断深化，全球竞争日趋激烈。另一方面，数字技术与经济社会广泛融合引发新一轮商业模式创新。近年来，数字技术创新呈现由第三产业向第二产业与第一产业融合渗透的趋势发展，逐步打破传统产业的信息不对称与行业壁垒，涌现出电子商务、共享经济、互联网金融、区块链等新模式、新业态，极大地激发了传统产业的创新活力。

数字技术推动形成新的创新生态。一方面，数字技术带动了全球化的创新生态发展。在工业经济时代，创新合作与交流受制于沟通成本高、信息渠道少等因素，创新生态的形式往往以产业集群、基地等天然的区域性生态为主。数字技术极大地促进了全球化的信息交流与合作，进而带动大型企业构建全球化创新分工以及形成跨国式创新合作体系。另一方面，数字技术催生了众创、众包等线上创新生态。互联网平台消除了全社会创新资源的流通束缚，使传统模式下只能依靠企业、研发机构等组织开展的个体创造被大量激发，基于线上平台的众包、众创平台迅速发展，推动形成新的创新生态。

（二）我国高度重视创新对数字经济的支撑引领作用

创新是引领发展的第一动力，是建设现代化经济体系的战略支撑。十九大报告指出：必须坚定不移贯彻创新、协调、绿色、开放、共享的发展理念；突出关键共性技术、前沿引领技术创新，为建设网络强国、数字中国、智慧社会提供有力支撑；推动互联网、大数据、人工智能和实体经济深度融合，在中高端消费、创新引领、共享经济等领域培育新增长点、形成新动能。

近年来，各省（自治区、直辖市）密集制定出台数字经济发展规划，创新均是重要部分。2016年8月，浙江省发展和改革委员会印发《浙江省信息化发展"十三五"规划（"数字浙江2.0"发展规划）》，指出要推进互联网和制造业融合创新，建设新型智慧城市。2017年2月，贵州省人民政府发布《贵州省数字经济发展规划（2017—2020年）》，对贵州省发展数字经济的基础、优势、存在问题和面临挑战进行了研究分析，指出要坚持经济创新发展与治理能力提升相结合。2018年2月，福建省人民政府发布《福建省人民政府办公厅关于加快全省工业数字经济创新发展的意见》，提出要坚持创新引领与融合发展，坚持市场主导与政府引导，坚持包容审慎与安全规范，推动数字技术向工业各领域、各环节渗透，激发工业强劲发展动能。2018年5月，陕西省人民政府印发《陕西省2018年数字经济工作要点》，部署了陕西省2018年数字经济工作的20项主要任务，提出了全省数字经济工作的7项保障措施，并指出加大数字经济领域技术研发投入力度，加快培育以新一代信息技术为基础的新业态。

二、数字经济创新的内涵与特征

（一）通用目的技术引发创新趋势变革

历次产业变革是由一系列技术创新与若干经济社会领域融合的产物。1765年，织工哈格里夫斯发明了"珍妮纺纱机"，揭开了工业革命的序幕。

第一次工业革命是指 18 世纪 60 年代从英国发起的技术革命，是技术发展史上的一次巨大革命，它开创了以机器代替手工劳动的时代。第一次工业革命又被称为"动力革命"，极大地促进了棉纺织业、冶金、采煤等行业、工业生产和交通运输业的发展。第二次工业革命以电力的广泛应用为显著特点。从 19 世纪六七十年代开始，发动机、电动机、电话、电灯等被发明出来，人类进入了"电气时代"。第三次科技革命是人类文明史上继蒸汽技术革命和电力技术革命之后科技领域的又一次重大飞跃。第三次科技革命以晶体管计算机、工作站、个人电脑、互联网等的发明和应用为主要标志，涉及半导体产业、电子计算机产业、软件业、手机产业和咨询业等领域的一场信息控制技术革命。第四次工业革命，是以物联网、云计算、大数据、人工智能和量子信息技术等为主的全新技术革命，数字经济成为经济发展的主导和重要驱动力。

历次工业革命引发创新趋势不断变化。**从技术驱动力看**，第一次工业革命以蒸汽技术为主要驱动力，第二次工业革命使电力技术取代蒸汽技术，成为主要技术驱动力。再进一步，计算机和半导体的发明和应用极大地促进了社会生产力，成为第三次工业革命的主要技术驱动力。在数字经济时代，技术驱动力则以云计算、大数据、物联网、人工智能等先进技术为主。从研发方式看，历次工业革命使研发方式沿着"个人创业—小规模企业研发—大规模企业研发—产品创新多样化—企业间创新合作—标准化、模块化—开放式创新、平台化创新"的路径不断升级。**从创新组织模式看**，历次工业革命推动创新组织模式不断转换，由最初的小型企业线性创新模式转变为大型企业非线性创新模式，再逐渐转向"产、学、研"合作创新体系和创新生态。从政策焦点看，在第一次工业革命时期，政策主要集中于殖民扩张和知识产权。随后，我国创新体系不断完善，由仅支持基础研究的国家实验室向着"产、学、研"国家创新体系、共享经济协同创新不断转化。**从创新主体看**，历次工业革命使创新主体沿着"个人创新主体—企业内部小规模创新团队—企业内部实验室—高校合作—企业合作研发团队—企业间联合实验室—共享平台"的路径不断转变。**从创新来源看，**第一次工业革命的创新来源主要是企业内部创新，随着通用目的技术在创新来源得到不断拓展。在数字经济时代，创新来源主要以用户、小开发者和个人创业者为主。从对于内部研发的态度看，历次工业革命使创新来源逐渐个人化，研发不断开放化，从最初的保护内部研发逐渐向着开放竞争的方向发展。从成果转化方式看，历次工业革命使成果转化方式由最初的内部线性转化向着非线性、区域化、生态化、大众化的方向转变。

（二）数字经济创新的定义及内涵

数字经济创新是各创新主体通过研发或使用数字技术，形成新技术、新产品、新工艺、新市场、新组织等的一系列活动。数字经济创新包括创新技术体系、创新组织体系、创新服务体系、创新治理体系。数字经济创新的定义与内涵如图 8-1 所示。

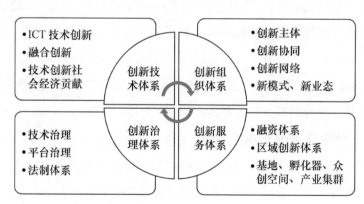

资料来源：中国信息通信研究院

图 8-1 数字经济创新的定义与内涵

数字经济创新既是生产力创新，也是生产关系创新。数字经济创新既包括数字产业化的创新，例如新技术、新业务等，也包括产业数字化的创新，例如工艺流程创新等。数字经济创新构成如图 8-2 所示。

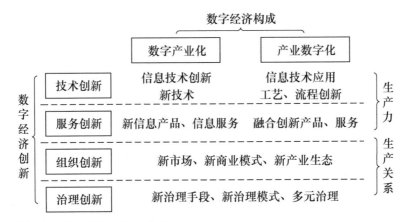

资料来源：中国信息通信研究院

图8-2　数字经济创新构成

创新是驱动数字经济发展的首要驱动力，贯穿于数字产业化和产业数字化的全过程，可以分为4个方面：**一是技术创新**，指通过信息技术开发形成新信息技术或通过信息技术应用改进传统生产工艺与流程；**二是服务创新**，指在数字产业化领域形成新的信息产品和新的信息服务，在产业数字化领域形成新的融合创新产品和新的融合创新服务；**三是组织创新**，指信息技术与其他产业相融合，进而开拓出新市场，涌现出新商业模式，重塑新产业生态等；**四是治理创新**，指数字经济新技术、新业态涌现带来的一系列治理手段、治理模式、多元治理等治理体系的创新。

（三）数字经济创新理论框架

数字经济创新从理论层面涵盖内容广泛，可以大致归纳为4个体系，即创新技术体系、创新组织体系、创新服务体系和创新治理体系。

创新技术体系主要包含信息技术创新、融合创新、信息技术融合应用的社会经济贡献等研究。具体来说，信息技术创新是指ICT领域的新技术、新产品、新服务，例如，5G、物联网、智能网络、云计算、IPv6、区块链、边缘计算、人工智能等。融合创新是指ICT技术与其他产业融合产生的新技术、新应用，例如，融合创新产生的新技术前沿、新应用热点。技术创新社会经济贡献是指数字经济创新驱动对经济社会的影响，具体包括全要素生产率提升、交易成本下降、就业民生等问题。

创新组织体系主要包含创新主体、创新组织管理、创新协同、创新模式等内容。具体来说，创新主体是指从事创新活动的人或组织机构的变化，包括个人、企业、高校、科研机构、平台等。创新组织管理是指创新主体内部组织管理方式的变化，例如，层级制、平台制、横向一体化、业务外包等新组织管理方式。创新协同是指创新主体间竞争合作方式的变化，包括"产、学、研"合作、产业链、创新链和创新网络。创新模式是指以开放式创新、共享经济、平台经济、众创、众包为代表的创新新模式、新业态。

创新服务体系是指数字经济的服务与支撑环境，包括创新服务载体、区域创新体系、融资体系等。具体来说，创新服务载体是指提供创新服务的各类载体的新变化，包括创新平台、基地、孵化器、众创空间、产业集群等。区域创新体系是指区域支持数字经济创新的方式及举措，包括区域创新情况、创新政策、产业政策、服务支撑政策等。融资体系是指数字经济创新的融资情况及新变化，主要包括企业投融资发展情况、互联网金融和创投基金。

创新治理体系包括促进数字经济创新的技术治理、平台治理和法制体系等。具体来说，技术治理涉及技术进步引发的新治理难题，主要包括人工智能技术与就业、数据共享与隐私保护、数据资产确权。平台治理主要针对互联网平台带来的监管难题，主要涉及平台监管、恶性竞争、网络安全。法制体系则是指数字经济创新带来的法制问题，主要包括互联网行业立法、网络空间治理等问题。

（四）数字经济创新呈现新特征

近年来，移动互联网、云计算、大数据、人工智能等信息通信技术加速向经济社会各领域渗透，通过产品创新、服务创新、商业模式创新等不同的表现形式，逐步影响与重塑创新的各个环节，数字经济创新表现出诸多特征。

一是数据成为新经济的核心生产要素，也是未来创新能力的关键构成。

创新的来源是知识。从 20 世纪 50 年代起，学者们普遍认为人类的大部分知识以非数据化、高度个人化的经验存在与传承，而数据与信息只是人类知识存量的冰山一角。20 世纪 90 年代，日本的崛起更加印证了将一线员工的个人经验转化为可以量化的技术产品、服务和工艺流程改进，可以极大地提升企业的创新能力。当前，数据与信息已从冰山一角发展为无处不在。人类 95% 以上的信息都以数字格式存储、传输和使用。在物联网、人工智能、感知等技术的助力下，以往大量蕴含在生产过程、个人经验中的数据不断被采集、汇聚、加工，发掘；数据计算、分析与挖掘能力进步飞速，为数据知识的重新组合、利用、创新提供日渐夯实的基础。数据取代劳动力、资本等要素成为新经济的核心生产要素，并成为创新的重要驱动力。例如，科大讯飞依托大数据资源支撑各行业产品创新。科大讯飞通过讯飞语音云和 Maple 大数据平台广泛积累与收集各类大数据，并通过数据信息支撑交通、管理、政务、教育等多领域产品创新。数据是新经济的核心要素如图 8-3 所示。

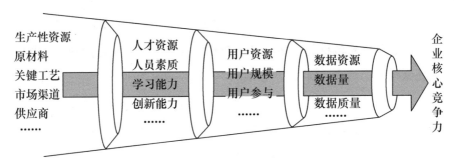

资料来源：中国信息通信研究院

图 8-3　数据是新经济的核心要素

二是创新组织方式由以"产、学、研"为特征的小范围链条化向以平台为特征的大范围网络化发展。在工业经济时代，受制于信息沟通成本与交易成本的束缚，创新组织方式以"产、学、研"为特征的小范围链条为主，主要依托政府、企业、大学、科研院所和服务中介的合作，联系范围小，联系强度高。在数字经济时代，互联网平台直接打通了供需双方的创新资源，缩短了供需双方之间的空间距离，推动跨区域、跨领域的多边合作，创新组织模式向着以平台为特征的大范围网络化发展。近年来，基于互联网平台的网络研发、众包模式等都是创新网络协同的典型代表。例如，海尔通过 HOPE 创新生态平台集聚技术、知识、创意的供方和需方智慧，提供交互的场景和工具，促成创新产品的迭代与协同创新。创新组织方式的转变如图 8-4 所示。

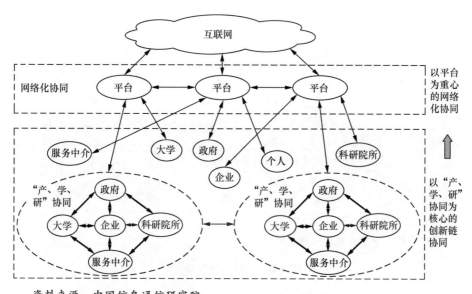

资料来源：中国信息通信研究院

图 8-4 创新组织方式的转变

三是创新成果中的间接成果可数据化的部分不断增加。在工业经济时代，在以"产、学、研"为主的创新组织方式下，政府、企业、大学、科研院所和服务中介共同合作，在创造出论文、专利等直接成果的同时，催生了众多隐性知识。这些隐性知识主要表现为经验、员工知识储备等形式。在数字经济时代，间接成果的可数据化程度不断提升，在平台化的创新组织方式下，实验数据、生产数据、管理数据等大数据空间相互作用，其间接成果更多地表现为研发数据、用户数据等数据化成果。例如，索为（Sysware）工程中间件平台在连接 300 多种工业软件形成创新产出的过程中，更重要的是积累形成大量工程数据、人机交互中的工程知识等间接产出。创新成果数据化如图 8-5 所示。

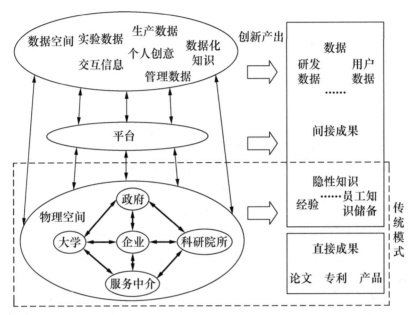

资料来源：中国信息通信研究院

图 8-5　创新成果数据化

四是科研方法由小数据、假设驱动向大数据、数据驱动方向发展。科学研究大致包括实验科学、理论科学、计算机科学和数据密集型科学 4 种类型。实验科学是以观测和实验为主的实用性科学，注重关系研究和现象解释。理论科学是通过数据建模、定量分析开展研究，其主要驱动力为假说取代。计算机科学是利用信息处理技术和网络技术进行模拟实验，由计算技术驱动。数据密集型科学是基于大数据和云计算的处理与分析，科研方法由假说驱动向数据驱动转变，由结构化数据研究向非结构化数据研究转变。由此可见，科研不断"重量化"，向着大数据、大科学、多样化的方向发展。

三、我国数字经济创新发展情况

（一）我国数字经济创新总体态势

全国数字经济创新指数稳步增长，驱动经济社会力量不断增强。 近年来，我国数字技术加速向各领域广泛渗透，与传统产业深度融合，引发了新一轮技术创新、产品创新、模式创新，成为引领数字经济发展的核心动力。从指数监测结果来看，全国数字经济创新指数从 2012 年的 25.65 稳步增长到 2016 年的 34.95，年均增速达到 3.62%。其中，技术创新子指数达到 24.27，较 2012 年提升了 2.42；组织创新子指数达到 54.54，较 2012 年提升了 9.84；服务创新子指数达到 30.95，较 2012 年提升了 0.74；创新环境子指数达到 37.9，较 2012 年提升了 8.27。

（二）数字经济创新投入发展情况

全国数字经济 R&D 经费投入稳步增长。 近年来，我国科技创新投入正在加速迈向国际第一方阵，研发经费投入快速提高，总量已位居世界第二。数字经济创新投入也同步呈显著增长态势。2012—2016 年中国数字经济人均 R&D 经费投入如图 8-6 所示。2011 年以来数字经济 R&D 经费支出占 GDP 比重从 1.14% 增长到 1.36%，增长约 0.22 个百分点，为我国经济转型升级实现高质量发展提供了重要支撑。数字经济的相关技术创新以模仿复制为主转向在若干重要领域实现突破与引领。在最新的全球超级计算机 500 强排行榜上，我国超级计算机的总数达 206 台，总数位居全球第一。

全国数字经济人均 R&D 经费投入增长显著。 2012 年以来，全国数字经济人均 R&D 经费投入保持持续增长态势，2016 年全国数字经济人均 R&D 经费投入约为 2012 年的 1.49 倍，年复合增长率达到 10.5%。从增速来看，2012—2014 年数字经济人均 R&D 经费投入增速有所回落，并于 2014 年以后呈现平稳增长态势，增速保持在 9% 左右。

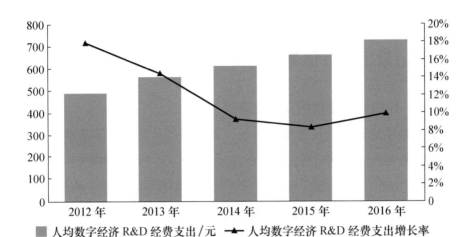

数据来源：中国信息通信研究院

图 8-6 2012—2016 年中国数字经济人均 R&D 经费投入

数字经济固定资产投入增速平稳。2012 年以来，我国数字经济固定资产形成额总量呈平稳增长态势，增速由 10.82% 逐步回落趋稳，年均增长率达 6.91%。人均数字经济固定资产形成额也同步呈现企稳态势，年均增长率达 6.29%，增速均显著低于 R&D 经费，侧面反映了我国数字经济正在努力由资源驱动向创新驱动转变的大方向。2012—2016 年中国数字经济的固定资产形成额如图 8-7 所示。

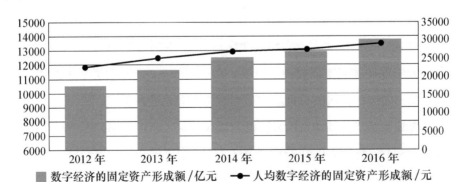

数据来源：中国信息通信研究院

图 8-7 2012—2016 年中国数字经济的固定资产形成额

（三）组织创新发展态势

组织创新活跃度区域分化明显。近年来，我国组织创新活跃度呈现显著的区域分布态势，呈现出 4 个梯队的发展特征：第一梯队的组织创新活跃度最高，包括北京、上海、江苏、安徽；第二梯队的组织创新活跃度紧随其后，包括浙江、福建、广东、山东、贵州、重庆、四川和辽宁；第三梯队的组织创新活跃度次之，包括甘肃、河南、湖北、湖南、江西、广西；第四梯队的组织创新活跃度最低，包括新疆、青海、内蒙古、黑龙江、吉林、山西、陕西、云南、海南。除此之外，我国东部与中部地区开展组织与营销创新的企业意愿更强。东部地区规模以上企业实现组织或营销创新企业在全部企业中的占比为 55.51%，中部地区的占比为 49.72%，西部地区的占比仅为 46.77%。

技术市场流动性持续增强。近年来，我国技术创新成果转移转化活力大幅提升，截至 2017 年年底，全国共签订技术合同 367586 项，成交金额为 13424.22 亿元，分别同比增长 14.71% 和 17.68%。创新投入的成果转化能力不断增强，全国技术合同成交额占全社会 R&D 经费的比重大幅上升，由 2012 年的 62.51% 提高到 2016 年的 72.76%。其中，数字经济相关领域技术交易持续保持高位增长，电子信息领域和先进制造领域的技术市场成交额位居行业前两名，分别占全国技术合同成交总额的 29.04% 和 12.55%，远超其他行业。2017 年集成电路布图设计专有权转让增幅达 440.62%[1]。2012—2017 年中国技术合同平均成交额情况如图 8-8 所示。

企业在数字经济创新活动中的主体作用日益凸显。在数字技术融合创新的引领下，企业创业创新活力被充分释放，呈现井喷式增长态势。我国 2018 年上半年日均新设企业 1.81 万户，同比增长 12.5%。企业在技术转移和合作研发、技术创新和技术交易中的主体地位显著增强。2016 年，企业

1　数据来源：科学技术部火炬高技术产业开发中心《2017 年全国技术市场统计年度报告》。

共输出和吸纳技术市场成交额分别占全国的 86.63% 和 76.91%。其中，近五成的技术交易发生在企业与企业之间，成交额占全国的 68.51%。2015—2018 年半年度中国新设企业增长情况如图 8-9 所示。

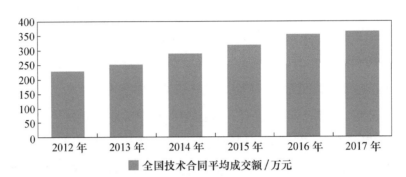

数据来源：科学技术部火炬高技术产业开发中心

图 8-8　2012—2017 年中国技术合同平均成交额情况

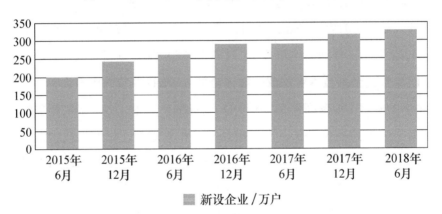

数据来源：中国信息通信研究院

图 8-9　2015—2018 年半年度中国新设企业增长情况

国际创新合作不断加深。数字经济推动全球化创新资源加速流动，企业吸引利用外资深化创新能力不断增强。以高技术产业为例，2018 年 1 ～ 5 月，我国高技术产业实际使用外资同比增长 9.8%，占比达到 20.5%。其中，高技术制造业实际使用外资 336.9 亿元，同比增长 61.9%；高技术服务业实际使用外资 372.4 亿元，科技成果转化服务同比增长 4.1%。数字经济拓展国际空间，我国加速国际化科技创新合作。截至目前，我国已与全球 158 个国家和地区建立了合作关系，加入了 200 多个政府间科技合作组织，启动了中国—东盟科技伙伴计划、中国—南亚科技伙伴计划、中国—阿拉伯国家科技伙伴计划等一系列计划，促进企业国际化创新合作。

（四）服务创新发展态势

经济发达省份的服务创新活跃度提高。 以创新服务为例，北京、广东、上海、天津等省（自治区、直辖市）从外部购买以及向外部提供研发的规模以上企业的比例均处于较高水平，创新服务的活跃程度较高。江苏、浙江等地从外部购买研发服务的比例较高，企业吸收创新外部成果的意愿更强。内蒙古、吉林、河南等省（自治区、直辖市）服务创新活跃度相对较低。中国各省（自治区、直辖市）的服务创新活跃度如图 8-10 所示。

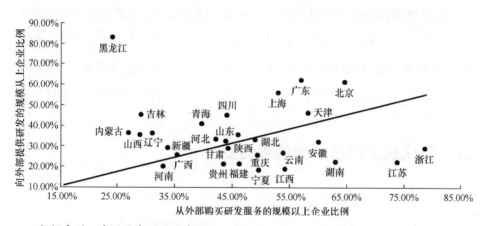

数据来源：中国信息通信研究院

图 8-10　中国各省（自治区、直辖市）的服务创新活跃度

四、我国数字经济创新面临三大挑战

一是数字经济基础研究短板仍需补齐。 基础研究是创新体系的源头。近年来，尽管我国在基础研究方面持续加大投入并取得了积极成果，然而，基础研究仍然以高校和科研院所为主，企业对基础研究的重视与参与程度不够，工业母机、高端芯片、基础软硬件、开发平台、基本算法、基础元器件、基础材料等瓶颈问题仍然突出，重大原创性成果缺乏，底层基础技术、基础工艺能力不足等短板都需要继续补齐。

二是数据资源优化配置等新问题仍需强化。 在物联网、人工智能、感知等技术的助力下，以往生产过程中的大量数据不断被采集、汇聚、加工，发掘；数据计算、分析与挖掘能力进步飞速，数据资源日益成为数字经济创新的关键投入要素，能够有效地促进数据资源要素在国家、区域及产业创新体系中的开放共享、高效流动、优化配置、合理使用，对于充分挖掘创新潜力、激发创新活力和减少创新阻力来说至关重要，需要"政、产、学、研"各方共同探索与实践。

三是产业核心竞争力仍需进一步夯实。 我国政府一直高度重视核心技术与核心竞争力的培育，多次强调要掌握我国互联网发展主动权，保障互联网安全。当前，我国在智能制造、人工智能、工业互联网、大数据、云计算、软件等领域尚未形成具备重大国际影响力的核心竞争力，亟须进一步探索。

五、强化数字经济创新的着力点

（一）着力突破数字经济关键技术

我国应补齐数字经济基础研究短板，加大关键核心领域研发支持力度，重点突破底层基础技术、基础工艺能力等"卡脖子"问题；加快互联网、大数据、人工智能、量子信息、机器人、生命科学等新兴前沿交叉领域研发与产业化布局，为构建创新引领、协调发展的产业体系和经济体系奠定坚实基础。

（二）深化数字经济创新资源开放共享

我国应加大科技资源开放共享力度，建立数字经济创新资源共享体制机制；建立大型科学仪器、制造业重大设备、创新平台资源等开放共享机制，盘活整合已有的科学仪器资源、大型制造业企业设备厂房、创新平台的在线研发与数据资源等，促进数字经济创新资源的开放共享与合理流动；制定数据资源确权等制度，完善数据产权保护制度，加大对技术专利、数字版权、数字内容产品及个人隐私等的保护力度；提高创新资源开放共享的数据质量，加大对地方、企业数据造假、数据注水等不法行为的监管力度，提高云计算、大数据等信息化手段在统计工作中的应用水平。

（三）打造数字经济企业创新网络

我国应鼓励平台型企业新建或升级已有创业创新平台，打造以企业核心业务为引领，更大范围集成创新的信息资源、设备资源、服务资源、客户资源、人力资源等的创新网络；推动建立数字经济创新企业联合体、产业创新联盟、产业园区等，促进区域与行业内企业创新产品匹配和服务支撑，形成以创新链为纽带、以价值链为主线的共生共赢模式。

（四）完善数字经济政策配套环境

我国应打造数字经济创新研发高地，推动建立数字经济国家实验室和制造业创新中心，集聚国内高端创新要素，统筹推动数字经济共性技术研发战略布局，打造数字经济重大原始创新策源地；形成数字经济创新政策"组合拳"，深入推进科技体制改革，重点清除阻碍技术创新成果产业化的制度障碍，突破实现技术研发、产品制造、市场模式、产业发展"一条龙"转化的各类关卡和瓶颈，加速科技成果向现实生产力转化。

第九章
数字贸易加速发展

一、数字贸易内涵特征

（一）数字贸易概念内涵

当前，国际上对数字贸易的概念尚未形成统一的认识，美国、澳大利亚等国家的官方机构和 OECD 等国际组织均尝试过对数字贸易进行解释和说明。

美国国际贸易委员会（United States International Trade Commission，USITC）是最早提出数字贸易概念的官方机构之一。根据 USITC 在 2013 年、2014 年发布的《美国与全球经济中的数字贸易 I》和《美国与全球经济中的数字贸易 II》，**数字贸易是以网络或网络技术为基础开展的在线订购、生产交付和服务等，包括国内商务和国际贸易。**

澳大利亚政府在 2017 年发布的《澳大利亚网络国际化战略》中指出，数字贸易不只是线上商品和服务贸易，还包括信息和数据的跨境流动。数字贸易的发展有赖于将数字技术应用于促进贸易和改善生产力水平，例如，简化海关程序。虽然信息和数据的流动并不一定能带来直接的收益，但它们是数字贸易的关键推动力量。

基于已有研究，OECD 认为数字贸易是指数字技术赋能于商品和服务贸易，涉及物理交付和数字交付的贸易，有助于软硬件基础设施的供给，加速全球价值链贸易和开辟新的商业回报。

世界贸易组织（World Trade Organization，WTO）暂时没有采用"数字贸易"的表述，主要沿用"电子商务"概念推进相关工作。根据 1998 年 WTO 第二次部长会议设立的"电子商务工作计划"发布材料，电子商务是指通过电子方式生产、分销、营销、销售或交付货物和服务。

中国官方目前没有对数字贸易进行明确界定。中国商务部在其发布的《中国数字贸易和软件出口报告 2017》中指出，随着全球数字经济的快速发展，数字贸易将成为数字经济时代的主要贸易方式。目前，全球服务贸易中有一半以上已经实现数字化，超过 12% 的跨境实物贸易通过数字化平台实现。可以看出，中国商务部认为数字贸易有两层含义：**一是通过平台等数字化手段进行的贸易；二是软件等以往被归于服务贸易的数字产品和服务的贸易。**

（二）数字贸易与传统贸易的比较

数字技术在国际贸易领域的发展应用虽然没有改变国际贸易的本质，但赋予了国际贸易一些新的特征。数字贸易和传统贸易的相似之处反映在贸易动因上，均是不同国家和地区间的主体（政府、企业、消费者）通过跨国间的交易互通有无、各取所需，实现产业价值链内外的分工，促进经济社会运行效率的提升。

数字贸易和传统贸易的差异点反映在关键技术的变化和由此导致的贸易主体、贸易方式、贸易内容、监管主体等方面的变化。数字贸易和传统贸易对比分析见表 9-1。

表 9-1　数字贸易和传统贸易对比分析

维度	传统贸易	数字贸易
贸易动因	价值链间分工（不同商品）、价值链内分工（不同环节）	
关键技术	生产制造、交通物流	生产制造、交通物流、信息通信技术

续表

维度	传统贸易	数字贸易
贸易主体	不同国家间的政府、企业、消费者	不同国家间的政府、企业、消费者、数字设备
贸易方式	市场调研；面对面贸易洽谈；现实交易场所；物理运输；跨境交易结算系统	信息服务；电商平台展示；网络传输；线上交易结算
贸易内容	货物商品为主	货物商品；数字化的产品和服务
贸易监管	海关；检验检疫；外汇管理局	海关；检验检疫；外汇管理局；数字内容审核部门；产业安全审核部门；隐私保护部门

资料来源：中国信息通信研究院

一是从关键技术看，信息通信技术成为推动贸易发展的关键。在传统贸易中，生产制造技术和交通物流技术是贸易的关键技术。其中，生产制造技术的差异带来了比较优势和国际分工，交通物流技术的发展降低了运输成本，使贸易商品能在不同国家间顺畅流转。在数字贸易中，信息通信技术成为改善贸易各个环节效率的关键技术，互联网则成为数字内容产品的零成本直接运输渠道。

二是从贸易主体看，数字化的机器和设备正在成为新的"贸易者"。伴随物理网、大数据、人工智能的发展，数字设备的作用将超越终端设备简单的输入和输出功能，进一步参与以数据为核心的信息流交易的管理和决策。

三是从贸易方式看，越来越多的贸易环节从线下转到线上，数字技术被广泛应用于国际贸易的各个环节。以往，企业在出口过程中会经历一个非常烦琐的过程，市场调研、海外策略制定、报价询价、商务谈判、合约签订、物流托运、海关检验、争端仲裁等环节都需要耗费大量的人力、物力，许多中小型企业因无力聘用足够的专业化人才而对出口望而却步。随着数字技术的发展，逐步形成以平台为中心、以网络为渠道的新贸易模式，信息在不同国家的外贸监管部门、外贸服务业、商家、消费者等主体间高效流转，除生产外的大量外贸环节被外包给平台和外贸服务企业，国际贸易效率大幅提升，门槛显著降低。

四是从贸易内容看，数字化的产品和服务成为贸易的热点。网络信息技术为传输、存储、处理和分析海量、复杂的数据资源提供了强有力的平台和工具，极大地提升了数据资源价值，促使数据资源以流量、数字内容、应用软件、商业数据等形式广泛进入社会生产生活。2018 年 12 月，全球唯一一家已经盈利的流播平台公司腾讯音乐正式在美国纽交所挂牌上市，标志着国内数字内容产品（音乐、图书、电影等）正在走出盗版的殇痛，迎来新的发展机遇。

五是从贸易监管看，监管方式持续优化，监管范围迅速扩张。在以往的传统货物贸易中，主要监管部门是指海关、检验检疫、外汇管理局等机构，人工审核管理的比重较高、监管机构间信息不流通是制约监管效率的重要原因。随着数字贸易的发展，传统监管手段加速向数字化、网络化、智能化转变，充分提升监管部门的单点效率和点对点协同效率。例如，国际贸易"单一窗口"助力各监管部门间信息互换、监管互认、执法互助，联合执法、联合查验，"串联执法"转为"并联执法"，从而实现关检合作的"三个一"（一次申报、一次查验、一次放行），极大地提升了监管执法效率。此外，由于数字内容产品服务贸易的兴起，监管主体和监管范围进一步扩大，工业和信息化部、国家发展和改革委员会、国家互联网信息办公室等信息产业主管部门和信息内容审核部门成为新的外贸监管主体，确保数字内容符合我国法律法规体系，防范潜在的产业发展和安全风险。

（三）数字贸易主要内容

基于相关机构的研究报告和数字贸易的突出特征，数字贸易可以归结为贸易数字化和数字贸易化。**贸易数字化指信息通信技术与传统货物贸易手段的融合渗透，与广义上的跨境电子商务的内涵基本相符。信息通信技术被广泛运用在贸易事前（市场调研、产品推广）、事中（贸易洽谈、交易结算）、**

事后（供应链优化、售后服务）环节和贸易的监管过程。传统贸易过程加快数字化转型如图 9-1 所示。

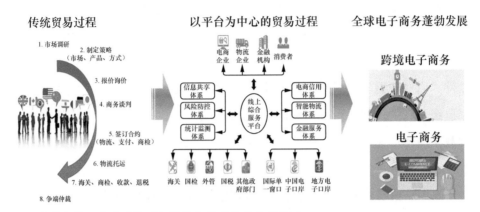

资料来源：中国（杭州）跨境电子商务综合试验区

图 9-1 传统贸易过程加快数字化转型

贸易数字化极大地促进了电子商务的发展，企业对企业（Business to Business，B2B）和企业对个人（Business to Consumer，B2C）的跨境网络交易蓬勃发展。2014—2017 年全球 B2B、B2C 交易规模和占比如图 9-2 所示。

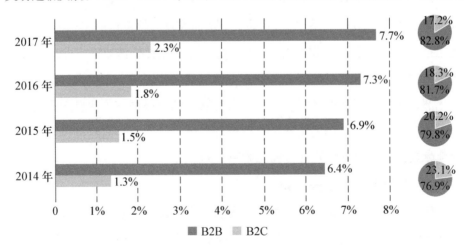

资料来源：中国信息通信研究院

图 9-2 2014—2017 年全球 B2B、B2C 交易规模和占比

贸易数字化的主要特征：一是贸易流程极简化，无纸贸易、电子口岸、数字征信体系和结算体系使烦琐的贸易环节可以通过数字化和网络化的手段完成，减少单据的不必要重复填报和跨地域业务办理；二是信息成本极小化，互联网、平台为外贸企业跨境信息的获取提供了极大便利，信息搜索成本降低，由于信息不对称所导致的贸易风险急剧下降；三是市场规模的极大化，网络打破了国家间的信息壁垒，将不同国家的市场联系在一起，形成一个统一聚合高效的大市场，企业可以更广泛地参与这个市场中不同领域、不同环节的国际分工之中。

数字贸易化主要指数据、数字内容产品（音乐、视频、图书、游戏等知识产权内容）和信息技术服务（云计算提供的基础设施服务、平台服务、软件服务，以及相关的解决方案、数据分析和安全防护等）。数字技术的发展极大地改变了数字产品和服务贸易的基础，存储载体由早期的光盘、软驱向云端发展转移，传输渠道由物理货运转变为线上传输，输出载体由图书等物理方式向智能终端设备转变，进而导致服务贸易发生了极大的变化。信息技术重塑服务业的运行模式如图 9-3 所示。

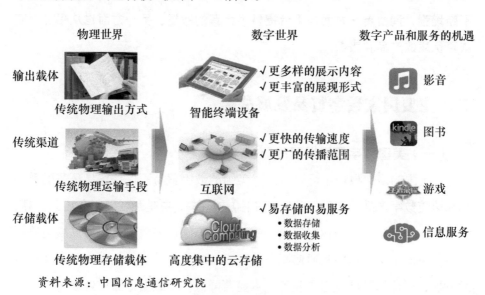

资料来源：中国信息通信研究院

图 9-3　信息技术重塑服务业的运行模式

服务贸易条件的变化极大地促进了全球服务贸易的增长。自 2011 年起，全球服务业保持较高的增长速度，服务贸易出口在总贸易出口中的占比从 2011 年的 19.5% 上升至 23.9%。与此同时，应该注意到的是服务贸易的增长主要源于 ICT 相关服务贸易出口的增长，2008—2016 年，全球 ICT 相关服务贸易出口在服务贸易出口中的占比不断上升，是服务贸易增长的关键动力。虽然我国服务贸易规模相对有限，但与 ICT 相关服务贸易出口的增长却非常明显，与 ICT 相关服务贸易出口的占比达到部分发达国家水平。

数字贸易化的主要特征：**一是产品内容云端化，网络传输速度的提升和云端存储的发展使越来越多的数字产品内容存储在云服务器中；二是数字产品可交易化，随着互联网传输速度的不断提升，高品质、大容量的数字内容产品的跨境传输成本不断降低，贸易可能性提升；三是产品内容高度复用，数字内容产品的边际成本几乎为零，随着数字贸易的进一步发展，产业创造的价值显著提升；四是产品内容互动化，数字产品内容与消费者的互动反馈不断增强，消费者一方面向平台提供了大量的数据，另一方面也从平台处获得更优质的产品和服务。**

二、主要国家数字贸易发展战略

（一）美国数字贸易发展战略

从美国的多份报告中可以看出，美国的数字贸易不仅是贸易环节的数字化和传统数字产品（音乐、视频、图书）的贸易，更是互联网服务（云计算、大数据、金融服务、商业服务等）的贸易。美国认为数字贸易的发展前景巨大：一是网络基础设施和通信服务的完善；二是云计算的技术突破，随着技术发展，云计算基础设施和服务成本显著降低，大数据存储和处理可用性增强，更多的企业将应用云计算技术；三是数字化内容和服务产业的发展，数字 B2C 服务提供创造性内容，特别是视频、游戏、音乐、图书、新闻等领域，交付方式已经从非数字格式转为按需下载；四是电子商务、数字支付的完善，电子商务凭条、数字支付、交易服务以及物流和包裹递送服务水平稳步提升；五是数字技术在各行业的广泛应用，在各个行业中，企业正在尝试以更加复杂的方式收集、管理和处理数据，从而改善生产经营效率；六是通信和连接设备的普及，消费者和企业广泛地将各种设备（智能电话、可穿戴设备等）连接到互联网，使他们能够获取各种类型的服务。

在国际贸易规则体系谈判中，美国的关注焦点在于数字产品和服务贸易壁垒的降低，而非传统通过线下交付的电子商务的发展，其目的在于为本国优势产业创造有利的外部贸易环境。

（二）欧盟数字贸易发展战略

2015 年 5 月，欧盟委员会发布最新数字化战略《数字化单一市场战略》，确定了三大支柱和 16 项具体措施，宣布将通过出台政策改革、版权法、消费者保护、云服务等一系列措施推动欧盟跨境贸易。

支柱一：更好的在线产品和服务。欧盟委员会制定简化跨境电子商务规则，包括协调在线购物时关于合同和消费者保护的条款。通过审议《消费者保护合作条例》，以快捷、一致的方式执行消费者条款。欧盟将提供更高效、可负担的包裹快递服务，目前，62% 的在线销售企业认为过高的包裹快递成本是企业的商业壁垒，应终结不公正的"地缘阻隔"。"地缘阻隔"是基于商业原因的歧视性手段，可能导致不同成员国消费者支付更多的服务费。欧盟委员会将制定一个现代的、更具欧洲特色的版权框架，使作品能在欧洲大范围地传播；减少跨境销售时增值税带来的相关负担和障碍，设定一个共同的增值税门槛，帮助小微创业者销售在线产品；找出影响欧洲电子商务市场竞争的问题，在欧盟范围内启动一项"电子商务部门的反垄断竞争调查"；审议欧盟"卫星和有线指令"的范围，探索如何提高欧洲的广播跨境服务。

支柱二：营造数字网络和服务的发展环境。欧盟委员会提出一份前瞻性的欧盟《电信条例》修改方案，包括更有效的协作以及在国家层面执行共同的欧盟标准；审议适应 21 世纪的《试听媒体指令》，聚焦各市场参与者在促进欧洲工作时（电视广播、视听服务提供商等）的角色作用；综合分析在线平台（搜索引擎、社交媒体、应用程序商店等）在市场中的角色作用，包括搜索结果、定价政策的不透明问题。增强数字服务的信任和安全，尤其是处理个人数据；与网络安全企业就在线网络安全的技术、解决方案等议题共建合作伙伴关系。

支柱三：使数字经济的增长潜力最大化。欧盟委员会构建数据经济，提出"欧洲数据自由流动倡议"，促进欧盟数据的自由流动，解决新服务因数据的位置等限制而受到阻碍；通过互操作和标准化提升竞争力，界定电子健康、运输规划或能源（智能计量）等领域的标准和互通的优先事项；支持建立一个具有包容性的数字社会，使市民能够掌握正确的技能，抓住互联网带来的机遇，增加就业机会。

（三）澳大利亚数字贸易发展战略

2017 年 10 月，澳大利亚发布了《澳大利亚国家网络参与战略》，将数字贸易作为其中的核心部分，目标是通过数字贸易最大化地促进经济增长。

一是塑造数字贸易的有利环境。第一，为全球市场提供更明确的监管环境。澳大利亚致力于通过自由贸易协定和参与 WTO、OECD、亚洲太平洋经济合作组织（Asia-Pacific Economic Cooperation，APEC）和 G20，进一步促进数字贸易自由化和便利化，澳大利亚在贸易协定中的一些涉及数字贸易的关键条款包括无纸贸易、电子认证、线上消费者保护、个人信息保护、垃圾商业信息、电子传输免税、跨境信息的自由传输、不强制公开源代码、投资与安全合作、贸易便利化承诺、消除技术产品税、非强制技术转让、取消属地限制、国内监管框架与现行国际规则相符。第二，协调标准。澳大利亚支持开发全球互操作的互联网标准和相关的参考体系架构，以及 ISO27000 信息安全管理系统标准；支持在印度—太平洋地区加强国家标准机构和监管机构之间的合作，鼓励协调数字产品的国际标准，促进整个印度—太平洋地区的国际贸易，进一步减少贸易壁垒，增强对数字贸易的信任和信心。第三，贸易便利化。澳大利亚反对数字贸易壁垒，促进 WTO 贸易便利化协议的实施（设计双边代表、WTO 理事会和委员会等结构）；建设一个澳大利亚和新西兰的电子安全贸易通道，促进两国可信贸易的发展。第四，支持监管合作。澳大利亚通过双边交流、自由贸易协定议程、贸易援助活动以及参与 APEC 和 G20 促进监管合作和一致性。第五，支持透明和以证据为基础的政策立场。澳大利亚支持公共和私人部门参与多边论坛的数字贸易议题的讨论；支持 G20、OECD 和其他国际研究机构，改善数字贸易测量手段，发展政策工具；鼓励双边伙伴对限制贸易的国内立法透明化，包括对数字政策的对话。

二是促进数字商品和服务的贸易投资机会。第一，澳大利亚制定数字经济出口指南，为澳大利亚企业最大限度地利用国际机会提供切实可行的建议，发展国家数字经济战略，这将使澳大利亚接受数字贸易带来的机遇。第二，吸引外国投资，构建营商环境。澳大利亚积极在国际上推广其数字产品和服务，以便在蓬勃发展的全球数字经济中为澳大利亚企业提供最大的机会；提供强有力的国内保障、发达的服务经济和高质量的教育体系来吸引外国投资。第三，强化与私营部门的协商。为了向澳大利亚的数字贸易促进活动提供信息，澳大利亚政府将与私营部门密切协商，除了通过 APEC 和 G20 与大型跨国公司进行协商外，网络事务官员还将建立行业研讨会，包括澳大利亚国际网络参与的行业资讯小组。

（四）中国数字贸易发展战略

中国重点发展跨境电子商务，为此出台了多项关于促进跨境电子商务健康发展的政策文件，并积极推动跨境电子商务综合试验区发展建设，通过优化营商环境、先行先试等方式加快数字贸易发展。

自 2015 年起，我国政府推出关于跨境电子商务的政策文件。2015 年 6 月，国务院印发了《关于促进跨境电子商务健康快速发展的指导意见》，其中 12 条指导意见可视为当前我国推进数字贸易的主要举措；此外，截至 2018 年 8 月，我国已经累计设立 35 个跨境电子商务综合试验区，着力在跨境电子商务交易、支付、物流、通关、退税、结汇等环节的技术标准、业务流程、监管模式、信息化建设等方面先行先试，打造跨境电子商务完整的产业链和生态链，逐步形成一套适应和引领全球跨境电子商务发展的管理制度和规则。

2015 年 3 月 7 日，国务院同意设立中国（杭州）跨境电子商务综合试验区，这是中国首个跨境电子商务综合试验区。2016 年 1 月 6 日，国务院决定在宁波、天津、上海、重庆、合肥、郑州、广州、成都、大连、青岛、深圳、苏州 12 个城市设立跨境电子商务综合试验区。2018 年 8 月，国务院同意在北京等 22 个城市增设跨境电子商务综合试验区，至此，我国跨境电子商务综合试验区总数达 35 个。根据名单，这 35 个跨境电子商务综合试验区分布在全国 26 个省（自治区、直辖市），除了山西、宁夏、青海、新疆、西藏外，内地各省（自治区、直辖市）都有了国家级跨境电子商务综合试验区，其中广东有 4 个，数量最多，浙江和江苏各有 3 个，并列第二。

三、数字贸易对国际贸易的影响

（一）传统国际贸易理论中的贸易决定因素

从最早的亚当·斯密的绝对优势理论开始，国际贸易理论一直试图从不同维度回答不同国家间"为什么贸易"的问题。根据已有理论研究，国家间是否贸易通常取决于"贸易基础"和"贸易阻力"。国际贸易理论中的贸易决定因素如图 9-4 所示。

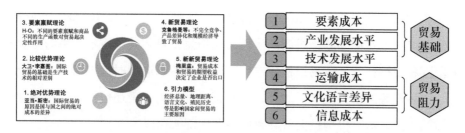

资料来源：中国信息通信研究院

图 9-4 国际贸易理论中的贸易决定因素

贸易基础是指不同国家间贸易的原因，即各国能否通过贸易各取所需、**互利共赢**。已有理论尝试从不同角度对这个问题进行解释，绝对优势理论认为每个国家应该专门生产自己具有绝对优势的产品，并用其中一部分交换其具有绝对劣势的产品，这样会使各国的资源得到最有效的利用，更好地促进分工和交换，使每个国家都获得最大的利益。比较优势理论认为即使一个国家在所有产品的生产中劳动生产率都处于全面优势或全面劣势的地位，只要有利或不利的程度有所不同，存在技术水平和生产成本的相对差异，就可以通过劳动生产率差异较小的产品参加国际贸易，从而获得比较利益。要素禀赋理论认为在技术水平相等的前提下，国家间的要素充裕度和商品生产要素密集度的不同导致了比较成本的差异，促成了贸易。在新贸易理论中，克鲁格曼等学者认为在不完全竞争市场中，专业化生产和规模经济可使禀赋相同的国家间也能通过贸易实现共赢。新新贸易理论研究进入了微观企业层面，企业开展贸易的根本动因在于海外市场带来的潜在收益。

贸易阻力是指阻碍贸易开展的各项因素，当贸易阻力带来的成本超出贸易收益时将不会有贸易发生。除了不可避免的关税费用，阻碍贸易开展的主要因素包括以下 4 个方面：一是运输成本，例如物流费用、运输损耗等，萨缪尔森、克鲁格曼将冰山运输成本作为主要贸易成本，运用于国际贸易理论分析；二是市场进入成本，企业和产品进入国际市场时需要支付一定的费用，例如市场调研、产品推广等，企业进入市场的回报只有大于进入市场的成本时，企业才会选择出口（Melitz，2003）；三是信息成本，国境和地理分割导致了信息不对称问题，进而产生巨大的信息传输和共享成本，束缚了贸易的范围和规模；四是贸易边检成本，即贸易品跨越边境时海关通关、检验检疫、结售汇等的相关成本。此外，阻碍贸易开展的因素还包括贸易相关专业人员的人工成本、机构扩大所导致的企业内部协调成本等。

（二）数字技术对贸易基础和贸易阻力的影响

数字技术在国际贸易领域中的应用将会同时影响贸易基础和贸易阻力，进而改变现有的国际贸易发展态势。数字技术构建和释放产业比较优势如图9-5所示。

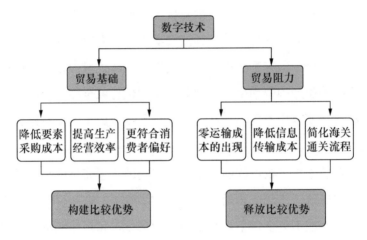

资料来源：中国信息通信研究院

图9-5 数字技术构建和释放产业比较优势

从贸易基础角度看，企业借助数字手段进行采购和销售有助于降低生产可变成本，强化市场竞争力，构筑新的竞争优势。一是提高企业采购水平，降低要素采购成本。互联网赋予了个人、企业和组织无限延展的经济时空，打破了物理时空的约束，原本不具规模优势的中小型企业也能参与价值共创过程，上游的供应商与采购商间的利益诉求相通，人们具备一定的整合全球资源的能力，企业将能以更优的价格从国际大市场中采购生产要素。二是线上生态和数字化营销管理体系，推动企业生产经营效率的提升。平台供给者在核心技术、组织间界面、竞合规则等方面的设定和领导，使众多企业之间的集聚、分工、合作、竞争等行为模式与认知框架逐渐强化，形成一个可以整合系统产品和服务供给、增强系统机体创新能力的"产业生态系统"。企业通过参与线上生态可以降低企业的生产、管理、物流成本，提升企业的一体化水平和企业生产效率。

从贸易阻力角度看，数字技术应用有助于降低企业外贸活动中的固定成本，更多的企业有机会从外贸活动中获益。一是贸易中的信息成本降低。从信息获取角度看，企业进入国际市场需要投入市场搜寻调查的固定成本，这部分搜寻调查成本是贸易成本的重要组成部分，信息技术的使用通过降低搜寻调查成本促进了贸易的发展。从信息输出角度看，平台的出现为企业提供了更低价、更高效的市场宣传方式，降低了海外拓展的宣传费用。此外，信息获取和输出两端的持续优化最终体现为供需双方匹配效率的提升。现实世界中无处不在的交易费用和信息不对称的"摩擦力"，将因为互联网的应用而得到缓解，交易速度将进一步加快，中间环节逐渐减少，交易效率显著提升。二是海外分销渠道建设成本降低。物理时空的空间到场硬约束与固定时间的规制硬约束被网络平台打破，虚拟店铺的出现使买卖双方不再需要在规定时间、规定现实地点完成交易，传统的海外分销渠道在一定程度上被平台所取代。

（三）数字贸易时代国际贸易发展趋势

一是国际贸易规模有望大幅提升。回归分析显示，数字技术的发展普及对一个国家的贸易发展有着巨大的促进作用，一个国家的网民比例每提升1%，外贸总额也将提升约1%。根据这个比值推算，2009—2017年，互联网发展普及带来的货物贸易进出口总额的增长超过3.8万亿元。

二是参与全球贸易的市场主体不断丰富。随着海关、税务等监管部门监管效率的提升，电子商务平台的外贸服务不断完善，使出口企业能更专注于生产过程，国际贸易门槛不断下降，越来越多的中小型企业有机会参与经济全球化之中。研究表明，电子商务平台的普及使出口企业的数量提高18.7%，而原有出口企业的出口规模提高18.5%。

三是外贸企业交易的地域范围大幅扩张。 虽然数字技术对国家间贸易关系的影响不是特别明显，但对企业的影响巨大。出口企业将在一定程度上突破原有地理距离的束缚，向更多的国家出口更大规模的商品。研究表明，通过有效使用电子商务平台，外贸企业的出口国家数量提升14.1%，平均向每个国家出口的金额提升3.7%。

四是外贸商品种类日益丰富。 在数字贸易时代，全球市场高度联通，消费者的差异化需求和生产企业多样的供给能力汇聚在一起，使贸易商品的种类大幅提升。数据显示，数字技术运用对企业单一商品出口的影响相对有限，但是对企业的出口商品种类的影响却非常明显，约提升20.4%。此外，市场信息变得公开透明，这使商品价格趋于平稳、商品质量显著提升。

四、我国数字贸易发展对策建议

经济全球化带来了大市场、大分工和大流通，是数字技术产生、消费、扩散的关键。在数字经济时代，各主要国家纷纷发力数字贸易，抢占数字经济发展先机。我国应从战略高度认识到数字贸易发展的必然性和重要性，既要扬长避短、发挥比较优势，又要布局前沿、抢占先发优势。

（一）加快跨境电子商务发展

支持和引导外贸企业通过跨境电子商务等数字化手段开展国际贸易。 跨境电子商务不但有益于巩固我国的贸易大国地位，而且能促进外贸结构持续优化，推动外贸市场多元化和外贸产品高技术化，具体应做好3个方面的工作：一是加强宣传力度，积极向企业推广跨境电子商务，使企业充分认识到数字技术在外贸领域的价值所在，提高国际贸易和数字技术的融合深度；二是针对不同类型的企业，制定差异化政策，确保中小型企业获得平等的竞争机会，鼓励大型企业做大做强，成为国际市场龙头；三是鼓励企业开展跨境合作，将国内制造企业的生产能力、平台企业的对接能力与国外企业的营销、仓储、物流等能力相结合，提升我国产品的国际竞争力。

鼓励平台企业做大做强，推动平台服务水平优化。一是培育若干家大型跨境电子商务平台企业，为中小型企业提供外贸综合服务支持，降低企业出口门槛，推动中小型企业走出去；二是发展面向特定行业的垂直型电子商务平台，扩大平台的有效服务范围。对于更复杂的企业间贸易，需强化平台企业与制造企业间的合作，发挥龙头企业的引领带动作用，推动垂直细分领域的电商平台建设，并将服务逐步从国内市场向国际市场延伸。

完善跨境电子商务政策监管体系，顺应跨境电子商务发展规律。随着跨境电子商务的发展，将有更多企业向更多的国家出口更多种类的商品，外贸增长将以数量增长为主，海关的监管、监测和税收难度显著提升，现行政策监管体系亟待完善：一是要推动海关、商检、税收等监管部门的信息化建设，尽可能实现外贸企业单据填报、监管部门信息对接的线上化，加快"单一窗口"建设；二是要建立针对海量小额跨境电子商务订单的监管制度，例如实施正面清单、"通道式验放"、汇总申报等，提高监管效率。

（二）壮大数字产品服务产业

增强数字产业创新内生动力，推动基础技术、通用技术、关键前沿技术发展。在基础通用技术方面，推动用户端操作系统、云操作系统、物联网操作系统，以及数据库、通用应用软件、重点行业专用软件的安全可控，显著提升基础产品市场的占有率和自给能力。在重点前沿技术方面，加快类脑计算、认知计算、量子计算、高性能计算等新型计算技术，加强超高速宽带、5G、下一代互联网、云计算、大数据、移动互联网、物联网、信息物理系统等重要领域的创新与应用，构建完整的技术体系，形成特色技术优势，夯实产业发展和国际竞争的技术基础。

做大做强新一代信息技术产业，打造国际先进的网络、计算、感知、存储、安全等自主产业生态。一是推动产业链横向、纵向各环节统筹衔接，完善产业服务体系，促进产业链提质增效；二是激发企业活力，支持企业联合高校和科研机构打造企业研发中心和技术产业联盟，设立面向信息技术战略性领域的市场化投资基金，培育国际龙头企业群体；三是创新产业政策，逐步放宽产业的资本结构限制，进一步开放电信业务市场，加强技术专利与标准布局，形成公平竞争、良性互动的产业发展环境。

加强融合应用，推动互联网、大数据、人工智能和实体经济深度融合，用新动能推动新发展。一是加速推动工业数字经济，深化制造业与互联网融合创新，持续推进"互联网＋双创"，大力发展智能制造和工业大数据，推动传统制造业加快数字化转型，拓展产业链条，提升国际竞争力；二是推动服务业数字经济引领发展，深入推动服务业数字化、网络化转型，提升精准服务、高效服务、智能服务能力，在共享经济、智慧物流等领域培育新增长点、形成新动能；三是推动农业发展，充分应用物联网、大数据等新一代信息技术，促进农业生产、经营、管理、服务数字化，大力发展智慧农业，推进农业全产业链延伸和升级。

（三）强化数字贸易支撑保障

强化数字贸易相关产业要素供给。一是加强数字贸易人才队伍建设，构建以基础教育为先导，以高等教育、职业教育为主体，以继续教育为补充的多层次人才培养体系，培育数字产品和服务产业、跨境电商、数字贸易监管等领域专业；二是引导资本向数字贸易领域流动，推动完善数字贸易金融政策，鼓励银行、证券、保险、基金等金融机构加大融资支持力度，与平台企业共同拓展新的业务领域；三是加强数据要素市场建设，完善个人信息保护、数据跨境流动、数据安全防护等制度，健全数据市场交易机制、数据交易法律法规，充分挖掘数据要素在全球价值链中的潜在价值，实现数据安全与价值的平衡统一。

构建多主体参与的综合治网格局。一是形成党委领导、政府管理、企业履责、社会监督、网民自律等多主体参与的多元化、立体化的治理体系，跳出行业垂直管理和属地化管理的思维禁锢，根据自身职责定位，充分发挥各自优势，形成协同管理合力；二是建立以信用为基础的事中事后监管手段，加快市场经营主体的信用体系建设，建立互联网企业信誉评价机制，推动各类信用信息平台的对接，建立平台之间的信息交换共享机制，探索建立资源要素交换市场，强化标准监管，强化市场竞争行为监管，严厉查处滥用市场支配地位和不正当竞争行为；三是提高政府数字化服务水平，推进政务大厅与网上服务平台融合，整合业务系统，统筹服务资源，统一服务标准，实现政务服务跨部门"一号申请、一窗受理、一网通办"。

防范数字贸易发展的潜在风险。一是加强产业供应链安全管理，对关系国家命脉行业使用的重要信息技术产品和服务开展安全审查，避免关键技术、产品、服务断供带来的供应链风险；二是完善对跨境数字产品和服务的监管，针对图书、影音等数字产品和云计算、大数据、人工智能等数字服务的跨境交易，应加快落实监管主体，明确监管分工，构建完善的数字贸易监管治理体系，规避新模式、新业态带来的风险；三是积极参与数字贸易国际规则建设，充分发挥顶层双多边对话的价值作用，输出中国标准、中国规则，推动形成公正合理、互利共赢的数字贸易国际规则体系。

第三篇
数字产业化篇

　　数字产业化是数字经济发展的先导产业，以信息通信产业为主要内容，为数字经济发展提供技术、产品、服务和解决方案等。数字产业化具体包括电子信息制造业、电信业、软件和信息技术服务业、互联网行业等。数字产业化包括但不限于 5G、集成电路、软件、人工智能、大数据、云计算、区块链等技术、产品及服务等。

第十章
数据成为关键生产要素

随着信息技术和人类生产生活交汇融合，全球数据呈现出爆发式增长、海量集聚的特点，对经济发展、社会治理、国家管理、人民生活都产生了重大的影响。当前，新一代信息通信技术与实体经济深度融合，数据成为继土地、劳动、资本后的新生产要素，其基础资源作用和创新引擎作用日益突出，数据也成了堪比石油、黄金、钻石的战略资源。加快数据要素的市场建设，对于全面发展数字经济、推动供给侧结构性改革和经济高质量发展有着重要意义。

一、数据成为关键生产要素的背景

历史经验表明，每次经济形态的重大变革，必然催生也必须依赖新的生产要素。如同农业经济时代以劳动力和土地、工业经济时代以资本和技术为新的生产要素一样，在数字经济时代，数据成为新的关键生产要素。

数字经济与经济社会的交汇融合，特别是互联网和物联网的发展，引发了数据的爆发式增长。近年来，数据每年增长50%，每两年翻一番。迅猛增长的数据已经成为社会基础性战略资源，蕴藏着巨大的潜力和能量。数据存储和计算处理能力飞速提升，数据的价值创造潜能也大幅提升。自 20 世纪 90 年代以来，数字化技术快速发展，如今人类 95% 以上的信息都是以数字格式存储、传输和使用的，同时数据计算处理能力也提升了上万倍。数据开始渗透到人类社会生产生活的方方面面，推动人类的价值创造能力发生新飞跃。由网络承载的数据、由数据萃取的信息、由信息升华的知识，正在成为企业经营决策的新驱动、商品服务贸易的新内容、社会全面治理的新手段，带来了新的价值增值。更重要的是，相比其他生产要素，数据资源具有的可复制、可共享、无限增长和供给的禀赋，打破了传统要素有限供给对增长的限制，为持续增长和永续发展奠定了基础，成为数字经济发展的关键生产要素。经济形态与生产要素变革如图 10-1 所示。

- 数据成为新的生产要素
- 新的技术经济范式（"数字技术—经济范式"）正在形成

Y：经济产出；F：生产函数（含组织形态、政府管理等）；
A：技术步进；L：劳动力 T：土地

资料来源：中国信息通信研究院

图 10-1 经济形态与生产要素变革

（一）政策环境日益完善

党中央、国务院高度重视我国数据产业的发展，大数据战略的顶层设计使数据的重要性不断加强和巩固。

2014 年，大数据被首次写入政府工作报告，这一年成为实际意义上的"中国大数据政策元年"。从 2014 年起，大数据逐渐成为各级政府关注的热点，政府数据开放共享、数据流通与交易、利用大数据保障和改善民生等概念逐渐深入人心。

2015 年 8 月 31 日，国务院正式印发了《促进大数据发展行动纲要》（以下简称《行动纲要》），成为我国发展大数据产业的战略性指导文件。《行动纲要》作为我国推进大数据发展的战略性、指导性文件，充分体现了国家层面对大数据发展的顶层设计和统筹布局，为我国大数据应用、产业和技术的发展提供了行动指南。

2016 年，《中华人民共和国国民经济和社会发展第十三个五年规划纲要》（以下简称《"十三五"规划纲要》）正式公布。《"十三五"规划纲要》第二十七章的题目为"实施国家大数据战略"。这也是"国家大数据战略"首次被公开提出。《"十三五"规划纲要》对"国家大数据战略"的阐释，成为各级政府在决策大数据发展规划和配套措施时的重要指导，对我国大数据的发展具有深远意义。

2016 年年底，工业和信息化部正式发布了《大数据产业发展规划（2016—2020 年）》。《大数据产业发展规划（2016—2020 年）》以大数据产业发展中的关键问题为出发点和落脚点，明确了"十三五"时期大数据产业发展的指导思想、发展目标、重点任务、重点工程及保障措施等内容，成为大数据产业发展的行动纲领。农业林业、环境保护、国土资源、水利、交通运输、医疗健康、能源等主管部门纷纷出台了各自行业的大数据相关发展规划，大数据的政策布局逐渐完善。

2017 年 12 月 8 日，中共中央政治局就实施"国家大数据战略"进行第二次集体学习，深刻分析了我国大数据发展的现状和趋势，对我国实施"国家大数据战略"提出 5 个方面的要求：**一是推动大数据技术产业创新发展；二是构建以数据为关键要素的数字经济；三是运用大数据提升国家治理现代化水平；四是运用大数据促进保障和改善民生；五是切实保障国家数据安全与完善数据产权保护制度。**

当前，我国经济正处在转变发展方式、优化经济结构、转换增长动力的攻关期，紧抓新一轮科技革命和产业变革机遇，推动大数据与实体经济深度融合发展将形成创新发展的重要动能，是我国新时代发展的战略选择。

（二）产业规模持续高速增长

基于国家政策的支持、信息通信基础设施建设的逐步完善和数据技术的快速发展，我国大数据产业呈现稳定高速增长态势。未来一段时间，随着大数据与农业、制造业、服务业等实体经济各产业领域融合发展的加速，更多的大数据与应用场景相结合的实践将会落地，产业规模将持续扩大。近年来，大数据持续受到国家战略和行业主体的高度关注，产业规模持续高速增长，围绕大数据的基础设施建设加速，公共数据平台发展加快，数据流通机制逐步建立，大数据人才供给能力不断增强，为进一步促进大数据与实体经济各领域渗透融合奠定了坚实基础。

1.基础设施建设快速推进，数据资源日益富集

一是数据中心规模增长迅猛，站点分布结构日益优化。截至 2017 年年底，我国在用的互联网数据中心（Internet Data Center，IDC）机架总体规模达到 166 万架，总体数量达到 1844 个，规划在建 IDC 规模 107 万架，数量 463 个。同时，IDC 总体布局也在逐步优化，新建大型、超大型数据中心逐步在中西部贵州、呼和浩特等条件适宜的地区部署。

二是内容分发网络发展加快，多方布局能力快速提升。为弥补传统网络应用架构效率低、价格高的不足，满足数字化融合发展对于数据传输速度和稳定性的要求，我国加快促进内容分发网络（Content Delivery Network，CDN）等重要应用网络或计算节点的建设，多措并举提升数据传输效率。以蓝汛、网宿、新网、帝联等为代表的专业 CDN 服务提供商加快网络建设和节点部署，节点超过 2400 个，服务器超过 5 万台，峰值带宽约为 18.5Tbit/s [1]。

三是工业互联网基础设施建设提速。2018 年，国内互联网宽带接入端口

---

1 数据来源：国家发展和改革委员会，《中国"互联网＋"行动发展报告》。

数量达到 8.9 亿个，较 2017 年净增 1.1 亿个，4G 基站总数达到 372 万个，较 2017 年净增 43.9 万个[2]，固定宽带和移动网络下载速率均超过 20Mbit/s[3]。标识解析体系建设取得积极进展，5 个国家顶级节点均按照预定计划完成部署。工业互联网平台的供给能力不断强化，目前国内具有一定影响力的平台已在超过 50 个，多层次平台体系初步形成。安全保障体系加速构建，国家、省和企业三级联动的安全监测平台建设系统稳步推进。

我国国土广袤、人口众多、经济规模巨大，随着信息基础设施的日益完善和信息化发展水平的日益提高，我国已经成为产生和积累数据量最多、数据类型最为丰富的国家之一。大数据平台的相继推出和数据分析工具的高速研发为数据资源的快速增长营造了环境。信息通信网络从人人互联向万物互联扩展，线上、线下加快融合，金融、政务、通信、交通、医疗等领域率先沉淀了大量的数据资源。相关研究显示，中国数据总量以年均 50% 的速度增长，2018 年数据量达到 7.6ZB，到 2025 年有望增至 48.6ZB，在全球占比将超过 27%。

2. 公共数据平台发展提速，数据开放共享不断深化

公共部门数据信息平台建设迅速，公共数据开放稳步推进，为扩大市场数据存量、释放数据潜能、破除信息不对称奠定了坚实的基础。报告显示[4]，截至 2018 年 4 月底，全国范围内开设政府数据开放平台的省（自治区、直辖市）、市达到 46 个。数据平台数据集总量、数据容量呈现稳步提升态势，有效数据集总量（含直接下载和 API[5] 接口开放）超过 700 个的达到 10 个，数据容量超过 1000 万的达到 8 个。公共数据库、数据平台的迅速发展，有效推动了实名制相关的政务信息、政府许可、备案、登记等监管信息的数字

2　数据来源：工业和信息化部，《2018 年通信业统计公报》。

3　数据来源：2018 年第四季度，《中国宽带速率状况报告》。

4　数据来源：复旦大学，《2018 年中国地方政府数据开放报告》。

5　API: Application Programming Interface，应用程序编程接口。

化，在实现政策实施智能化、社会治理网格化、信用信息数字化、监督约束精准化等方面发挥着日益重要的作用。

2018 年 1 月，国家互联网信息办公室、国家发展和改革委员会、工业和信息化部联合印发《公共信息资源开放试点工作方案》，推动政府数据进一步面向社会开放。在一系列政策纲领的指导下，各部门、各地区已全面接入电子政务外网和国家数据共享交换平台，北京、上海、贵州等地方政府陆续推出数据开放平台。其中，北京市开放了 42 个政务部门、18 个领域的 748 个数据集，上海市已开放 42 个政务部门、12 个领域的 1564 个数据集。政府部门间协同能力显著提升，服务水平持续优化。同时，从行业来看，司法、信用、气象、林业等部门也通过专门网站提供数据的浏览下载。

3. 产业核心技术不断突破，大数据产业蓬勃发展

大数据软硬件自主研发实力快速提升，一批大数据技术和平台处理能力跻身世界前列。例如，百度、腾讯、数据堂、拓尔思、星环、巨杉、柏睿等一大批技术型创新企业快速成长。龙头企业引领、上下游企业互动的产业格局初步形成。据不完全统计，我国大数据领域的专利公开量约占全球的 40%，位居世界第二。

我国大数据产业规模增长迅猛，软硬件自主研发实力持续提升，主流大数据平台的处理规模跻身世界前列，新型专业化大数据企业创新活跃，龙头企业引领、上下游企业互动的产业格局初步形成。数据驱动的新技术经济范式加速构建，为经济社会各领域转型升级提供日趋完善的技术产业支撑能力。中国信息通信研究院综合国内外环境、新兴技术发展等多种因素，预测未来几年我国大数据产业的发展速度将保持 10% ~ 15% 的增速。

4. 数据应用能力显著增强，区域布局持续优化

大数据在生活、生产领域得到广泛应用。互联网企业率先将海量数据应用于网络社交、电商、广告、搜索等业务中，精准营销、智能推荐、信用评价等大数据应用日益普及，大幅提升了网络服务的个性化和智能化水平。在

工业、医疗、交通等领域，个性化定制、智慧医疗、智能交通等新模式、新业态不断涌现，为培植新兴产业提供了广阔空间。为金融、政务、电信行业提供数据产品和服务的企业的占比分别达63%、57%和47%。农业、能源等传统行业也积极跟进，例如，农业生产开始将大数据应用于农产品生产、销售、追溯的全环节。

目前，国家大数据综合试验区由国家发展和改革委员会、工业和信息化部、国家互联网信息办公室共同支持创建，2016年在全国创建了8个国家大数据综合试验区，包括先导试验类（例如贵州）、跨区域类（包括京津冀、珠三角）、区域示范类（包括上海、河南、重庆、沈阳）、基础设施统筹发展类（例如内蒙古）。同时，工业和信息化部支持创建大数据新型工业化产业示范基地，包括陕西西咸新区、四川成都崇州市、上海静安区、内蒙古和林格尔新区、河北承德经济开发区等。另外，据不完全统计，各地建设的各类大数据产业园区已有60多个。

5. 数据流通机制逐步建立，人才队伍建设进程加快

为推动数据流通，数据交易平台陆续建成，流通体系逐步建立。目前，上海、贵州、北京等多地政府开始探索大数据交易机制，上海数据交易中心、贵阳大数据交易所、北京大数据交易服务平台等陆续建成并投入使用。同时，互联网企业、领先IT厂商以及大数据企业也逐步致力于大数据交易平台的建设。阿里巴巴、腾讯、百度、数据堂、美林等企业纷纷建立数据交易平台，借此实现了对部分数据资源与渠道的变现。各类型大数据交易平台的出现，进一步打通了部门、行业、企业之间的数据壁垒，有效缓解了"信息孤岛"问题，为提升数据智能分析、预警、预测、决策效率提供帮助，使数据的价值得到更大的发挥。

一方面，高校人才培养体制建设增强，供给能力快速提升。基于数据分析、计算科学与计算机科学充分融合的学科建设和人才培养工作迅速开展，截至2018年年底，共有3批次283所高等院校获准设立了"数据科学与大数据技术"本科新专业[5]。中国人民大学、清华大学、复旦大学等院校专门成立相关大数据学院。**另一方面，海外归国人才的数量日益增长，补充效应日益显著。**各层次归国就业创业的海外大数据人才的数量有所提升，成为我国大数据人才供给的生力军。数据显示，2011—2017 年间各层次归国人才数量逐年攀升。其中，与大数据直接相关的金融服务、高科技等从业人员数量，稳居海外归国人才所从事行业的前三位，约占总人数的 33% 以上[6]。

二、数据与实体经济融合推动数字经济加速发展

随着信息技术和人类生产生活的交汇融合，互联网快速普及，全球数据呈现爆发增长、海量集聚的特点，对经济发展、社会治理、国家管理、人民生活都产生了重大的影响。

（一）推动制造业转型升级提速

我国制造企业对数据的采集、汇聚与挖掘能力显著提升。传统企业研发、生产、运营、营销和管理方式具备了更快的速度、更高的效率和更高的洞察力，助力制造业向智能化、绿色化、服务化、高端化转型。

1. 高效赋智传统企业，制造业智能化发展成效显著

一方面，制造业智能化水平普遍提升。随着大数据对生产现场多方要素的覆盖愈发全面，生产制造过程的智能化效果明显提升，以石化为代表的流程行业普遍部署了企业数据湖解决方案，通过炼化工艺知识实现基于监督式学习的推理机建模，实现装置运行的全流程智能化。**另一方面，制造业价值链的各个环节加速优化。**大数据对价值链各个环节的驱动效果明显，制造企业对生产组织过程的管理能力显著提升。以汽车行业为例，行业领军企业纷纷建设基于"车联网＋互联网"的大数据分析平台，结合车辆产品舆情分析技术，

5　数据来源：《教育部关于公布 2017 年度普通高等学校本科专业备案和审批结果的通知》。

6　数据来源：LinkedIn（领英）2018 年《中国海归人才吸引力报告》。

实现用户画像和车辆画像,形成以用户体验为中心的产品敏捷规划和全生命周期精准运维。

2. 新模式、新业态加速落地,推动制造业服务化转型

数据推动个性化生产加速落地,企业生产模式从同质化生产向定制化生产发展,面向不同用户的个性化需求输出定制服务。例如,海尔、美的等家电企业搭建了以用户需求数据为驱动的产品制造体系,让不懂技术的用户和不了解需求的设计师、供应商通过数据流在互联网平台上互动协作,并通过柔性制造生产线将用户的个性化定制需求转换成最终产品。数据推动服务化延伸广泛开展,企业的业务模式从生产产品向基于产品提供服务发展,产品的价值空间得以大幅延伸。工程机械、电力装备等行业通过大数据中心对每台设备的实时运行情况进行监控,基于这类大数据服务,设备用户可以实时查看和远程控制设备部件的运行数据,将设备资产进行统一管理,减少运行损耗和非计划停机损失,还可以根据用户需求提供额外的增值服务。

3. 大数据变革制造业增长模式,绿色化转型趋势愈发明显

在生产中,能耗与排放优化明显。大数据技术正在被高污染、高排放行业用于精准判断和调控生产线的能耗状况,有效帮助企业实现生产过程的节能降耗。以钢铁行业为例,基于大数据应用,钢铁制造企业正在根据生产计划与工艺模型,预测能源介质供应计划,制定精细化管理方案,优化加热炉的各段炉温控制参数。在产品设计中,绿色基因被注入。大数据技术正在被用于优化产品的设计方案,促进产品全生命周期的绿色节能。汽车、装备等领域的领军企业开始在产品零部件结构设计阶段利用海量的工程数据进行轻量优化,通过在数字空间中的多次仿真测试,最终在提升产品性能与可靠性的同时降低了产品在制造、运行、回收等环节的能耗。

4. 赋能"中国制造",加速制造业高端化发展进程

传统产品向高端化产品升级的趋势明显,传统工业产品正在被大数据赋予更多的高端化功能与性能,有力扩展了传统产品的价值空间。例如,在汽车领域，系统应用大数据技术融合传感器感知车身周围的环境，并集成机器学习算法进行理解，帮助汽车的智能控制系统提前预知事件并采取预防措施，避免追尾、触碰、剐蹭等事故发生。制造装备加快高端化转型，通过数据采集与挖掘，对装备加工、运行数据进行建模分析，并根据工况进行优化，大幅提升装备运行的稳定性，提升加工精度，充分发挥制造装备潜能。例如，在数控机床领域，部分领军企业开始利用大数据技术实时分析工件质量，解决了数控机床批量生产工件与高效检测产品合格率的矛盾。

（二）数据促进数字农业建设稳步推进

近年来，数据在农业生产、经营、管理、服务等各个环节融合应用的成功实践与典型模式不断涌现，正在全方位、多层次、立体化地加速农业的数字化进程。

1.推动生产模式优化升级，精细化农业生产全面展开

互联网企业纷纷加快布局，与农业企业合作推进基于大数据的智能化养殖，推动养殖业增产提质。例如，阿里云推出的"ET农业大脑"，已应用于四川特驱集团的猪场，通过采集、分析猪的体型、体温、进食、运动等多种数据，精准识别和控制各头猪的健康状况及运动强度，从而保障猪肉品质并及时预警疫情；京东农牧与中国农业大学、中国农业科学院等深入合作，利用物联网、大数据等技术实时、准确记录生产各环节的数据，实现了智能化、自动化、精细化养殖，显著降低了养殖成本，提升了生产效能。

2.促进农业信息广泛共享，科学化经营决策加速推广

近年来，政府、企业等加快构建各农业细分领域的大数据平台，通过对海量农业数据的采集、整合与发布，有效缓解了农业领域的信息不对称问题，越来越多的农民正基于农业大数据做出更加科学合理的经营决策。例如，农业农村部信息中心与九次方大数据共同开发的国家苹果大数据公共平台已正式上线，聚合了覆盖苹果全产业链的数据，通过数据挖掘、分析、建模及可视化展示技术，为苹果产业的各类生产经营主体提供数据支撑和决策支持。

3. 支撑农产品质量安全追溯，精准化农业监管广泛普及

国家农产品质量安全追溯平台已于 2017 年正式上线，实现了对追溯、监管、监测、执法等各类信息的集中管理，为公众快捷、实时查询农产品追溯信息提供了统一的查询入口。一方面，国家农产品质量安全追溯平台与省级平台对接，获取农产品生产过程的追溯信息，实现追溯管理到"田头"。另一方面，该平台与食药、商务等部门探索建立入市索取追溯凭证制度和系统对接模式，实现追溯管理到"餐桌"；通过开放与兼容，实现农产品全程可追溯，有效助力农产品质量安全监管效率提升。

4. 助力服务方式加快变革，便捷化农业服务多点推进

在农村金融服务方面，金融机构积极利用农业大数据建立健全农民征信体系，提高农业领域的金融风险把控能力，农业领域金融服务的门槛及成本不断降低。在农村物流服务方面，第三方平台广泛采集、深入挖掘运输需求、物流车辆等数据，基于大数据技术对农产品运输需求做出快速响应与精准匹配，农业物流服务愈加便捷高效。

（三）数据助力服务业新兴业态蓬勃发展

数据在服务业的应用不断向纵深拓展，在以金融、物流为代表的生产类服务领域，以零售、文体为代表的生活类服务领域正在形成智慧服务模式，服务供给规模、服务效率和质量水平明显提高，群众的获得感、幸福感不断增强。

1. 促进供需对接日益精准，零售行业优质供给不断增加

一是零售业门店运营管理优化。 零售企业充分利用零售大数据对经营管理进行调整并对门店及时指导，实现门店销售额增长。例如，永辉超市利用观远数据大数据分析平台，把从研发、采购到供应链再到会员等的所有板块业务数据融合打通，让员工通过大数据了解门店，提升各门店的精准化营销水平。

二是大型电商精准营销效果显著。 例如，京东通过对海量用户消费行为进行大数据建模，把来自消费者的真实需求挖掘出来提供给制造商，帮助制造商生产更符合消费者预期的产品。亿会员数据资源与各大品牌商共享，驱

动众多定制"爆款"家电诞生。

三是零售供应链效率大幅提高。零售企业通过大数据对供应链进行翔实的掌控，促进供应链的各个环节协同优化。例如，盒马鲜生通过大数据技术实现从供应链、仓储到配送的最优化匹配，成功将门店配送的时间缩减至 30 分钟以内。

四是垂直细分的专业化市场快速拓展。一些中小型电子商务网站利用大数据分析技术实现对消费者的实时和极端的细分，开拓"量体裁衣"的新市场。例如，酒仙网通过研究酒类商品消费者的年龄、地域分布等市场数据，准确掌握消费者的消费需求和心理，及时占领酒类商品销售这个垂直细分市场。

2. 大幅提升流通效率，物流成本有效降低

一是货源与运力之间实现精准匹配。基于大数据技术实现智能配货和智能找车，使运输资源的利用率得到提升。例如，运满满、货车帮通过大数据实现车货精准匹配，有效减少物流车辆的空载率，一年共节省了 860 亿元的燃油损耗，减少的碳排放量达千万吨级。

二是物流路线调度更加智能。物流公司通过大数据与人工智能技术实现智能车辆路径规划，实现物流运输路径最优化。例如，顺丰速运的智能路由分单服务可以为每个快递包裹找到最合适的路线规划，降低客服调度量 32% 以上，降低中转快件人工审核量 60% 以上，实现快递服务全程时效排名第一。

三是物流储运由被动响应走向主动感知。电商平台根据消费趋势大数据预知需求提前分仓布货，使消费者的订单在最短的距离和时间内送货上门。例如，阿里巴巴天猫运用大数据算法提前将产品配送到消费者集中的地区附近储存待售，使运输成本下降了 40%，当日达和次日达的比例超过 80%。

四是物流行业协同能力提升。互联网科技公司开展物流网络的平台服务，推动物流高效协同。例如，菜鸟网络利用大数据对全国包裹运输的拥堵情况进行预测，在 2018 年"双 11"网购高峰时期起到了核心的协调枢纽作用，在全行业单日快递业务量突破 10 亿件大关的物流洪峰下，杜绝了快递爆仓现象的发生。

第十一章
数字技术日新月异

数字经济是一种技术经济范式。数字技术作为具有通用性的技术，被广泛应用于经济社会的各行各业，成为数字经济的关键生产要素，是数字经济发展的核心驱动力。在如今数字经济发展的进程中，基于数字化、网络化的智能化时代全面来临，以5G、大数据、互联网、人工智能、云计算、区块链等为代表的新一代数字技术成为新的经济发展引擎，其在经济发展中的作用正快速演变为基础创新和创造的使能者，推动社会步入数字经济时代。

一、从人人互联到万物互联，大连接构筑新基础

（一）互联网迈入智能融合新阶段

1. 基本演化规律：从功能、连接到智能，从完美虚拟到虚实交融

"互联网"的未知远大于已知，创新空间无限，但互联网整体的发展演进也有其内在的逻辑规律，遵循特定演化轨迹，梳理还原互联网历史周期发展脉络，可以清晰地辨识并解释互联网正在发生的一系列重大变革与演进趋向。

互联网服务业发展历经前互联网时代、门户时代、搜索时代、Web2.0时代、移动互联网时代，在消费者需求升级的驱动下，互联网基础业务逻辑持续演化，不断重新定义互联网业务的发展阶段周期，实现从内容功能、业务获取、业务发现、叠加映射用户要素到以真实世界中的真实人为中心定义融合服务的历史跨越，而下一阶段的智能融合时代正在来临，虚拟/现实边界全面消失，精准的智能融合服务成为关键。与此同时，随动互联网发展周期演进，原有业务形态不断吸纳新周期的核心特质，实现同步业务进化。

从互联网各阶段周期的竞争本质来看，除前互联网时代聚焦于"内容/功能"外，"全面拓展/优化连接"成为贯穿各时代业务竞争的核心主线。空前繁荣的互联网业务，根据不同的逻辑关系通过信息流关联在一起，互相交织成一张复杂的业务网络，擘画出互联网业务的整体产业图景。

从表象上看，虚拟世界中互联网应用流量连接体现的是各种互联网业务间的组织逻辑关系，反映的是纷繁复杂的全体互联网业务借助应用间统一资源定位符（Uniform Resource Locator，URL）等流量交换方式构成的整体组织。从内核上看，虚拟世界中互联网应用流量连接图层实际上是内在的虚拟/真实融合世界中基础逻辑关系的映射外化展现，主节点体现的是互联网应用当时发展状态下的基础逻辑关系。每次周期递进都在引入该周期的核心要素特征，进而开拓新的主要逻辑关联的同时，推动进一步强化/优化催生出原有逻辑关联的新形态，这些新开拓、新升级的逻辑关联则外化为新周期下引领全球互联网应用产业发展竞争的战略业务平台。

从"聚焦内容/功能""聚焦链接"回归计算本源，进一步解放人脑的人工智能成为互联网探索的重心。工业革命的本质是机器替代人的体力，把人从体力劳动里解放出来；信息革命的本质是机器替代人的脑力，把人从越来越复杂的脑力劳动中解放出来。信息革命以计算机出现为发端，从大型机、小型机、个人计算机、移动智能终端、云计算到超级计算机，计算能力快速提升，应用场景不断拓展，机器的基于布尔代数的"初级"计算能力已远超人类，并以摩尔定律轨迹持续升级。互联网产业继而萌发，开启了"连接"时代。时至今日，全球移动互联网用户超过20亿人，增速显著趋缓，全球消费者与服务已被广泛连接，聚焦万物互联的物联网将成为下一步产业拓展连接的着力点。在当前的这个产业周期节点下，回归计算本源成为信息革命新一轮螺旋进化的必然逻辑。能部分替代人脑"高级"计算活动的人工智能，成为整个信息产业、特别是最为活跃的互联网产业下一步的探索着力点。智能服务成为互联网下一演进阶段周期的核心要义，随着机器学习技术快速进步，互联网正凭借不断接近人类智慧的人工智能，为全体互联网用户提供个性化、精准化、智能化服务，大幅提升业务体验，并在进一步协同智能硬件的基础上，重塑互联网的产业发展图景。

从虚拟与现实的关系上看，Web2.0时代开启了虚拟与现实世界的融合叠加进程，意图打造完美虚拟世界的模拟人生类互联网业务逐渐衰亡，互联网不是向一个更完美纯粹的虚拟世界演化，而成为与现实世界不断交融、叠加的融合空间。互联网以Web2.0时代为界被明确地划分为两大阶段，在此之前的互联网应用演进聚焦于虚拟世界服务的完善优化，而从Web2.0时代开始，互联网应用则开始打通现实世界，全面开启虚拟世界与真实世界的融合叠加进程。在Web2.0时代初期，真实世界的人的想法通过博客等创作协同形式汇聚于虚拟世界，而"六度理论"的引入随后开创了全新的社交时代，将人际关系全面映射到虚拟世界。移动互联网时代将虚拟与现实世界的融合叠加抬升到全新的高度。移动互联网周期到来后，真实的人、真实的环境、真实世界的服务三大要素进一步叠加融入虚拟世界。

在技术进步的驱动下，虚拟与现实的感知、交互、服务边界正在快速消失。虚拟世界的环境、生物感知能力快速进化，激光、红外、超声波等传感器的综合应用极大地提高了虚拟世界的三维环境感知能力，通过空间感知、计算机视觉、移动跟踪等技术的综合应用，使物理空间的感知精度与速度倍增，赋予虚拟世界精准感知环境的全新能力，给用户带来了更好的增强现实应用体验。指纹、心率、血糖血压等新型传感器正向移动消费电子产品加速渗透，虚拟世界将实时全面地获取用户的身体状态信息，实现对用户人体数据的全维感知。人机交互边界正在全面弥合，在机器学习技术的助力下，面向人与物体的精准图像识别理解技术的应用不断成熟，在 2015 年的 ImageNet 计算机视觉识别挑战赛中，微软以图像识别准确率 96.5% 超过比赛中人眼的 94.9%。人与虚拟世界间的"自然交互理解"已经成为全产业链的布局重点，将深度弥合虚拟与现实的感知边界。人类表达的关键——语言与动作，已被快速进步的自然语音识别与理解技术、手势体感两大技术驱动，逐步成为信息输向虚拟世界的重要渠道。特别是语音逐渐成为互联网业务的关键入口，全球科技企业纷纷布局智能聊天机器人、智能音箱领域；而面向人类信息获取主渠道——视觉的增强现实、虚拟现实技术更成为当前全球科技企业的竞争焦点，便携式的虚拟现实终端有望成为继移动智能终端之后重构互联网业务生态的下一代计算平台。虚拟与现实的服务边界快速消失，在多种形态智能硬件与"互联网 +"快速发展的背景下，虚拟与现实服务正在加速融合，全面重塑传统行业形态。新型自动售货设备、服务机器人等新型服务硬件层出不穷，互联网正与实体经济全面融合，深刻变革众多传统行业，催生出系列创新服务业态。

2. 智能融合时代：新型智能硬件与"智能互联网+"成为总体战略方向

"智能"与"融合"演化为新时期互联网发展的核心特征，全球互联网加速迈入智能融合新时代，精准满足真实世界中真实个体的需求，实现虚拟与现实无缝融合的智能化服务，成为新的基础业务逻辑。具备全维感知、自然交互、智能服务等特征的"新型智能硬件"，与具备自然交互、融合线下、智能服务等特征的"智能互联网+"，成为智能融合时代引领发展竞争的战略业务平台，定义了全球互联网产业的总体战略方向，原有的互联网业务面向智能融合要素特征全面升级演进。

在新型智能硬件方面，车联网已经成为国内外互联网产业的竞争热点，市场潜力巨大，汽车将成为继手机产业之后的第二大移动互联网入口，实现车内、车与人、车与车、车与路、车与服务平台的全方位网络连接。不仅如此，适用于家居、办公、城市管理领域的服务机器人与智能机械手臂日趋成熟，在模仿人类动作、表达人类情感、仿真人类手指精细动作等方面有显著进步，正以年均 40% 的增长率快速增长。在传统智能终端领域，谷歌在其开源安卓手机系统中加入机器学习功能，用卷积神经网络开发手机语音识别系统；华为等手机厂商进一步引入专门人工智能芯片，预留机器学习存储空间。传统智能手机产业正在快速吸纳新周期特征要素，实现升级演化。

在"智能互联网＋"方面，互联网企业正在依托自身的核心技术和产品，着力构建线上、线下深度融合的智能生态系统。互联网企业基于消费互联网积累的用户优势和数据资源，快速拓展物流、制造、医疗等产业互联网领域。阿里巴巴基于电子商务和云计算能力，为海尔、五矿等企业提供交易、物流、金融等服务，与中石化合作搭建石化专有云，倒逼接入淘工厂的服装企业发展柔性制造。腾讯推出觅影医学影像人工智能产品，通过机器筛查和医学影像分析，辅助诊断食管癌、糖尿病、肺癌等疾病，应用效果显著。不仅如此，互联网更进一步向物理实体门店延伸，继感知、交互、服务边界之后，线上与线下的服务载体也开始融合，进一步拓展了"融合"的概念范畴。

（二）5G 开启万物互联网新时代

1. 5G 技术开辟移动通信发展新时代

移动通信技术的代际跃迁使系统性能呈现指数级提升。从 1G 到 2G，移动通信技术完成了从模拟到数字的转变，在语音业务基础上，扩展支持低速数据业务。从 2G 到 3G，数据传输能力得到显著提升，峰值速率可达

2Mbit/s 至数十 Mbit/s，支持视频电话等移动多媒体业务。4G 的传输能力比 3G 又提升了一个数量级，峰值速率可达 100Mbit/s ～ 1Gbit/s。相较于 4G 技术，5G 以一种全新的网络架构，提供峰值 10Gbit/s 以上的带宽、毫秒级时延和超高密度连接，实现网络性能新的跃升，开启万物互联、带来无限遐想的新时代。

5G 移动通信技术提供了前所未有的用户体验和物联网连接能力。面向 2020 年及以后移动数据流量的爆炸式增长、物联网设备的海量连接，以及垂直行业应用的广泛需求，5G 移动通信技术在提升峰值速率、移动性、时延、频谱效率等传统指标的基础上，新增加用户体验速率、连接数密度、流量密度和能效 4 个关键能力指标。具体来看，5G 用户体验速率可达 100Mbit/s ～ 1Gbit/s，支持移动虚拟现实等极致业务体验；连接数密度可达 100 万个 / 平方千米，有效支持海量的物联网设备接入；流量密度可达 10Mbit/s/m^2，支持未来千倍以上移动业务流量增长；传输时延可达毫秒量级，满足车联网和工业控制的严苛要求。

2. 5G 网络构筑万物互联的基础设施

5G 网络引入 IT 化技术实现网络功能的灵活高效和智能配置。通过采用网络功能虚拟化（Network Function Virtualization，NFV）和软件定义网络（Software Defined Network，SDN）技术，进行网元功能分解、抽象和重构，5G 网络将形成由接入平面、控制平面和转发平面构成的 IT 化新型扁平平台。5G 网络平台可针对虚拟运营商、业务、用户甚至某种业务数据流的特定需求配置网络资源和功能，定制剪裁和编排管理相应的网络功能组件，形成各类"网络切片"，满足包括物联网在内的各种业务应用对 5G 网络的连接需求。集中化的控制平面则能够从全局视角出发，通过对地理位置、用户偏好、终端状态、网络上下文等信息的实时感知、分析和决策，实现数据驱动的智能化网络功能、资源分配和运营管理。

5G 网络的开放性使其成为普适性的网络基础设施。5G 网络将使用服务器、存储、交换机等通用性硬件，取代传统网络中专用的网元设备，由软件实现网元设备功能；同时，通过灵活的网络切片技术，实现多个行业和差异业务共享网络的能力，进一步提升网元设备的利用效率和集约运营程度。提供 API，对第三方开放基础网络能力，根据第三方的业务需求，实现按需定制和交互，尤其是引入移动边缘计算，通过与内容提供商和应用开发商的深度合作，在靠近移动用户侧就近提供内容分发服务，使应用、服务和内容部署在高度分布的环境中，更好地支持低时延和高带宽的业务需求。

3. 5G 应用加速经济社会数字化转型

数字化转型成为主要经济体的共同战略选择。当前，信息通信技术向各行各业融合渗透，经济社会各领域向数字化转型升级的趋势愈发明显。数字化的知识和信息已成为关键的生产要素，现代信息网络已成为与能源网、公路网、铁路网并列的、不可或缺的关键基础设施，信息通信技术的有效使用已成为效率提升和经济结构优化的重要推动力，在加速经济发展、提高现有产业劳动生产率、培育新市场和产业新增长点、实现包容性增长和可持续增长中正发挥着关键作用。依托新一代信息通信技术加快数字化转型成为主要经济体提振实体经济、加快经济复苏的共同战略选择。

5G 是数字化战略的先导领域。全球各国的数字经济战略均将 5G 作为优先发展的领域，力图超前研发和部署 5G 网络，普及 5G 应用，加快数字化转型的步伐。欧盟于 2016 年 7 月发布了《欧盟 5G 宣言——促进欧洲及时部署第五代移动通信网络》，将发展 5G 作为构建"单一数字市场"的关键举措，旨在使欧洲在 5G 网络的商用部署方面处于领先地位。英国于 2017 年 3 月发布了《下一代移动技术：英国 5G 战略》，从应用示范、监管转型、频谱规划、技术标准和安全等七大关键发展主题明确了 5G 发展举措，旨在尽早利用 5G 技术的潜在优势塑造服务大众的世界领先数字经济。韩国发布的《5G 国家战略》提出拟投入 1.6 万亿韩元（约合 14.3 亿美元），并于 2018 年平昌冬奥会期间由韩国电信开展了 5G 预商用试验。

5G 是经济社会数字化转型的关键使能器。未来，5G 与云计算、大数据、人工智能、虚拟增强现实等技术的深度融合，将连接人和万物，成为各行各业数字化转型的关键基础设施。一方面，5G 将为用户提供超高清视频、下一代社交网络、浸入式游戏等更加身临其境的业务体验，促进人类的交互方式再次升级。另一方面，5G 将支持海量的机器通信，以智慧城市、智能家居等为代表的典型应用场景与移动通信深度融合，预期千亿量级的设备将接入 5G 网络。更重要的是，5G 还将以其超高可靠性、超低时延的卓越性能，引爆车联网、移动医疗、工业互联网等垂直行业应用。总体上看，5G 的广泛应用将为"大众创业、万众创新"提供坚实支撑，助推制造强国、网络强国建设，使新一代移动通信成为引领国家数字化转型的通用目的技术。5G 的典型应用场景如图 11-1 所示。

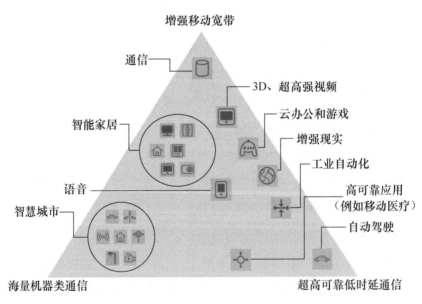

资料来源：ITU-R M.2083-0（2015）建议书

图 11-1　5G 的典型应用场景

二、从架构变迁到算法升级，智计算赋能新应用

（一）云计算持续高速变革

1. 云计算技术发展特点

（1）GPU 云化降低高性能计算使用门槛

计算多样化的时代，数据的爆炸愈演愈烈，人工智能、虚拟现实等技术的突飞猛进对高性能计算的需求陡然剧增，中央处理器（Central Processing Unit，CPU）性能增速放缓，由 CPU 和图形处理器（Graphics Processing Unit，GPU）构成的异构加速计算体系，成为整个计算领域的必然趋势，GPU 在高性能计算领域的作用愈发明显。

人工智能（Artificial Intelligence，AI）基础设施市场爆发，GPU 用量猛增。近几年，国家政策的导向与资本市场的推动造就了人工智能产业的快速发展，生态逐渐趋于完善，在一定程度上拉动了对基础设施的算力需求。GPU 服务器的超强并行计算能力与人工智能相得益彰，得到长足发展。根据 IDC 发布的《2017 年中国 AI 基础设施市场跟踪报告》，2017 年中国 GPU 服务器市场迎来爆发式增长，市场规模为 5.65 亿美元（约合 35 亿元人民币），同比增长 230.7%。

GPU 云化大幅缩减交付周期与使用成本，降低使用门槛。GPU 服务器发展势头强劲的同时也伴随着一些问题，服务器造价高昂、交付实施周期长、配置复杂等限制了 GPU 的使用范围。GPU 云化成为破解这个症结的有效方案，GPU 云主机可以实现小时级的快速交付，更及时地响应用户需求，通过灵活的计费模式实现真正的按需计费，降低了使用成本。GPU 云服务使GPU 的强大算力向更宽广的范围蔓延，深度赋能"产、学、研"领域。

GPU 云服务可针对不同应用场景优化配置，易用性大幅提升。中国信息通信研究院的可信云 GPU 评估结果显示，国内主流云服务商的 GPU 产品均针对特定的使用场景进行了优化，针对科学计算、图形渲染、机器学习、视频解

码等热门应用领域分别推出不同规格的实例，更加贴合应用的实际需求；预先集成的 GPU 加速框架，免除了纷繁复杂的配置工作。在中国信息通信研究院主办的首届中国高性能云计算创新大赛中，阿里云、腾讯云、中国电信、华为、百度、UCloud 等厂商的 GPU 云服务在机器学习、大型仿真、科学计算等场景应用方面性能表现出色。在物理 GPU 服务器上需要一周安装部署的应用，在 GPU 云主机环境下仅需要一两天便可以完成，大幅提升了部署效率。另外，据测算，这几家厂商的 GPU 云主机能够帮助用户平均降低 20% 左右的支出。

（2）服务网格开启微服务架构新阶段

微服务架构技术发展愈加成熟。微服务作为一种崭新的分布式应用解决方案在近两年获得迅猛发展。微服务是指将大型复杂软件应用拆分成多个简单应用，每个简单应用描述一个小业务，系统中的各个简单应用可被独立部署，各个应用之间是松耦合的，每个应用仅专注于完成一件任务并很好地完成该任务。相比传统的单体架构，微服务架构具有降低系统复杂度、独立部署、独立扩展、跨语言编程等特点。与此同时，在架构的灵活性、开发的敏捷性提升的同时带来了运维的挑战。应用的编排、服务间的通信成为微服务架构设计的关键因素。目前，在微服务技术架构实践中主要有侵入式架构和非侵入式架构两种实现形式。中国信息通信研究院制定的《分布式应用架构技术要求第一部分：微服务平台》也对这两种架构进行了详细的描述，并提出了相应的技术要求。

微服务架构行业应用深入，侵入式架构占据主流市场。微服务架构在行业生产中得到了越来越广泛的应用。例如，网飞公司已经有大规模生产级微服务的成功实践。而以 Spring Cloud 和 Dubbo 为代表的传统侵入式开发架构占据着微服务市场的主流地位。侵入式架构将流程组件与业务系统部署在一个应用中，实现业务系统内的工作流自动化。随着微服务架构在行业应用中的不断深入，其支持的业务量也在飞速发展，对于架构平台的要求也越来越高。由于侵入式架构本身的服务与通信组件互相依赖，当服务应用数量越来越多时，侵入式架构在服务间调用、服务发现、服务容错、服务部署、数据调用等服务治理层面将面临新的挑战。

服务网格推动微服务架构进入新时代。服务网格是一种非侵入式架构，负责应用之间的网络调用、限流、熔断和监控，可以保证应用的调用请求在复杂的微服务应用拓扑中可靠地穿梭。服务网格通常由一系列轻量级的网络代理组成（通常被称为"SideCar 模式"），与应用程序部署在一起，但应用程序不需要知道它们的存在。服务网格通过服务发现、路由、负载均衡、健康检查和可观察性来辅助流量管理。自 2017 年年初第一代服务网格架构 Linkerd 公开使用之后，Envoy、Conduit 等新框架如雨后春笋般不断涌现。2018 年年初，谷歌、IBM 和来福车联合开发的项目 Istio 的发布，标志着服务网格带领微服务架构进入新的时代。

（3）无服务架构助力企业应用开发函数模块化

近年来，互联网服务从最早的物理服务器托管、虚拟机、容器，发展到如今的函数即服务（Function as a Service，FaaS），即无服务架构。无服务架构是一种特殊类型的软件体系结构，在没有可见的进程、操作系统、服务器或者虚拟机的环境中执行应用逻辑，这样的环境实际上运行在操作系统之上，后端使用物理服务器或者虚拟机。它是一种"代码碎片化"的软件架构范式，通过函数提供服务。函数即一个可以在容器内运行的小的代码包，提供的是相比微服务更加细小的程序单元。具体的事件会唤醒函数，当事件处理后完成调用，代码消失。

2014 年，业务流程管理开发平台推出首个业界云函数服务 Lambda。随后几年，各大云计算厂商相继推出自己的云函数服务，不同厂商的函数计算服务所支持的编程语言和函数触发的事件源各有不同。随着无服务架构的兴起，越来越多的开源项目例如 OpenWhisk、OpenFaaS、Kuberless 等开始参与其中，并凭借各自的特点影响着无服务架构的技术走向。

无服务架构将服务器与应用解耦，降低了运维成本，带动了规模经济效益。

无服务架构的横向伸缩是完全自动化高弹性的，由于只调用很小的代码包，调用和释放的速度更快了，用户只需为自身需要的计算能力付费，计费粒度可细化至秒级。服务器部署、存储和数据库相关的所有复杂性工作都交由服务商处理，软件开发人员只需专注于与核心业务相关的开发工作，更有效地贯彻敏捷开发理念。同时，服务商运营管理着预定义的应用进程甚至是程序逻辑，当同时共用同一服务的用户达到一定量级时，将会带来较大的规模经济效益。

无服务架构促进持续部署成为新常态。无服务架构可以用来实现业务灵活性的持续部署。通过全自动化的基础设施堆栈的配置和代码部署，让任何并入主干中的代码更改都自动升级到包括生产环境在内的所有环境，可以对任何环境进行应用或回滚变更。当前主流技术架构下的持续部署对许多公司仍旧难以实现，无服务技术可以有效弥补用户运维水平的不足，将持续部署带来的红利惠及更广的范围。

无服务架构打破了以往的惯性思维，并提供了一个极具成本效益的服务模式。无服务架构仅有两年的历史，目前仍处于起步阶段。但在未来，这个领域还会有更大的进步，它将带来软件开发和应用程序部署的一种全新体验。

（4）IT 运维进入敏捷时代，智能化运维尚处起步阶段

IT 运维从基础运维向平台运维、应用运维转型升级。随着云计算的发展，IT 系统变得越发复杂，运维对象开始由运维物理硬件的稳定性和可靠性演变为能够自动化部署应用、快速创建和复制资源模板、动态扩缩容系统部署、实时监控程序状态，以保证业务持续稳定运行的敏捷运维。同时，开发、测试、运维等部门的工作方式由传统瀑布模式向研发运营一体化（Development 和 Operations 的组合词，DevOps）模式转变。从软件的生命周期来看，第一阶段开发侧需运用敏捷实践处理内部的效率问题；第二阶段需基于持续集成构建持续交付，解决测试团队、运维上线的低效问题；第三阶段的持续反馈需使用可重复、可靠的流程进行部署，监控并验证运营质量，放大反馈回路，使组织及时地对问题做出反应并持续优化更改，以提高软件的交付质量，加快软件的发布速度。

DevOps 提升软件生命周期效率。DevOps 被定义为一组过程、方法与系统的统称，强调优化开发（Development，Dev）、质量保障（Quality Assurance，QA）、运维（Operations，Ops）部门之间的沟通合作，解决运维人员人工干预较多、实时性差等痛点，变被动运维为主动运维，通过高度自动化工具链打通软件产品交付过程，使软件构建、测试、发布更加快捷、频繁和可靠。中国信息通信研究院的 DevOps 能力成熟度评估结果显示，金融机构核心业务仍以集中式管理方式为主，但外围业务已经开始或已经使用了分布式架构，自动化、智能化运维推动金融行业的业务创新。而运营商向云化转型则更注重对云管理平台的需求，如能够支持资源的动态分配和调度、业务监控、故障分析预警、数据库监控以及日常运维的全流程。随着非结构化数据数量的激增，运营商通过数据挖掘和分析技术提升客户满意度和业务效率是未来的发展目标。DevOps 实践贯穿软件全生命周期，提升了传统行业的整体效率。

智能化运维将成为未来发展趋势。DevOps 拉通了运维管理体系，海量数据计算、存储、应用和安全等多种需求出现，运维需要借助先进的自动化运维管理模式来实现大体量下的系统管理。在大数据技术的背景下，智能运维（Artificial Intelligence for IT Operations，AIOps）被提出。AIOps 是将人工智能应用于运维领域，通过机器学习的方式对采集的运维数据（日志、监控信息、应用信息等）做出分析、决策，从而达到运维系统的整体目标。目前，AIOps 主要围绕质量保障、成本管理和效率提升 3 个方面逐步构建智能化运维场景。在质量保障方面，AIOps 保障现网稳定运行，将其细分为异常检测、故障诊断、故障预测、故障自愈等基本场景；在成本管理方面，将其细分为指标监控、异常检测、资源优化、容量规划、性能优化等基本场景；在效率方面，将其细分为智能预测、智能变更、智能问答、智能决策等基本场景。AIOps 虽然在互联网、金融等行业有所应用，但仍处于发展初期，未来智能化运维将成为数据分析应用的新增长点和发展趋势。

（5）云网融合加速网络结构深刻变革

云网融合已经成为信息与通信技术发展的趋势。伴随着互联网进入大流量、广互联时代，业务需求和技术创新并行驱动，加速网络架构发生深刻变革。云和网高度协同，不再各自独立。云计算业务的开展需要强大的网络能力的支撑，网络资源的优化同样要借鉴云计算的理念。随着云计算业务的不断落地，网络基础设施需要更好地适应云计算应用的需求，更好地优化网络结构，以确保网络的灵活性、智能性和可运维性。

云间互联是云网融合的一个典型场景。以云间互联为目标的网络部署需求日益旺盛。随着云计算产业的成熟和业务的多样化，企业可以根据自身业务需求和实际成本情况选择不同的云服务商提供的云服务，这也形成了丰富的云间互联业务场景，例如公有云内部互通、混合云和跨云服务商的公有云互通。中国信息通信研究院的混合云评估结果显示，当前混合云的组网技术主要以 VPN 和专线为主，而 SD-WAN 由于其快速开通、灵活弹性、按需付费等特性也逐渐被人们关注。在云间互联场景下，云网融合的趋势逐渐由"互联"向"云 + 网 +ICT 服务"和"云 + 网 + 应用"过渡，云间互联只是过程，最终目的是达成云网和实际业务的高度融合，包括服务资源的动态调整、计算资源的合理分配、定制化的业务互通等。

云网融合的另一个场景是电信云。电信云基于虚拟化、云计算等技术实现电信业务云化，基于 NFV、SDN 实现网络功能自动配置和灵活调度，基于管理与编排实现业务、资源和网络的协同管理和调度。电信云与云间互联不同，它更关注运营商网络的云化转型，包括核心网、接入网、传输网、业务控制中心等在内的多个层面的网元都可以以云化的方式部署，最终实现运营商网络的软化和云化。

2.云计算行业应用情况

（1）云计算在金融行业的应用

《国务院关于积极推进"互联网 +"行动的指导意见》中明确指出，"互联网＋普惠金融"是重点行业推进方向，鼓励金融机构利用云计算、移动互联网、大数据等技术手段加快金融产品和服务创新。越来越多的金融企业认识到，只有与云计算结合，才能更好地支持业务发展和创新。目前的"金融云"市场主要有两个发展方向：**一种是以往从事金融服务的传统 IT 企业，开始利用云的手段改造传统业务，实现自身的"互联网化"转型；另一种是互联网云计算企业借助自身的技术优势，积极向金融行业拓展。**

满足业务快速部署并符合监管部门要求是金融行业使用云计算的主要关注点。相关调查显示，近九成的金融机构已经应用云计算技术。其中，缩短应用部署时间、节约成本和业务升级不中断成为金融机构使用云计算的主要考量。银行作为传统的金融机构，在业务需求、安全需求、政策符合性考虑等方面具有明显的行业特色；同时，在利用云计算技术提高银行系统信息化管理能力、有效增强业务竞争能力方面有着更高的要求。中国信息通信研究院结合可信云服务评估方法和银行机构特点，制定了《可信金融云服务（银行类）能力要求参考指南》和《可信金融云服务（银行类）第 1 部分：场景需求与总体框架》等系列标准，从企业属性、风险管理、服务协议、技术实力、服务保障等方面提出要求，为银行上金融云选择可信的云服务提供依据，为面向银行类客户提供金融云服务的单位提供参考。

金融行业上云现状可概括为两个方面。一是互联网金融和辅助性业务优先上云。互联网金融系统包含消费金融等相关业务，由于其系统是新建的，历史包袱相对较轻，并且天然的互联网业务特性也比较适用于云计算相关技术；另外，其属于辅助性业务，系统的安全等级较低。二是不同类型的金融机构对云计算的应用路径存在较大差异，例如，大型银行由于传统信息化基础设施投入大、有专职技术部门、安全要求更加谨慎等原因，一般选择沿用采购软硬件产品自行搭建私有云并独立运维，而中小银行由于"缺钱少人"等原因，一般不会选择私有云部署模型，而更倾于向选择行业云。

（2）云计算在工业行业的应用

2017 年，国务院发布《关于深化"互联网 + 先进制造业"发展工业互联网的指导意见》，指出工业互联网作为新一代信息技术与制造业深度融合的产物，日益成为新工业革命的关键支撑和深化"互联网 + 先进制造业"的重要基石，对未来的工业发展具有全方位、深层次、革命性的影响。工业互联网通过系统构建网络、平台、安全三大功能体系，打造人、机、物全面互联的新型网络基础设施，形成智能化发展的新兴业态和应用模式，是推进制造强国和网络强国建设的重要基础，是全面建成小康社会和建设社会主义现代化强国的有力支撑。

实现边缘层与云端协同发展是工业云发展的关键。工业云平台体系结构可分为边缘层、基础设施即服务（Infrastructure as a Service，IaaS）层、工业平台即服务（Platform as a Service，PaaS）层和工业软件即服务（Software as a Service，SaaS）层。边缘层包括设备接入、协议解析、边缘数据处理，IaaS 层构建工业云平台基础设施，PaaS 层构建可扩展的开放式云操作系统，SaaS 层则形成工业云平台的最终价值。工业云平台承担自动化与 IT 对接的使命，工业网关在连接边缘层和云端方面起着至关重要的作用。

以云计算技术为基础建设的工业云正在如火如荼地开展。2013 年，工业和信息化部确定在北京、天津、河北、内蒙古、黑龙江、上海、江苏、浙江、山东、河南、湖北、广东、重庆、贵州、青海、宁夏等 16 个省（自治区、直辖市）开展首批工业云创新服务试点。自 2014 年起，各地政府主导的工业云平台也相继建立起来。例如，北京工业云服务平台涵盖云设计、云制造、云协同、云资源等六大服务模块，提供企业设计、制造、营销等多种工具和服务，帮助企业解决研发效率低、产品设计周期长等多个方面的问题。此外，各企业也在积极拓展工业云布局，向社会提供工业云服务。

工业云在未来的发展中，将进一步与工业物联网、工业大数据、人工智能等技术融合，深化在工业研发设计、生产制造、市场营销、售后服务等产品全生命周期、产业链全流程各环节的应用，迎来工业领域的全面升级。

（3）云计算在轨道交通行业的应用

随着城市的快速发展，轨道交通行业已进入经营组织化、运输专业化、发展规模化的关键时期，同时也面临诸如交通治理、能源短缺等一系列问题，轨道交通信息化已成为国家信息化的重要布局。

当前轨道交通行业的核心生产系统上云率偏低，存在较大的发展空间。轨道交通服务具有对象广泛、领域分散、信息量巨大、处理复杂多变等行业特点，传统信息化系统难以提供一种灵活、快速、易扩展的服务方式。在"互联网 +"时代，轨道交通行业信息化建设若要取得长足进步，必须首先突破上述传统信息系统的种种瓶颈。云计算技术具有虚拟化、弹性可扩展的计算能力以及按需购买等特点，是解决轨道交通行业传统信息化问题的一柄利器，因此需要云计算技术为轨道交通服务提供应用平台和推广渠道。现阶段，轨道交通行业的核心生产系统上云难度仍较大，上云率偏低，信号系统、UPS 系统、传输系统、环境与设备监控系统等均不具备上云条件。未来，在克服实施难度大、安全性差等一系列问题后，轨道交通行业上云将迎来爆发式增长。

（二）人工智能加速布局完善

1. 人工智能技术产业生态

当前人工智能理论和技术日益成熟，应用范围不断扩大，产业正在逐步形成、不断丰富，相应的商业模式也在持续演进和多元化。人工智能技术产业生态从下到上，分为软硬件支撑层、产品层和应用层。

（1）软硬件支撑层

该层包括了硬件和软件平台。其中，硬件主要包括 CPU、GPU 等通用芯片，深度学习、类脑等人工智能芯片，以及传感器、存储器等感知存储硬件，主导厂商主要为云计算服务提供商、传统芯片厂商以及新兴人工智能芯片厂商。软件平台可细分为开放平台、应用软件等，开放平台层主要指面向开发者的机器学习开发及基础功能框架，例如，TensorFlow 开源开发框架、百度 PaddlePaddle 开源深度学习平台以及科大讯飞、腾讯、阿里巴巴等公司的技术开放平台；应用软件主要包括计算机视觉、自然语言处理、人机交互等软件工具以及应用这些工具开发的相关应用软件。

核心器件多元化创新，带动 AI 计算产业发展。GPU、数字信号处理（Digital Signal Processing，DSP）、现场可编程逻辑门阵列（Field Programmable Gate Array，FPGA）、ASIC、类脑等人工智能芯片创新频繁，支撑云侧、端侧 AI 的计算需求。AI 计算产业快速发展，尤其是云端深度学习计算平台的需求正在快速释放。以英伟达（NVIDIA）、谷歌、英特尔为首的国外企业加快各类 AI 技术创新，我国寒武纪、深鉴科技等企业也在跟进。

关键平台逐步形成，这是产业竞争的焦点。优势企业如谷歌、亚马逊、Facebook 加快部署机器学习、深度学习底层平台，建立产业事实标准。目前业内已有近 40 个各类 AI 学习框架，生态竞争异常激烈。典型企业如科大讯飞、商汤科技利用技术优势建设开放技术平台，为开发者提供 AI 开发环境，建设上层应用生态。

（2）产品层

产品层包括基础产品和复合产品。其中，基础产品又包括基础语言处理产品、知识图谱产品、计算机视觉产品、人机交互产品 4 类，是人工智能底层的技术产品，是人工智能终端产品和行业解决方案的基础。复合产品可看作人工智能终端产品，是人工智能技术的载体，目前主要包括可穿戴产品、机器人、无人车、智能音箱、智能摄像头、特征识别设备等终端及配套软件。

人工智能产品形式多样，已涵盖听觉、视觉、触觉、认知等多种形态。无论是基础产品还是复合产品，都能够支持处理文字、语音、图像、感知等多种输入或输出形式，产品形式多样，例如语音识别、机器翻译、人脸识别、体感交互等。全球互联网企业积极布局各产品领域，加强各类产品 AI 技术创新，有效支撑各种应用场景。

（3）应用层

应用层指人工智能技术向各领域渗透，形成"人工智能＋"的行业应用终端、系统及配套软件，然后切入各种场景，为用户提供个性化、精准化、智能化服务，深度赋能医疗、交通、金融、零售、教育、家居、农业、制造、网络安全、人力资源、安防等领域。

人工智能应用领域没有专业限制。人工智能产品与生产生活的各个领域融合，对于改善传统环节流程、提高效率、提升效能、降低成本等起到了巨大的推动作用，大幅提升业务体验，有效提升各领域的智能化水平，给传统领域带来了变革。

2. 人工智能各领域应用发展现状

（1）人工智能赋能医疗各环节能效初显

近年来，随着医疗数据数字化的深入、深度神经网络学习算法的突破以及芯片计算能力的提升，人工智能在医疗领域的应用掀起第二次浪潮，已渗透到疾病风险预测、医疗影像、辅助诊疗、虚拟助手、健康管理、医药研发、医院管理、医保控费等环节，并取得初步成效。

统一标准、开放平台，推动人工智能与医疗深度融合。微软、亚马逊、谷歌、IBM、甲骨文和软件营销部队（Salesforce）在 2018 年 8 月中旬联合宣布将逐步开放标准，并通过云和人工智能技术打破医疗互操作的技术障碍，挖掘医疗数据潜力，以更低的成本取得更好的效果；谷歌在 2018 年 7 月举办的 Google Cloud Next 大会上透漏，人工智能产品 AutoML 的注册用户已经超过 1.8 万家，其中超过 10%[1] 的用户来自医疗和生命医学行业，有效推动了用户在医疗影像辅助检测以及及时检测预警中风、哮喘、婴儿猝死综合征方面的创新。百度、阿里巴巴、腾讯 3 家互联网企业利用自身的平台特点与优势布局推动人工智能在医疗领域的发展。例如，具备 AI 医学图像分析

1　数据来源："Google Cloud Next 2018"会议宣传材料。

和 AI 辅助诊疗两项核心能力的腾讯觅影入选科技部首批国家人工智能开放创新平台，2018 年 6 月 AI 辅诊引擎接口开放，加速与医院的医院信息系统（Hospital Information System，HIS）融合。

聚焦合作伙伴，实现医疗影像应用重点突破。医学 AI 技术研发公司希氏异构从北京迁到成都，专注于与某家医院深度合作，建立成果共享机制，充分调动医生的积极性，同时获取稳定、安全数据。通过分析近 20 万份的病例数据，双方联合研制出国际第一台 AI 消化内镜样机，其对息肉、肿瘤和静脉曲张的初期诊断准确率分别为 92.7%、93.9% 和 96.8%[2]，并进行持续迭代优化，迈出了消化内镜 AI 技术本地化、设备化的关键一步。

通过 AI 赋能，提升传统医疗器械服务水平。通用电器、西门子、飞利浦以及中国的联影、迈瑞、鱼跃等医疗器械用品制造公司凭借临床经验和数字化、AI 等技术，在已有的医疗设备产品的基础上不断推出整合的解决方案，以更低的成本为人们提供更好的健康保障和医疗关护。例如，飞利浦全球有超半数的研发人员专注于软件开发，其中大部分研究员同时从事人工智能研究，未来飞利浦大部分产品将基于人工智能技术，相继发布肿瘤疾病、胸痛／脑卒中、睡眠呼吸疾病、监护系统等整体解决方案。

（2）智能教育加速推进教育教学创新

当前人工智能、大数据等技术迅猛发展，教育智能化成为教育领域发展的方向。智能教育正在改变现有的教学方式，解放教师资源，对教育理念与教育生态产生深刻变革。当前全球主要发达国家均加速推进教育教学创新，积极探索教育新模式，开发教育新产品。

在改变现有教学方式方面：一是实现教学成果智能测评，提升教学质量，利用人工智能技术对数字化、标准化的教师教学行为与学生学习情况进行测试、分析与评价，帮助师生快速精准定位教学问题，实现有针对性的科

2　数据来源：华西医院官网。

学教学；二是构建个性化的学习系统，激发学生自主学习的动力，教育企业通过探索学生学习特点，建立知识画像，推送有针对性的教学内容，进一步激发学生的自主学习意愿。2017 年 4 月，澳大利亚自主教学平台 Smart Sparrow 获得 400 万美元融资，其教育模式得到市场初步认可。2014 年，美国自适应教育人机大战数据显示，自主教学平台有效提升学生的学习效果，学生及格率平均提升 10%，新知识获取时间平均缩短 44%，国内猿题库、疯狂老师、作业盒子等互联网教育企业正在逐步推出类似功能。

在解放教师资源方面，一是实现作业智能批改，降低教师教学负担，借助图像识别与语义分析技术的持续革新，学生作业自动批改能力已初步实现。中国信息通信研究院移动互联网应用服务监测平台数据显示，截至 2018 年 4 月，提供作业自动批改功能的移动应用已有 95 家，主要聚集在小学速算领域，其中爱作业应用日活用户数超过 20 万，日均处理作业 50 万份；二是拓展学生课后学习途径，分担教师的教学压力。教育企业通过构建课后习题库并结合图像识别技术，对学生上传的题目进行快速识别，即时反馈答案与解题思路。伦敦教育机构 Whizz Education 构建了与课堂教学进度高度一致的课后学习系统，通过在线语音互动方式，对学生进行课后辅导与答疑。

（3）智能交通提升城市管理水平

随着全球经济高速发展，城市化进程不断加快，机动车保有量增长，道路交通运输量不断增加，各种交通问题凸显，发展智能交通可完善政府管理，改善用户体验，促进城市发展。

在交通管理方面，一是实时分析城市交通流量，缩短车辆等待时间，人工智能驱动的智能交通信号系统以雷达传感器和摄像头监控交通状况，利用人工智能算法决定灯色转换时间，通过人工智能和交通控制理论融合应用，优化城市道路网络中的交通流量；二是用大数据分析公众资源数据，合理建设交通设施，用人工智能算法根据城市民众出行偏好、生活、消费等习惯，分析城市人流、车流迁移及城市公众资源情况，基于大数据分析结果，为政府的城市规划提供决策，特别是为建设公共交通基础设施提供指导；三是实时检测车辆，提高执法效率，通过整合图像处理、模式识别等技术，实现对监控路段的机动车道、非机动车道进行全天候实时监控。前端卡口处理系统对所拍摄的图像进行分析，获取号牌号码、号牌颜色、车身颜色、车标、车辆子品牌等数据，并连同车辆的通过时间、地点、行驶方向等信息通过计算机网络传输到卡口系统控制中心的数据库中进行数据存储、查询、比对等处理，当发现肇事逃逸、违规或可疑车辆时，系统自动拦截并向相关人员发出报警信号。

在车主体验方面，一是汽车辅助驾驶和无人驾驶，车辆辅助安全驾驶系统如车载传感器、车载计算机、控制执行等，车辆通过车载传感器测定与周围车辆、道路设施及周边环境的距离，以便在紧急情况下做出各类安全保障措施，车辆自动驾驶系统可实现在行驶过程中自动导向、自动检测及回避障碍物；二是智慧停车，国内斑马智慧停车和上汽集团合作开发的中国首款互联网汽车荣威 RX5，可以实现智能泊车、车位状态获取、安全驾驶等功能。

（4）人工智能拓展金融服务广度和深度

人工智能已被广泛应用到银行、投资、信贷、保险、监管等多个金融业务场景。目前，传统金融机构、大型互联网公司和人工智能公司纷纷布局金融领域，智慧银行、智能投顾、智能投研、智能信贷、智能保险和智能监管是当前人工智能在金融领域的主要应用，分别适用于银行运营、投资理财、信贷、保险和监管等业务场景，但整体来看人工智能在金融领域的应用尚不成熟。应用在金融领域的人工智能相关技术主要包括机器学习、生物识别、自然语言处理、语音识别和知识图谱等技术。目前的应用仍处于起步阶段，大部分是人机结合式的，人工智能应用对金融业务主要起辅助性作用。但金融业务场景和技术应用场景具有很强的创新潜力，长远来看，在智能投顾应用、智能风控应用、智能金融客服应用等方面可能会对行业产生颠覆性影响。

智能投顾应用。智能投顾主要是指根据个人投资者提供的风险偏好、投资收益要求以及投资风格等信息，运用智能算法技术、投资组合优化理论模型，为用户提供投资决策信息的参考，并随着金融市场的动态变化对资产组合及配置提供改进建议。智能投顾不仅在投资配置和交易执行能力上可以超越人类，还可以帮助投资者克服情绪上的弱点。中国工商银行、中国银行等国有银行也纷纷推出智能投顾服务。伴随着人工智能神经网络、决策树技术的不断迭代创新和发展，智能投顾在金融业中将进一步得到应用和发展。

智能风控应用。人工智能技术在智能风控方面的应用发展较快，随着互联网金融的快速发展，例如蚂蚁金服、京东金融等不少金融机构和互联网金融公司大力发展智能信贷服务。智能风控主要依托高纬度的大数据和人工智能技术对金融风险进行及时有效的识别、预警和防范。金融机构通过人工智能等现代科技手段对目标用户的网络行为数据、授权数据、交易数据等进行行为建模和画像分析，开展风险评估分析和跟踪，进而推测融资的风险点。根据某些可能影响借款人还贷能力的行为特征的先验概率推算出后验概率，金融机构能够对借款人的还贷能力进行实时监控，有助于减少坏账损失。

智能金融客服应用。对于处在服务业价值链高端的金融业而言，人工智能技术将对金融领域中的服务渠道、服务方式、风险管理、授信融资、投资决策等方面带来深刻的变革式影响，成为金融行业沟通客户、发现客户需求的重要决定因素。目前，交通银行、平安保险等金融机构已经开始运用人工智能技术开展自然语言处理、语音识别、声纹识别，为远程客户咨询和办理业务等提供有效的技术支持，这不仅有效响应了客户要求，而且减轻了人工服务的压力，有效降低了从事金融服务的各类机构的运营成本。

三、从集中记账到分布信任，区块链孕育新模式

（一）区块链技术集成创新

1. 架构方面，公有链和联盟链融合持续演进

联盟链是区块链现阶段的重要落地方式，但联盟链不具备公有链的可扩

展性、匿名性和社区激励。随着应用场景日趋复杂，公有链和联盟链的架构模式开始融合，出现公有链在底层面向大众、联盟链在上层面向企业的混合架构模式，结合钱包、交易所等入口，形成一种新的技术生态。例如，在公有链中选取验证节点时，共识算法层面存在 PoS 不确定性高、PoW 资源消耗严重、PBFT 无法支持大量节点进行共识等问题，Algorand 算法[3] 通过密码学的方法，从大量节点中选出少量节点，再用 PBFT 算法在少量节点之间达成共识的方式，为公有链和联盟链的混合架构提供了可能。

2. 部署方面，区块链即服务加速应用落地

区块链与云计算结合，将有效降低区块链的部署成本。一方面，预配置的网络、通用的分布式账本架构、相似的身份管理、分布式商业监控系统底层逻辑、相似的节点连接逻辑等被模块化、抽象成区块链服务，向外支撑起不同客户的上层应用。用云计算快速搭建的区块链服务可以快速验证概念和模型的可行性。另一方面，云计算按使用量收费，利用已有的基础服务设施或根据实际需求做适应性调整，可实现应用开发流程加速，降低部署成本，满足未来区块链生态系统中的初创企业、学术机构、开源组织、联盟和金融机构等对区块链应用的服务需求。

在云计算当前主要提供的 3 种服务（IaaS、PaaS、SaaS）的基础之上，区块链与云计算结合发展出区块链即服务（Blockchain as a Service，BaaS）。BaaS 服务供应商旨在为用户提供更好的区块链服务，因此 BaaS 服务商比区块链底层技术提供商更注重与垂直行业的对接，提供合理的智能合约模板、良好的账户体系管理、良好的资源管理工具、定制化的数据分析和报表系统。

现阶段，在后台数据存储、应用数据分析、移动终端、应用发布、信息识别等方面都有 BaaS 服务供应商的支撑。以云计算平台为依托，区块链开发者可以专注于将区块链技术应用到不同的业务场景，帮助用户更高效地构建区块

---

3 Algorand 共识算法由图灵奖获得者希尔维奥·米卡利（Silvio Micali）教授提出。

链服务，同时推动自有产业转型升级，为客户创造全新的产品、业务和商业模式。

3. 性能方面，跨链及高性能的需求日益凸显

让价值跨过链和链之间的障碍进行直接流通是区块链日益凸显的需求之一。跨链技术使区块链适用于场景复杂的行业，以实现多个区块链之间的数字资产转移，例如金融质押、资产证券化等。目前主流的跨链技术包括公证人机制（Notary Schemes）、侧链／中继（Sidechains/Relays）和哈希锁定（Hash-locking）。为了提高区块链系统的吞吐量，区块链技术和学术专家提出多种高性能方案。

第一类高性能方案是改变以块链式拓扑结构为基础进行交易的有向无环图（Directed Acyclic Graph，DAG）。 在这种拓扑结构下，交易请求发起后，广播全网确认形成交易网络，无打包流程，交易可以从网络中剥离出来或者合并回去。基于 DAG 的设计没有区块的概念，扩容不受区块大小的限制，可伸缩性取决于网络带宽、CPU 处理速度和存储容量的限制[4]。这种拓扑结构可以应对安全问题、高并发问题、可扩展性问题和数据增长问题，适应小额支付场景。

第二类高性能方案是改变共识策略，通过减少一次参与共识的节点数量以提高吞吐量。 在这类方案中，为了提高性能，尽量在不影响安全的前提下减少参与共识的节点数，用算法控制一次参与共识的节点不被提前预知。虽然这种方案可以提高性能，但保证安全性的策略实现起来难度较大。

第三类高性能方案是通过提高系统的横向扩展能力来提高系统的整体吞吐量，代表有分片、子链、多通道等技术。 对于这类技术，片区内、子链内、通道内需要保持数据同步，片区间、子链间、通道间则是异步的。分

---

4 "IoTA 白皮书"中首次提出了缠结（Tangle）区块链，它是一种有向无环图（DAG），但其架构不仅存在"双花"的风险，还存在伪造数字签名的风险。字节雪球（Byteball）为了解决"双花"问题，在 IoTA 的 DAG 的基础上，提出了主链（Mainchain）的概念，并通过见证人的方式实现了主链选择算法，有效地解决了 DAG 的双花问题。

片技术（Sharding）是把整个 P2P 网络中的节点分为若干相对独立的片区，以实现系统水平扩展。在分片的情况下，通过把交易导引至不同节点，使多个网络片区并行分担验证交易的工作。目前的分片策略包括网络分片（Network Sharding）、交易分片（Transaction Sharding）和计算分片（Computational Sharding）。子链技术是在主链上派生出来的具有独立功能的区块链，子链的存在依赖于主链，并且可以定义自己的共识方式和执行模块。通过定义不同的子链，系统的可扩展性、可用性和性能均得到提高。多通道技术是系统中多个节点组成一个通道，每个节点也可以加入不同的通道，通道之间互相隔离，通过锚节点互相通信。多通道技术可以消除网络瓶颈，提高系统的可扩展性。

4. 共识方面，共识机制从单一向混合方式演变

共识机制在区块链中处于核心地位，决定了谁有记账的权利，以及记账权利的选择过程和理由，因此一直是区块链技术研究的重点。常见的共识机制包括 PoW、PoS、DPoS、拜占庭容错等，根据适用场景的不同，这些机制呈现出不同的优势和劣势。单一共识机制均有缺陷，例如，PoS 依赖代币且安全性脆弱，PoW 非终局且能耗较高。为提高效率，需要在安全性、可靠性、开放性等方面进行取舍。区块链正在呈现出根据场景切换共识机制的趋势，并且将从单一的共识机制向多类混合的共识机制演进，运行过程中支持共识机制动态可配置，并且系统可以根据当前的需要自动选择相符的共识机制。

5. 合约方面，可插拔、易用性、安全性成为发展重点

智能合约应用是否丰富，取决于智能合约自身及其所在区块链对于智能合约应用的支撑能力，而智能合约的开发和执行效率则取决于开发语言和执行虚拟机。在目前的生态系统中，智能合约的开发语言不够规范，为了适应智能合约，需要创造新的合约语言或为现有语言增加形式更为严格的规范和校验。智能合约在轻量级的执行环境中将实现快速的启动时间和较高的执行

效率。智能合约的发展方向包括以下几点。

可插拔的执行环境架构。默认的执行环境应该不提供持久化存储，让合约默认是一种类似于微服务的无状态函数，从而直接进行并发处理。

明示化的调用关系。只提供静态调用的功能，从而使程序的调用关系可以在运行它之前就整理清楚。

可链外存储的合约代码。通过链上存储散列值、链外存储合约代码实现存储空间的扩展。

低耦合度的设计。降低合约语言、执行环境、区块链之间的耦合度，提高智能合约系统的通用性。

完整安全的防护体系。包括代码定型与发布时的验证与检查，节点在执行合约中的动态验证，合约执行完毕的合理性判断，相关利益方的申诉机制与自动判决技术。

（二）区块链产业逐渐成熟

1. 区块链技术创新日趋活跃

越来越多的国外公司开始加入区块链源代码的开发和贡献，GitHub 平台的数据显示，从 2010 年各家公司开发的区块链项目占所有项目的比例不超过 1%，到 2017 年各家公司开发的区块链项目占比达到 11%，形成了围绕以太坊（Ethereum）、超级账本（Hyperledger）、瑞波（Ripple）等多个核心开源平台的公司及个人合作开发生态。同时，国际上多个区块链行业联盟也应运而生，例如，R3 区块链联盟（Corda）、Linux 基金会支持的超级账本 Hyperledger 区块链联盟、企业级以太坊联盟（EEA）等。

在开源代码方面，美国围绕跨链技术、多方可信计算、可信预言机、数字身份、隐私保护、智能合约语言等在全球开源社区引领技术走向。中国自主技术平台不多，超过 90% 的区块链技术平台是使用国外开源技术（例如超级账本、以太坊）的产品或者衍生产品。

在专利申请方面，我国在区块链领域的专利申请数量已居全球首位。根据对 Incopat 平台数据的整理分析，截至 2018 年 7 月，全球区块链相关专利申请量达到 3731 件，2017 年区块链专利申请量较 2016 年增长 87%。在几项共识算法中，PoW 算法研发最早，专利申请量多于其他算法。从地区分布来看，美国在加密货币、智能合约、PoW 算法领域的专利申请量较多。我国在智能合约领域的专利申请量最多。

在科研方面，国外研究更加重视核心问题的技术突破，而国内更加关注区块链应用的业务场景。国外主流的院校围绕性能、技术、应用等多个视角涌现了一批学术机构项目团队，"产、学、研"一体化的形式形成良性的循环"造血"能力。在国内方面，除部分行业机构开展区块链训练营、区块链总裁班等以科普、应用为主题的教育工作外，各个高校也逐步在区块链领域发力。中央财经大学于 2016 年 7 月设立了国内第一个区块链实验室，并开设区块链相关课程。2018 年 4 月，西安电子科技大学开设《区块链技术原理与开发实战》课程，同期浙江大学计算机学院开设区块链研究中心。目前我国在关键技术、核心问题方面仍缺少系统性研究，尚未形成"产、学、研、用"联动的学术生态。

2. 区块链标准体系加速构建

世界经济论坛的调查报告预测，7 年后全球 GDP 总量的 10% 将基于区块链技术保存。为推动区块链行业良性发展，多个国际组织纷纷积极探索区块链标准体系的建设。2017 年 2 月国际电信联盟标准化部门（ITU-T）决定启动分布式账本服务需求（F.DLS）标准研究，2017 年 5 月成立了 ITU-T FG DLT 焦点组，2018 年 7 月 ITU-T SG16 全会成立了新的研究课题分布式账本技术和电子服务（Distributed Ledger Technologies and E-services，Q22）。中国是 ITU-T 区块链标准研究的主要贡献者，中国信息通信研究院等单位牵头设立的区块链需求、参考架构、评测基准等 4 项国际标准得到世界各国的积极支持。国际标准化组织（International Organization for Standardization，ISO）也于 2016 年 9 月成立了区块链和分布式记账技术委员会（ISO/TC 307），主要工作是制定区块链和分布式记账技术领域的国际标准，以及与其他国际性组织合作研究区块链和分布式记账技术领域的标准化相关问题。此外，万维网联盟（World Wide Web Consortium，W3C）、电气和电子工程师协会（Institute of Electrical and Electronics Engineers，IEEE）、国际互联网工程任务组（The Internet Engineering Task Force，IETF）等组织也在积极关注区块链的标准化问题。

区块链技术标准将成为加速推动整个区块链产业发展的突破口。当前，我国正在积极推动区块链产业的透明度，构建包含可信区块链标准在内的标准化体系建设。经过长期的跟踪研究，结合在云计算、大数据等方面已有的标准化思路，中国信息通信研究院提出了国内首个可信区块链系列标准，在中国通信标准化协会（China Communications Standards Association，CCSA）启动两项行业标准。目前已经发布 3 个可信区块链评测标准，同时正在开发 TrustedBench 区块链基准测试工具。可信区块链评测标准包含 19 类指标和 95 个评测点，涵盖功能、性能、安全等方面。2018 年 4 月，中国信息通信研究院联合 158 家单位发起"可信区块链推进计划"，共同推动区块链技术研发与应用落地，促进行业良性发展。

第十二章
信息通信基础设施

信息通信基础设施是指为提供语音、文字、数据、图像以及其他任何形式信息服务所建设的发射、接收、传送、处理设施及其支持环境，主要包括移动通信网、宽带接入网、城域和骨干网、卫星通信等网络设施，以及依托网络基础设施提供多种应用服务的互联网数据中心、内容分发网络、云计算基础设施等应用基础设施。随着技术的进步和应用场景的丰富，信息通信基础设施还包括物联网、工业互联网、车联网等网络设施。当前，数字浪潮席卷全球，经济社会数字化转型成为大势所趋。信息通信基础设施在经济社会发展大局中的战略性、基础性、先导性作用日益凸显，已经成为新时代经济社会高质量发展的战略基石。

一、我国信息通信基础设施发展面临的形势及要求

（一）信息通信基础设施发展的国际形势

在数字浪潮中，世界各国高度重视信息通信技术创新、数字经济发展和网络安全保障，构建高速率、全覆盖、智能化的新一代网络设施已成为各国把握数字机遇、实现创新发展的战略先导。当前，主要国家正在加快调整和

制定新的网络设施国家计划，大幅提升宽带发展目标，不断强化政策支持，为未来 10 年乃至更长时期的网络发展谋篇布局。

一是重视战略引导和规划布局，加强战略统筹和部门协调。对于新技术和新兴产业方向，发达国家能够及时制定战略规划，明确发展目标和实施路径。美、欧、日等发达国家和地区近年来紧密围绕信息技术产业和网络空间竞争的关键领域，制定和发布了宽带网络、网络空间安全、大数据、云计算等发展战略，明确支持发展的重点方向，统筹协调行业发展布局规划、重大政策和资源优化配置，明确国家整体网络发展方向。

二是各主要国家加快 5G 商用进程，努力争夺新一代通信技术领域制高点。各国政府积极为无线宽带业务分配更多的频谱资源，加快 700MHz 等数字红利频谱的释放、分配与使用。2018 年 10 月，美国运营商 Verizon 宣布启动 5G 商用服务；12 月，AT&T 也宣布在美国 12 个城市正式商用 5G。韩国于 12 月开始 5G 商用。目前，美国、韩国、意大利等国家的运营商已经推出 5G 商用服务。

三是重视网络基础设施能力升级，全面建成千兆网络成为各国新的发展目标。各国不断深化对信息通信基础设施重要性的认识，积极提升宽带服务标准，纷纷出台高速宽带支持政策，加大普遍服务支持力度，以实现城乡普惠服务为目标，以推动经济增长的核心领域为优先部署方向，光纤宽带和移动宽带同步推进，宽带网络、云计算、物联网设施统筹发展，制定新的发展路线和行动计划，强化政策和资源支持，加大政府与企业协同合作，加快构建新一代信息基础设施。目前，全球超过 150 个国家的政府已经通过了国家宽带计划。美国、欧盟、日本、韩国等对宽带建设提出更高的目标，将建设和普及千兆网络作为未来 10 年促进国家经济发展、提升国家综合竞争力的优先战略举措。例如，德国的"数字战略 2025"致力于发展千兆网络社会，让每个人都能享受到超高速宽带，到 2025 年在全德国建成具有千兆能力的融合基础设施。又如，美国将宽带标准提升至 25Mbit/s，企业层面已打响"千兆战争"：谷歌光纤千兆服务已覆盖堪萨斯、奥斯汀等城市；AT&T千兆宽带已覆盖美国15个大都市逾160万个地区。

四是推进空天互联网部署实现全球宽带无缝覆盖。 欧美和大型互联网企业正在加强空间技术研发，探索构建新型的空间互联网平台，目前初步形成低轨卫星星座、无人机、热气球等浮空瓶体，以及高通量宽带卫星等多种模式，通过天地一体化协同提升宽带互联网普及，实现全球覆盖和全球服务。美国SpaceX、OneWeb、Facebook等科技公司已经开始布局卫星互联网相关业务。

五是全球物联网部署呈现重点突破态势。 物联网成为实现制造业智能化变革和重塑国家竞争优势的关键技术基础，发达国家加强物联网战略统筹和资金支持，把工业物联网、车联网等作为新一轮部署焦点，全球生态构建和产业布局加速展开。美国政府投入大量的资金持续支持物联网应用试验平台以及先进传感器、控制器等物联网相关技术产业发展，发放无人驾驶汽车许可，在工业制造领域把以物联网技术为根基的网络物理系统（CPS）列为扶持重点。

（二）我国高质量发展阶段基础设施发展要求

党的十九大报告提出，我国经济已由高速增长阶段转向高质量发展阶段。信息通信基础设施的高质量发展就是要建设能够有力支撑经济高质量发展，能够满足经济发展方式转变、经济结构转型升级、区域城乡协调发展、打造环境友好型经济等相关要求的信息通信网络。具体来看，信息通信基础设施的高质量发展体现在以下5个方面。

一是创新驱动。 加强新一代光通信、移动通信、卫星通信、量子通信技术的研发和应用，不断提升传输、接入、互联互通等网络各环节的服务能力和供给水平。促进物联感知、云计算、大数据、内容分发网络、人工智能等技术与网络的融合发展，推动网络设施向集感知、传输、存储、计算、处理于一体的智能化综合信息基础设施演进。

二是协调发展。深入推进电信普遍服务的相关工作，持续扩大信息通信基础设施的覆盖范围和供给能力。加大对中西部地区网络建设的扶持力度，提高网络性能和用户访问体验，实现城乡区域信息基础设施协调发展。加强卫星互联网等空间网络设施建设，推动陆地网络和空间网络互补共进。

三是绿色低碳。加强绿色节能技术应用推广，优化网络结构和数据中心布局，提升风电、太阳能、水电、核电等新能源占比，降低信息通信基础设施的碳排放。加强行业资源、社会资源共建共享，减少网络重复建设，降低网络建设成本，提升资源配置效率。

四是全民共享。坚持以人民为中心，着力缩小数字鸿沟，促进全社会信息化水平的整体提升，让亿万人民共享信息网络发展成果，用得上、用得起、用得好信息服务。灵活便捷地满足其他行业、领域发展的要求，引领实体经济向"数字化、网络化、智能化"转型升级。

五是开放共赢。凝聚共识，形成合力，引导和鼓励各行各业参与网络建设。围绕"一带一路"统筹信息基础设施的全球布局，加强跨境信息通道建设和海外网络设施部署，提升全球辐射能力，努力做到"国家利益在哪里，信息基础设施就延伸到哪里"。

（三）基础设施推动信息社会融合发展的方向及要求

网络信息技术正在以前所未有的广度和深度，引发经济社会多方位、全领域、深层次的重大创新和根本变革，持续开辟出新的发展空间。网络信息技术与实体经济深度融合，不断催生新模式、新业态、新应用，有力推动着传统产业转型升级和新兴产业发展壮大，正在引发影响深远的产业变革。网络信息技术全面融入人们的社会交往和日常生活，成为人们基本生活空间和主要生活方式，促进集体协作、扁平多元、广泛参与的网络社会加速形成，深刻改变社会组织与运行方式。网络信息技术还在加速重构社会治理模式，推动政府决策科学化、社会治理精准化、公共服务高效化，持续提升国家治理现代化水平。

从信息通信技术发展趋势和产业界需求来看，信息通信基础设施未来要向以下 4 个方向发展。

一是高速畅通。当前，高清视频、虚拟现实、大数据传输等新业务和新应用对宽带网络速率的需求不断上升，例如，4K 视频需要至少 30Mbit/s 的网速支持，8K 视频则需要 200Mbit/s ～ 800Mbit/s 的网速支持。传统行业的数字化和网络化进程也在不断加快，大中型制造企业对网络连接带宽特别是时延的需求越来越高，以工业控制、车联网、无人驾驶等为代表的典型新兴应用场景，要求为用户提供毫秒级的端到端时延。

二是移动泛在。数字经济时代快速到来，推动传统行业加速从线下向线上迁移，物联网的发展让越来越多的机器设备和日常用品配备传感器和无线芯片，人与人、人与机器、机器与机器之间的广泛互联正在成为现实。这些不同类型的联网设备不仅要求网络具备超千亿连接的支持能力、满足 100 万 $/km^2$ 的连接数密度指标要求，而且还要保证终端的超低功耗和超低成本。

三是安全可靠。随着互联网与制造、能源、电力等领域融合发展，近几年针对工业基础设施的攻击行为逐年增高，攻击手段日益复杂，攻击危害逐渐加大，网络攻击威胁将成为无法回避的问题[1]。构建健全完善的网络基础设施安全防护体系，提升网络基础设施对高强度持续性攻击的抵御能力，加强网络基础设施的数据安全保障能力是建设安全可靠网络基础设施的必要条件，也是数字化时代确保人身安全、财产安全、产业安全乃至国家安全的重中之重。

四是成本低廉。一方面，从用户使用看，网络流量迅猛增长客观上要求降低网络单位使用成本。从全球来看，数据流量每两年增长一倍；2015 年我国移动互联网接入流量同比增长高达 103%，固定宽带接入的时长也同比增长了 20.7%[2]。另一方面，从宏观经济看，网络使用成本下降将有力地刺

1　国家互联网应急中心（CNCERT）《2014 年我国互联网网络安全态势报告》。

2　数据来源：工业和信息化部《2015 年通信运营业统计公报》。

激宽带普及，促进跨地域、跨时空的经济协作，提高劳动生产率。欧盟研究表明，宽带可以帮助制造业和服务业分别提升 5% 和 10% 的劳动生产率，帮助金融与信息业提升 20% 的劳动生产率。

专栏 12-1　智慧城市建设对基础设施要求

在智慧城市中，信息基础设施支持的应用场景包括五大方面：

第一，智慧市政，例如水、电、气、热等基础设施的智能管理；

第二，智慧交通，例如交通信息、应急调度、智能停车等领域；

第三，智慧环境，例如水、空气、土壤等实时监测控制；

第四，智慧物流，例如集装箱等物流资源的跟踪与监测控制；

第五，智慧家居，例如家居安防等设备的智能化管理与控制。

以上五大方面对信息基础设施提出以下相关要求：

第一，宽带化，移动互联网的宽带发展紧紧跟随传统互联网，人们可以随时随地地利用移动终端实现宽带接入；

第二，泛在，建立无所不在的通信网络；

第三，安全，智慧城市枢纽建立在信息系统之上，其中的电子政务、智慧交通等都对安全性提出了更高要求；

第四，支持大连接，以实现万物互联。

二、我国信息通信基础设施发展现状

（一）网络供给能力显著增强

固定宽带网络全面迈入光纤时代。目前，我国光纤宽带网络已实现全国城市地区的普遍覆盖，在近几年电信普遍服务试点工作的推动下，全国超过 98% 的行政村实现光纤通达，提前完成国家"十三五"规划目标，部分地区已逐渐开始将光纤网络向自然村延伸。中国固定宽带光纤端口总数及渗透率情况如图 12-1 所示。

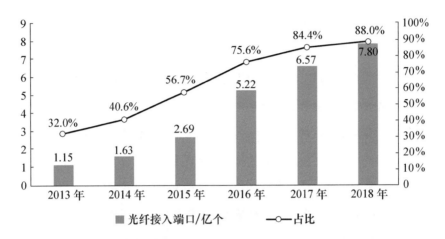

数据来源：工业和信息化部

图 12-1　中国固定宽带光纤端口总数及渗透率情况

4G 网络建设实现后发赶超。2013 年 12 月，我国发放第四代移动通信（4G）牌照，比发达国家晚 3 ～ 5 年。三家基础电信企业加快建设 4G 网络，用短短两年多的时间就建成了全球最大的 4G 网络。截至 2018 年，全国 4G 基站数达 372 万个，占移动通信基站总数的 57%，4G 网络实现了全国所有乡镇以上的连续覆盖、行政村的热点覆盖，以及高铁、地铁、重点景区的全覆盖。中国 3G/4G 基站建设情况如图 12-2 所示。

100G 引领骨干传送网建设。经过长期的建设和完善，我国省际与省内干线网络的网络架构布局基本完善，除了海南等个别省份外，多数省份具备 3 个或以上的省际出口方向。我国光传送网关键技术研究和部署与国际先进水平基本同步，目前已形成覆盖全国的 WDM/OTN 骨干网，100Gbit/s 网络规模全球领先。当前 100G 波分复用系统仍是干线和本地骨干主流应用技术，依然主导运营商骨干传送网建设，我国传输网网络技术和能力扩展基本适应我国互联网流量的快速增长。

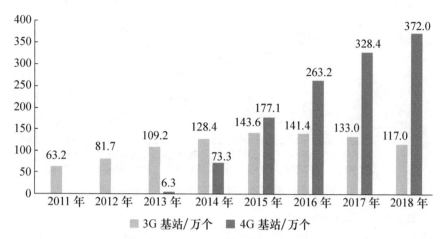

数据来源：工业和信息化部

图 12-2　中国 3G/4G 基站建设情况

国际网络初步覆盖全球。 国际互联网出入口建设和扩容是关系我国国际互联网访问质量的关键因素之一。国际互联网出入口带宽持续增长，国际海缆和跨境陆缆建设积极推进。3 家基础电信企业在登陆国际海缆上拥有的容量共计 29.1Tbit/s，整体利用率达到 47%。同时，我国已与俄罗斯、哈萨克斯坦、巴基斯坦、越南、缅甸等 12 个周边国家建立跨境陆地光缆系统。海外 POP 点作为我国通信网络的境外延伸，实现国际业务在境外落地、由海外路由疏导，截至 2018 年 6 月底，我国在亚洲、非洲、欧洲、北美洲、南美洲和大洋洲的 32 个国家 / 地区总共部署了 119 个海外POP 点。2013—2018 年中国国际互联网出入口带宽增长情况如图 12-3所示。

（二）宽带网络性能大幅改善

固定宽带接入速率迈入 100Mbit/s 时代。光纤网络的部署到位，为我国宽带用户接入速率提升准备了基础条件。中国 20Mbit/s 及以上、50Mbit/s及以上、100Mbit/s 及以上宽带用户占比如图 12-4 所示。

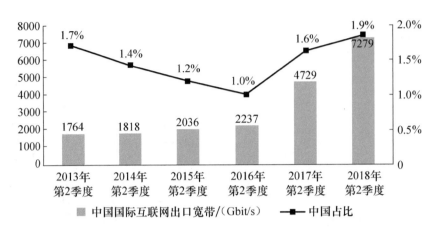

数据来源：工业和信息化部

图 12-3 2013—2018 年中国国际互联网出入口带宽增长情况

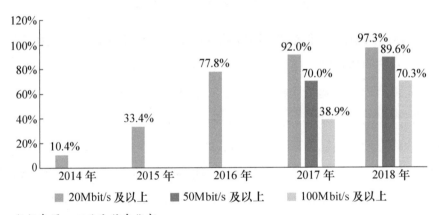

数据来源：工业和信息化部

图 12-4 中国 20Mbit/s 及以上、50Mbit/s 及以上、100Mbit/s 及以上宽带用户占比

用户上网实际体验速率大幅提升。中国固定宽带用户平均可用下载速率和中国 4G 用户平均下载速率季度对比情况如图 12-5 和图 12-6 所示。

单位：Mbit/s

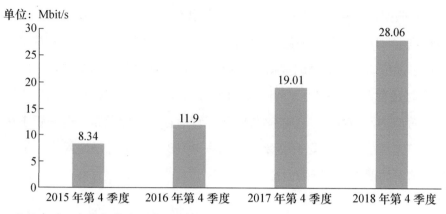

数据来源：宽带发展联盟（BDA）

图 12-5 中国固定宽带用户平均可用下载速率

单位：Mbit/s

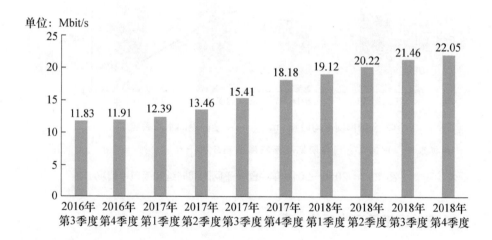

数据来源：宽带发展联盟（BDA）

图 12-6 中国 4G 用户平均下载速率季度对比情况[3]

---

3 自 2016 年第三季度开始发布我国 4G 网络平均下载速率数据。

互联网骨干网网间互联组织架构持续优化。 中国信息通信研究院监测的数据显示，网间时延和丢包率性能持续优化。网内性能与国际基本持平。中国信息通信研究院监测的数据和 keynote 网站数据显示，我国骨干网网内平均时延优于 AT&T、Verizon、Sprint、Cogent、Savvis、NTT 等国际运营商的网络性能，丢包率与国际运营商存在一定差距，但差距正在缩小，整体性能基本与国际持平。2015—2018 年中国骨干网网间时延和丢包率情况如图 12-7 所示。

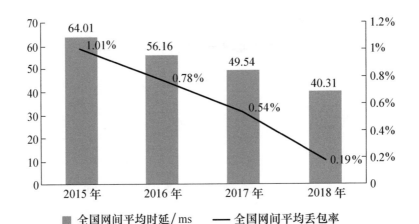

数据来源：中国信息通信研究院互联网监测分析平台

图 12-7 2015—2018 年中国骨干网网间时延和丢包率情况

（三）宽带普及水平快速攀升

互联网普及率提前完成"十三五"规划目标。 中国固定宽带用户发展情况与国际对比如图 12-8 所示。

普及率与发达国家的差距持续缩小。 在固定宽带方面，国际对比看，自 2015 年网络提速降费工作开展以来，我国固定宽带人口普及率与 OECD 35 个发达国家的平均宽带人口普及率之间的差距加速缩小。在移动宽带方面，我国移动宽带用户普及率与 OECD 国家平均水平的差距由 2017 年年底的 19.6 个百分点缩小到 2018 年年底的 10.8 个百分点。中国固定宽带用户发展情况与国际对比如图 12-9 所示。

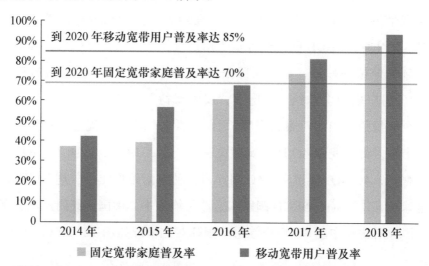

数据来源：工业和信息化部、宽带发展联盟

图 12-8　中国固定宽带用户发展情况与国际对比

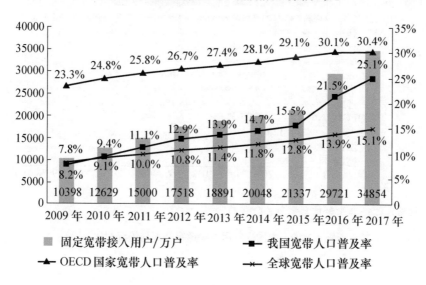

数据来源：工业和信息化部、OECD、Point Topic

图 12-9　中国固定宽带用户发展情况与国际对比

高质量用户渗透率全球领先。光纤宽带用户占比世界居首。固定宽带网络光纤化进程加速推进，2018年，我国光纤宽带用户达3.68亿户，占固定宽带用户总数比重达到90.4%，在全球各国中已经稳居首位。截至2017年12月，OECD国家光纤宽带用户占比平均仅为23.4%，其中长期处于领先地位的韩国、日本两国分别为76.8%和76.7%，已明显低于我国。4G用户规模全球第一。随着"双卡双待"手机快速普及，3家基础电信企业纷纷推出"不限量套餐""大流量卡"等多种优惠套餐争夺用户第二卡槽，带动我国4G用户实现快速增长。2018年，我国4G用户达到11.7亿户，4G用户渗透率（4G用户占移动电话用户比例）达74.7%，排名全球前五，远高于OECD国家和全球平均水平。中国光纤用户渗透率情况与国际对比和中国4G用户渗透率国际对比情况如图12-10和图12-11所示。

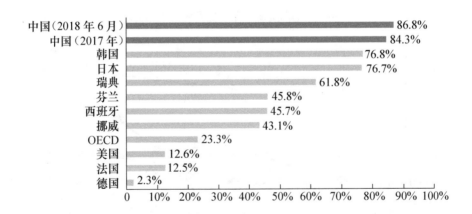

数据来源：工业和信息化部、OECD

图12-10　中国光纤用户渗透率情况与国际对比

数据来源：工业和信息化部、OECD、GSMA

图 12-11 中国 4G 用户渗透率国际对比情况

（四）网络协调发展成效显著

农村地区宽带网络快速改善。截至 2018 年年底，我国行政村通光纤比例达到 98%，贫困村通宽带比例超过 97%，已提前实现国家"十三五"规划提出的宽带网络覆盖 90% 以上贫困村的目标；我国农村固定宽带接入端口中光纤到户端口数占比达 93%，优于城市地区 83% 的水平；北京、天津、上海、江苏、浙江、安徽、山东、河南、广东、重庆、云南等省（市）行政村通光纤比例达到 100%。在电信普遍服务前三批试点光纤网络建设全面完工之际，为补齐农村和偏远地区电信普遍服务短板，工业和信息化部和财政部提出了深化电信普遍服务"升级版"方案，即从 2018 年开始，试点将支持农村及偏远地区的 4G 网络覆盖，重点支持行政村、边疆地区和海岛地区的 4G 网络基站建设，目前行政村 4G 网络通达比例达到 95%。

卫星通信网络部署取得积极进展。我国陆地网络经过近 10 年的发展，从网络技术、网络覆盖、应用情况等来看，都已经进入全球领先行列，但我国空间网络设施整体技术水平和全球服务能力相对落后，应用场景少，全球化布局还不完善。随着"中星 16 号"和"天通一号 01 星"的投入使用，我国在高通量宽带卫星、移动通信卫星等方面都取得突破。**"中星16号"填补高通量宽带卫星空白。**"中星16号"是中国自主建设的第一颗高通量宽带卫星，于2017年4月12日发射，总带宽30Gbit/s，超过了中国在轨通信卫星容量总和，标志着中国卫星通信进入高通量时代。在轨测试期间，"中星16号"卫星已经开始在远程教育、互联网接入及新闻音视频采集回传等领域进行示范应用推广，其中在甘肃省舟曲县、四川省雷波县、云南省彝良县的15个教学点开展了"利用高通量宽带卫星实现学校（教学点）网络全覆盖试点项目"，有效解决了这些学校因位置偏僻、受地理条件限制而无法宽带上网的问题，促进了边远地区学校教育信息化的建设。2018年1月23日"中星16号"在轨交付，正式投入使用。后续，中国还将部署新一代多波束宽带通信卫星，形成覆盖中国全境以及亚太地区的高通量卫星通信网，通信容量接近200Gbit/s，能够有力满足"宽带中国"和"一带一路"倡议对宽带通信的迫切需求。**"天通一号01星"实现自主移动通信卫星零突破。**中国自主移动通信卫星起步较晚，静止轨道S波段"天通一号01星"发射成功，标志着中国自主移动通信卫星系统正式运行。"天通一号01星"覆盖区域主要为中国及周边、中东、非洲等相关地区以及太平洋、印度洋大部分海域，可为个人通信、海洋运输、远洋渔业、航空救援、旅游科考等多个领域提供全天候、全天时、稳定可靠的移动通信服务，支持语音、短消息和数据业务传输。目前，"天通一号01星"已经在青海等省开始商用，面向应急通信、野外作业、野外及海洋物联网应用等从业人员开放，提供语音通话、短信收发功能。中国还将发射多颗"天通一号卫星"，形成对太平洋中东部、印度洋海域及"一带一路"区域的常态化覆盖。**低轨宽带星座系统开始起步。**我国已有一系列计划项目在逐步开展中，我国航天科技集团、航天科工集团等国有企业，以及部分民营企业也开展了系统规划论证和技术攻关工作，提出了多种设计方案，期望满足我国不同类型、不同用户群体的应用需求。典型系统包括航天科技集团的"鸿雁"低轨星座，以及航天科工集团的"虹云"低轨星座，系统建成后将提供覆盖全球的互联网业务。

（五）应用基础设施快速发展

数据中心和云计算设施进入发展上升阶段。我国多方入手完善数据中心发展的政策环境，持续引导数据中心资源布局优化。结合先进制造、智慧城市建设等需求驱动，许多地方政府都以工业云、政务云为切入点，加快构建公共服务云平台，大力推进"企业上云"，将信息系统向云平台迁移。数据中心和云平台已经形成多方投入、共促发展的局面。我国龙头企业不断加快数据中心及云计算资源的全球化布局。中国电信最早启动全球化扩张，在中国境内拥有 400 多个数据中心，在境外拥有 13 个自有数据中心和超过 300 个合作数据中心机房，与全球 80 多家运营商开展合作，数据中心遍布亚太、北美和 EMEA（欧洲、中东和非洲）地区；阿里云也在全球部署数据中心及云计算平台设施，业务拓展至亚太、北美、中东、欧洲等地，形成对全球主要互联网市场的覆盖。

内容分发网络（Content Delivery Network，CDN）在市场竞争中加速发展。随着互联网、移动互联网流量的爆发式增长，尤其是来自视频以及云计算的高速增长，我国 CDN 市场潜力逐渐释放，市场增长率保持在 35% 以上。国内 CDN 市场众多企业纷争，竞争日趋白热化。随着我国监管加强，2016 年 12 月，工业和信息化部向网宿科技和阿里云正式发放 CDN 业务经营许可证，从此我国 CDN 产业正式进入牌照时代。

三、信息通信基础设施与实体经济融合发展

世界银行将宽带的作用与公路、铁路、电力等相提并论，我国也将信息基础设施视为面向信息社会的战略性公共基础设施，与能源电力、交通运输、环境水利等基础设施一样，是国民经济各项事业发展的基础。随着信息通信

技术的融合渗透，信息基础设施更加迅速、更加广泛、更加深入地改变着经济社会，其相对地位逐渐高于其他基础设施，并成为其他基础设施智能化转型的重要支撑。

（一）信息基础设施与传统基础设施共建共享

信息通信基础设施共建共享是减少重复建设、降低整体建设成本、提升企业投资效益、推进节能减排的重要举措。自 2008 年工业和信息化部和国务院国有资产监督管理委员会联合下发《关于推进电信基础设施共建共享的紧急通知》开始，两部委每年都出台电信基础设施共建共享指导意见，我国电信基础设施共建共享机制不断完善，并通过建立考核体系，相关措施和要求得到较好的落实，同地点新建铁塔、同路由新建杆路现象大幅减少，新增铁塔、杆路基本实现共建，其他电信基础设施共建共享的比例也在逐年提高。通过推进电信基础设施共建共享机制，有效提升了整个行业的建设效率，减少了企业的建设负担。

（二）车联网产业生态不断完善

车联网发展的热点聚焦网联化和智能化，并由单车智能逐步转向多车协同，以及"智慧的车"与"智慧的路"协同发展，这对车联网技术创新和产品研发提出了新的发展需求。汽车电子、V2X 无线通信、多接入边缘计算、云平台以及安全等为车联网网联化、智能化、协同化发展提供了坚实的技术基础。近年来，全球汽车产业快速增长，汽车电子成为产业增长的重要引擎，通过人机交互、汽车功能提升等方式提升驾驶体验。此外，自动驾驶等协同应用成为汽车电子发展的重要方向。V2X 无线通信技术旨在将"人—车—路—云"等交通参与要素有机地联系在一起，不仅可以为交通安全和效率类应用提供通信基础，还可以将车辆与其他车辆、行人、路侧设施等交通元素有机结合，弥补了单车智能的不足，推动了协同式应用服务的发展。多接入边缘计算可以有效解决未来网络高带宽、低时延、高可靠的需求以及大规模终端连接等要求，支持多种终端接入方式，有效提升道路的智能化水平。云平台能够为未来的协同交通体系提供统一的数据采集、智能决策及控制执行等基础支撑，继而将整个车联网要素连接成一个整体。车联网安全形势紧迫，需要在车载终端安全、数据交互安全、平台信息安全、隐私保护等方面开展关键技术攻关及产品研制，形成贯穿于车联网"端—管—云"全链条的综合安全体系。

一是传统汽车产业积极拥抱人工智能和信息通信技术，渐进式推动自动驾驶发展。传统汽车厂商在资金体量、汽车制造设计上具有明显的优势，也有成熟的供应销售链和生产线，商业化落地也更容易被消费者接受。但传统汽车因需要考虑产品销量利润的保障与技术研发推进之间的有效平衡，多数采取了由 L1 至 L5 逐级商业化产品和直接进入 L3/L4 级技术产品发展的并行发展策略。

二是新兴汽车企业与互联网公司成为汽车智能化增速发展的引擎。新兴汽车企业在汽车增值方面有更多的尝试空间，"软件定义汽车"和"生活方式改变出行"是新兴汽车企业最为突出的发展思路。伴随着共享成为未来汽车行业的发展趋势，出行服务商通过云端的智能调度能力以及运营自动驾驶汽车带来的低成本优势，有望彻底改变传统的汽车消费模式。互联网公司凭借其在人工智能基础技术研发、大数据分析等方面的既有优势，积极布局自动驾驶领域。

三是传统汽车厂商与互联网企业、科技企业强强联合，构建互联网汽车生态体系。传统汽车厂商、信息通信企业、互联网企业意识到自动驾驶技术、应用以及商业模式的发展是一个长期演进的过程，产业的跨界合作得到一致认可，强强合作的产业联盟是这种趋势下的最佳选择，自动驾驶领域逐渐形成多方参与、竞争合作的复杂生态体系。为推进智能网联汽车创新发展，实现信息通信企业、整车厂商的跨界合作，2018 年国汽（北京）智能网联汽车研究院有限公司成立，股东包含领域内具有显著创新能力和投资实力的 20 余家龙头企业，致力于智能网联汽车工程和技术研究与试验发展等工作。

（三）消费物联网应用热点迭起

消费物联网经历了单品、入口、交互等多个"风口"，通过数年来产业界的努力，物联网不再仅限于对家庭和个人提供消费升级的一些新产品，而是已经开始对人们的衣、食、住、行等方面产生作用，在一定程度上体现出物联网改变生活的效应。

智能音箱爆红成为智能家居场景中最佳交互终端。与以往智能家居依靠手机、平板或面板的交互方式相比，智能音箱进一步解放了人们的双手，使智能音箱成为消费物联网中的一大"爆品"。各大互联网厂商对此非常积极，谷歌推出 Google Home，亚马逊推出 Echo，阿里巴巴推出天猫精灵，小米推出小爱音箱，百度推出小度音箱等。

全屋智能带来居住环境体验的进一步提升。智能家居领域的参与群体越来越多，家居家电厂商、地产商、互联网公司、运营商、创业团队等均看好智能家居的潜在市场。未来 5 年全球智能家居的复合年增长率为 10%，预计 2023 年将达到 1550 亿美元[4]。目前大量厂商开始将"全屋智能"作为发展方向。全屋智能通过软硬件"一站式"解决方案，提供智能安防、智能家电控制、智能照明、智能娱乐等综合服务。目前"全屋智能"已在大量家庭安装，通过家庭生活场景智能化提升用户体验。

可穿戴设备已具有规模化的出货量。经过前期市场磨合，智能可穿戴设备已成为大量消费者随身必备设备的组成部分，从而促使全球智能可穿戴设备形成规模化的出货量，其中智能手表和手环占据了绝大多数份额[5]。苹果、小米、Fitbit、华为成为可穿戴设备出货量最大的厂商。然而随着出货量增速放缓，可穿戴设备的创新需求凸显，将逐步从少数简单功能向数字医疗、智慧家庭、定位服务等方面延伸，进一步改变人们的生活方式。

智能门锁市场开始发力。通信、电子和安全技术的进步推动传统门锁向

4　数据来源：Strategy Analytics。

5　数据来源：IDC。

智能门锁更新换代。首先是各类商业场所的需求，例如酒店、办公楼、出租屋、短租公寓等场景，智能门锁在这些商业场所中的渗透率稳步提升。在 B 端市场教育和消费升级大潮下，智能门锁逐渐扩展到楼盘，进而家庭消费者等 C 端用户对智能门锁的需求也会逐步发力。在未来的 5 ～ 10 年内，我国智能门锁的总需求量将超过 3000 万套，行业总产值将会突破千亿元大关[6]。规模化的智能门锁设备部署将显著提升家庭智能化的生活体验。

（四）智慧城市物联网应用全面升温

"数字孪生城市"正在成为全球智慧城市的建设热点，通过交通、能源、安防、环保等各系统海量的物联网感知终端，可实时全面地表述真实城市的运行状态，构建真实城市的虚拟镜像，支撑监测、预测、假设分析等各类应用，实现智能管理和调控。目前全球领先城市已经开展相关探索。新加坡国家研究基金会和相关政府部门启动 "Virtual Singapore" 项目，打造全球首例城市数字孪生模型。法国小型城市雷恩市政府也开展 "数字孪生城市" 试点，打造城市数字模型支撑城市政策制定、发展研究和应用开发。我国雄安新区积极发挥引领作用，以数字孪生实现数字城市与现实城市的同步规划、同步建设，实现信息可见、轨迹可循、状态可查，虚实同步运转，情景交融，过去可追溯，未来可预期。在 "数字孪生城市" 建设理念的引领下，城市物联网应用正向更大规模、更多领域、更高集成的方向加快升级。

智慧安防呈现规模化发展。随着平安城市、雪亮工程等政策的实施，安防行业迎来快速发展。规模发展的安防行业为物联网提供了最佳的应用环境，物联网在智慧安防中的渗透率不断提升，联网智慧安防设备快速增加，其中 "AI+ 安防" 成为物联网在安防领域应用的典型特征。目前无论是前端芯片、板卡、设备模块供应商，还是后端安防软件、平台供应商，均不遗余力地将人工智能融入各应用中，当前热门的人工智能 "独角兽" 公司也将安

6　数据来源：全国制锁行业信息中心。

防行业作为核心的应用领域之一，通过提供更强大的图像识别与图像处理算法，为公安、交通、社区管理等智能应用提供支持。除了公共安防应用，物联网和人工智能也已经渗透到特种行业安防，例如野生动物监测、林业防火防灾监测、监狱安防等垂直领域。

城市公用事业智能化升级。城市供水、供气、供热等公用事业的智能化升级是近两年智慧城市中最为典型的民生应用项目，NB-IoT、LoRa 等低功耗广域网络的商用，给公用事业带来了更适用的接入网络技术。继全球首个 NB-IoT 物联网智慧水务商用项目在深圳发起之后，福建省、湖南省、宁夏回族自治区等快速开展基于 NB-IoT 的智慧水务试点应用，华润燃气、深圳燃气、福州燃气、新奥燃气、北京燃气等公司也在开展基于 NB-IoT 和 LoRa 技术的智慧燃气试点。除抄表外，基于物联网的城市管网监测、供水供气调度、城市公共资产管理等应用也在不断涌现，合同管理等新的建设运营模式也在积极探索。

城市智慧消防建设不断推进。2017 年智慧消防政策出台，公安部发布《关于全面推进智慧消防建设的指导意见》，要求全面推进智慧消防和物联网远程防护系统，并开始制定新的消防设备规范，NB-IoT、LoRa 等物联网技术被列为重要的基础。2015 年我国消防报警设备市场规模为 230 亿元，到 2021 年这一市场规模预计突破 1000 亿元，年均增速达 30%[7]。其中，低成本、易安装、高精度的物联网无线烟雾报警器具有巨大的市场空间。从 2017 年开始，智慧消防已成为智慧城市落地的热点领域，目前多个城市已实现百万级智能烟雾报警器的招标和施工，形成了规模化的示范效应。

（五）生产性物联网应用稳步推进

工业互联网是新一代信息技术与制造业深度融合的产物，已成为新工业革命的关键支撑和深化"互联网 + 先进制造业"的重要基石。通过系统构建

7　数据来源：物联网智库。

网络、平台、安全三大功能体系，打造"人、机、物"全面互联的新型网络基础设施，形成智能化发展的新兴业态和应用模式。市场研究公司 Markets and Markets 的调查报告显示，2018 年全球工业物联网的市场规模约 640 亿美元，预计在 2023 年增长至 914 亿美元，2018—2023 年的 5 年间复合年成长率为 7.39%，其中，中国、印度等新兴经济体的基础设施和工业发展持续促进亚太区的工业物联网市场成长。

工业互联网发展模式初步成型，形成四大应用模式。**一是智能化生产**，即实现从单个机器到产线、车间乃至整个工厂的智能决策和动态优化，显著提升全流程生产效率、提高质量、降低成本。**二是网络化协同**，即形成众包众创、协同设计、协同制造、垂直电商等一系列新模式，大幅降低新产品开发制造成本、缩短产品上市周期。**三是个性化定制**，即基于互联网获取用户个性化需求，通过灵活柔性组织设计、制造资源和生产流程，实现低成本大规模定制。**四是服务化转型**，即通过实时监测产品运行，提供远程维护、故障预测、性能优化等一系列服务，并反馈优化产品设计，实现企业服务化转型。

目前，基础电信企业、工业企业都在积极建设工业互联网企业外网和企业内网。基础电信企业积极探索构建满足工业需求的企业外网络基础设施，初步建成资源隔离的高品质企业外骨干网。工业企业加快采用新技术改造企业内网络，工业 PON、IPv6、边缘计算等技术已经开始在装备制造、石油开采、电子制造等领域的企业中应用部署。截至 2018 年 12 月初，5 个工业互联网国家顶级节点全部上线试运行；徐工信息、航天云网等一批二级节点启动建设，初步覆盖工业装备、工业部件、工业物流、工程机械、航天制造等领域。

专栏 12-2　智慧农业案例——敦煌种业

建立育种制种农田环境监测系统、育种数字化管理决策系统。通过布设的传感器节点实时采集农作物生长所需的空气温度、空气湿度、土壤温度、土壤湿度、光照强度、二氧化碳浓度、土壤营养成分、植株生长状态等参数，并通过有线、无线通信技术实现传感器数据的传输，所有数据汇集到中心节点，通过无线网关与互联网相连，利用手机或远程计算机实时掌握农作物的生长状态和环境状态信息，并将采集到的数据存至数据中心。该系统已在酒泉、海南杂交玉米繁育基地中使用，实现了农田信息采集自动化、监测远程化、数据精确化，解决了传统田间管理存在的人员劳动强度大、数据采集不准确、经验型管理等问题。

建设基于物联网的杂交玉米种子质量追溯系统。利用 RFID、二维码、传感器等物联网技术，对杂交玉米制种、收购、加工、贮藏、运输、销售等产品供应链各个环节上的信息进行标识、采集、传递和关联管理，实现信息的整合、共享，在整个供应链中实现可追溯能力，并通过互联网建立可供追溯的信息服务体系。已建设完成的杂交玉米种子全周期的质量追溯系统，通过系统建设完成和投入使用，实现了生产管理、仓储管理、终端查询、追溯召回等功能。

农业物联网应用示范成效初显，智慧农业加快发展。《"十三五"全国农业农村信息化发展规划》提出实施农业物联网区域试验工程，建成 10 个农业物联网试验示范省、100 个农业物联网试验示范区，1000 个农业物联网试验示范基地。NB-IoT、区块链、人工智能等新技术不断为农业物联网赋能，农业物联网与新技术融合创新发展，推动农业环境监测、精准农业生产、农产品溯源、设备诊断、农产品电商等应用加快成熟，并为智慧农业发展提供广阔市场空间。

第四篇
产业数字化篇

产业数字化是指以传统产业和科技产业共建融合为基础，推动产业供给侧和需求侧运营流程的数据在线，链接客户、结构可视、智慧决策，对产业链上下游的全要素数字化改造，从而实现产业降本提效、提高用户体验、增加产业收入和升级产业模式。

第十三章
产业数字化转型是大势所趋

在数字经济的两个部分中，数字产业化进入稳步增长期，产业数字化则增长迅猛。后者作为数字经济增长主引擎的地位不断凸显。2018 年，我国产业数字化规模达到 24.9 万亿元，远超数字产业化，对数字经济增长的贡献度高达 79.5%。产业数字化转型正在拓展出无穷无尽的新空间，迸发出源源不断的新动能。

一、产业数字化是数字经济发展的主阵地

我国数字经济持续高速增长，在推动新旧动能转换中的战略地位和引擎作用不断凸显。近些年来，5G、物联网、云计算、大数据、人工智能、区块链等新一代信息通信技术加速创新突破，进入与经济社会各领域全面应用和广泛渗透的黄金期，从人人互联到万物互联、从海量数据到人工智能、从消费升级到生产转型，数字经济发展不断迈向新高度。

数字经济是高质量发展的主战场。我国经济已由高速发展阶段转向高质量发展阶段，正处在转变发展方式、优化经济结构、转换增长动力的攻关期。高质量发展的关键是要推动三大变革。数字经济是信息化发展的高级阶段，

是未来的发展方向。数字经济通过数字化的丰富要素供给，提高产品质量、服务质量和装备质量，推动质量变革；通过网络化提升经济运行水平，提高全要素生产率，推动效率变革；通过智能化提升投入产出水平，推动动力变革。数字经济推动经济高质量发展，质量变革是方向，效率变革是路径，动力变革是根本，动力变革在三大变革中具有基础、核心作用。高质量发展的核心是培育壮大新动能。数字经济是增长最迅速、创新最活跃、辐射带动作用最大的发展新动能。2012—2017 年，我国数字经济规模从 11.2 万亿元增长到 27.2 万亿元，规模跃居世界第二，5 年间增长了 2.4 倍，年均复合增速达到 19%，远超同期 GDP 增速。数字经济占 GDP 的比重也快速攀升，从 2012 年的 20.8% 提升到 2017 年的 32.9%，对经济增长的贡献日益增加。

产业数字化是数字经济发展的主阵地。数字经济包括数字产业化和产业数字化两个部分，数字产业化指信息通信业，产业数字化指其他产业与信息通信技术的融合升级。数字产业化保持稳定增长是全球共同的发展规律，21 世纪以来，OECD 国家数字产业化与 GDP 增长基本同步，占 GDP 的比重稳定维持在 4%～8%。2005 年以后，我国数字产业化进入稳步增长期，此后占 GDP 的比重基本维持在 7% 左右。产业数字化快速增长，作为数字经济增长主引擎的地位不断凸显。新一代信息技术是创新最活跃的领域之一，其与传统产业深度融合，拓展出无穷无尽的新空间，迸发出源源不断的新动能。2005 年产业数字化规模仅为 1.28 万亿元，略低于数字产业化，到 2017 年，产业数字化规模快速增长到 21 万亿元，远超数字产业化，是其 3.4 倍，对数字经济增长的贡献率高达 79.2%。2005—2017 年，产业数字化年均增速超过 26%，远超同期 GDP 增速，占 GDP 的比重从 7% 提升至 25.4%，对数字经济增长的贡献度高达 79.2%。

加快产业数字化转型是大势所趋。当前，人类社会正在进入数字技术驱动的产业变革浪潮周期，并已走到各行各业都开始数字化转型的关键时期，中国能否把握数字化转型浪潮机遇，全面推进产业数字化转型，对于中国能否从起飞到全面崛起至关重要。从国际竞争看，数字化转型机遇是全球共同拥有的，挑战也是前所未有的。世界各国、全球领军企业都在积极布局。从企业侧看，全球领军企业加快数字化转型，转型支出不断增加，与此同时，数字化企业成为新的全球领先企业。从政府方面看，全球主要国家加快制定本国数字经济战略，并从战略引导走向落地、组织实施。推动产业数字化转型是应对国际竞争、抢占未来产业发展制高点的战略选择。从产业发展方面看，推动数字化转型越来越成为国内产业高质量发展的迫切需要。过去，中国产业的高速发展主要依靠要素红利。目前，支撑产业发展的要素红利逐渐消失。中国产业的高质量发展迫切需要提升产业效率，提升产品的质量和价值，数字化转型是获得这些效率红利的重要来源。

专栏 13-1　IDC：全球数字化转型支出将不断增加

国际数据公司（IDC）发布《全球半年度数字化转型支出指南》，分析了 191 个数字化转型案例和 12 个技术类别在 19 个行业和 9 个地区的企业支出，旨在帮助 IT 决策者更好地了解未来五年内数字化转型投资的范围和方向。

2019 年全球数字化转型支出 1.25 万亿美元，其中离散制造业（2200 亿美元）、流程制造业（1350 亿美元）、运输业（1160 亿美元）和零售业（980 亿美元）将近占总支出的一半。对于离散和流程制造行业，最主要的数字化转型支出是智能制造，投入超过 1670 亿美元，同时在数字创新和数字供应链优化方面也进行了大量投资，分别为 460 亿美元和 290 亿美元。

随着企业对数字化转型认识的加深，数字化转型支出将在今后 10 年维持在高位。

二、产业数字化转型的内涵、构成与演进

（一）产业数字化转型的内涵

产业数字化转型是一个热点话题，各行各业的企业、智库机构、政府、国际组织都在讨论。但不同研究主体出于各自研究的目的，选择的研究视角、定位和范围不同。在研究之前弄清楚研究范围，也就是搞清楚当我们在讲产业数字化转型时，到底在讲什么。这是必须达成的基本共识，也是研究的起点。一种观点认为，产业数字化转型就是数字化、网络化、智能化的"数字化"阶段，就是把人、机、物等要素、产供销价值过程数字化，实现信息的比特化转换。但这是一种狭义的理解，这部分的研究在过去已经分析得比较透彻了。我们认为产业数字化转型是一个更全面的、更广阔的概念，包括各类信息技术（数字技术、网络技术、智能技术）在第一、二、三产业中的应用所带来的产业变革。我们从全面的视角来看，有利于理清楚产业数字化转型的主线，站在更全面的角度来看转型中的问题，有利于把握住数字化转型中的最新进展。

到底什么是产业数字化转型？参考大量观点之后，我们给出了定义：**产业数字化转型是指以解决产业现实问题为导向，通过数字技术与产业全面深度融合，构建数据采集、传输、分析、反馈的全产业数据链闭环，以数据流牵引推动产业全方位、全角度、全链条的改造创新，打造产业融合新生态，实现以提升企业和产业竞争力为目的的系统转型。**

利用数字技术切实解决产业中的现实问题（创造价值）是产业数字化转型的出发点，也是理解产业数字化转型的逻辑起点。从这个角度认识数字化转型，要坚持"两化"。**一是"去统一化"。**产业数字化转型没有统一的模式，不同产业、不同发展阶段、不同规模企业面临的问题不同，业务数字化转型的模式路径不同。**二是"去高端化"。**产业数字化转型不是高精尖企业的专

利，所有的企业都有数字化转型的需求，不同的是转型的方式和途径不同。解决问题的核心机制是通过产业与数字技术的深度融合，构建数据驱动闭环，以数据流引导产业资源优化配置，驱动产业全方位、全角度、全链条的创新改造。转型目标是构建一个以全面互联、数据驱动、智能主导为核心特征的融合新生态，提升产业资源的配置效率。产业数字化转型的内涵如图 13-1 所示。

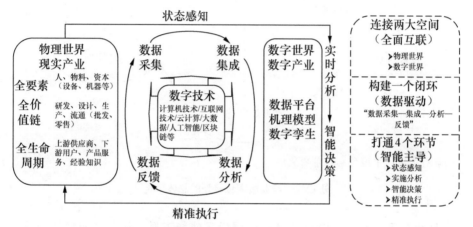

资料来源：中国信息通信研究院

图 13-1　产业数字化转型的内涵

（二）产业数字化转型的构成

产业数字化转型是一场科技革命驱动的产业变革。历次产业变革浪潮都遵循着一贯的逻辑：技术转型率先启动，为业务转型提供新的工具、能力，打开业务转型的可能性空间，业务转型随后开展，利用新的技术手段革新产业链，提高生产效率。业务变革产生的新产业与原有的制度不相适应，对制度创新提出了新的需求，制度适应性调整。技术转型、业务转型、制度调整 3 个方面相互依存，互相依赖，只有各个方面的转型相互配合，共同推进，才能从整体上更好更快地完成转型。相应地，我们把产业数字化转型分为技术转型、业务转型、制度转型 3 个部分。产业数字化转型的总体架构如图 13-2 所示。

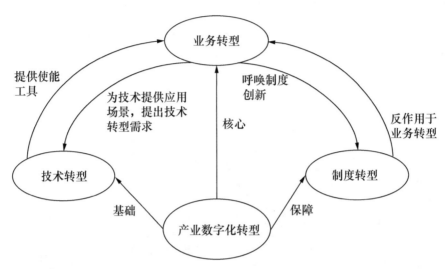

资料来源：中国信息通信研究院

图 13-2　产业数字化转型的总体架构

技术转型是基础，它为业务转型提供了使能工具，拓展了业务转型的范围和深度。例如，如果没有网络技术的发展和零售业数字化转型的新模式，电子商务不可能发展得这么迅速；没有移动互联网、地理位置技术和智能匹配技术，网约车等共享经济就不可能出现。与过去几次产业变革浪潮不同的是，在产业数字化转型中，数字技术的使能作用更强，变革速度也更快，所以业务转型边界的拓展和新模式、新业态产生的速度也更快。

业务转型是核心。一方面，业务转型是技术转型的需求方、主动方，业务是数字技术的具体应用场景，数字技术必须与业务结合才能产生现实价值。实际上，业务需求是拉动技术转型的核心力量，例如，正是因为业务的个性化和柔性生产需要日益迫切，才拉动技术体系朝着更加柔性、敏捷和可伸缩的云化转型。另一方面，业务转型是制度转型的需求方、主动方，新的制度从来不会凭空出现，制度调整的初始起点是业务转型与旧制度之间的矛盾张力，例如，正是因为电子商务不同于传统零售、传统工商管理办法难以应对，才催生了《中华人民共和国电子商务法》的出台，对平台责任节点、假货处理等提出了新的要求。

制度转型是保障。与业务转型的快速变化相比，制度调整相对缓慢，所以我们经常能够看到，业务转型跑在了制度转型之前，新业务和旧制度之间出现了各种冲突。如果没有制度的适应性调整或者错误的制度变革，业务转型的速度可能会受阻。例如，网约车的发展不同于传统出租车，但一些地方却依旧沿用传统办法管理这种新业态，从而阻碍了部分地方网约车的发展。

（三）产业数字化转型的演进

产业数字化转型不是当前才有，而是处在不断的演进历程中。产业数字化转型的历史演进如图 13-3 所示。

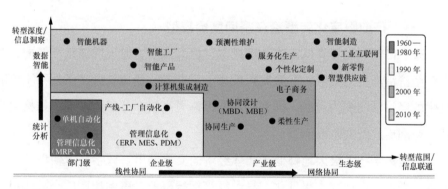

资料来源：中国信息通信研究院

图 13-3　产业数字化转型的历史演进

我们梳理了一下业务转型的历史，有两个发现。

一是从转型方向看，产业数字化转型总体上沿着管理转型和生产转型两个维度展开。管理转型即研发、设计、供应链管理等价值环节的数字化、网络化和智能化。生产转型是指生产设备、产线、工厂等的数字化、网络化、智能化。管理转型的现实表现是管理信息化，生产转型的现实表现是生产自动化。管理转型与生产转型不断走向融合。20 世纪 90 年代末，在 IT 技术、网络技术和初级智能技术的支撑下，生产和管理实现了初步融合，计算机集成制造系统是代表。如今在新的网络和智能技术的支持下，生产和管理正在走向全面融合。

二是从转型逻辑看，产业数字化转型沿着不断提升产业中的信息洞察能力和信息联通能力两个维度展开。信息洞察能力的提升使业务具有更强大的自适应能力，信息联通能力的提升使业务协同范围和协同效率提升。总体来看，经历了长期演进后，产业数字化转型正在进入网络协同和数据智能"双轮驱动"的新阶段，它们构成新时期业务转型的 DNA。

三、产业数字化转型潜在空间分析

（一）产业数字化转型潜在空间度量模型

数字化转型能够降低实体经济成本、提高效率、促进供需精准匹配，使现存经济活动费用更低，并激发新模式、新业态，使传统经济条件下不可能发生的经济活动变为可能，推动经济向形态更高级、分工更精准、结构更合理、空间更广阔的阶段演进。

一是数字技术极大地降低了实体经济的交易费用。数字技术使单位信息采集、处理、应用成本极低化，导致经济运行事前、事中和事后交易费用大幅降低。企业内表现为信息成为重要的生产要素，降低生产、管理和运营成本；企业外表现为广泛连接、联结，有效解决企业间信息不对称、信息费用和资产专用性瓶颈。

专栏 13-2　　数字技术降低交易费用，提高产业资源配置效率

互联网、物联网等数字技术促进企业、市场和政府改革，形成平台化、网络化和扁平化的组织体系，全方位、多层次地优化资源配置效率。

提高企业效率。信息技术驱动企业扁平化演进，减少中间环节，孕育形成按需设计、按需制造、按需配送的组织管理体系，例如，智能云科助力企业效率提升。智能云科打造 iSESOL 工业互联网平台，推动中小制造企业的数字化改造，3C 企业效率提升 14.2%，汽车零部件企业效率提升 19.3%。

提高市场运转效率。互联网平台促进产业链、供应链、价值链融会贯通，促进各类要素市场高效整合，大幅提升市场交易、流通效率。例如，"生意帮"建立云工厂协同制造管理系统，打造产能共享市场，推动生产能力供需双方高效匹配，目前已与 15000 家企业开展合作，有效提升了制造能力共享市场的效率。

二是数字技术深化实体经济产业分工与生产协同。互联网在实体经济领域的应用不断深化，加速产业链分化、重组，新模式、新业态、新应用不断涌现，新型企业和产业组织形态逐步形成。催生智能机器人、虚拟现实、工业互联网等新兴业态，开辟新的产业发展空间。创造云制造、个性化定制、精准化服务等制造业新模式。

三是数字技术网络外部性对实体经济作用加速显现。网络价值取决于已经连接到该网络的数量，连接数量越多，网络外部性就越大，经济作用也就越显著。互联网通过经济主体之间的广泛连接，大幅提升私人边际收益，导致网络外部性随着连接主体的增加呈几何倍数增长，最终形成显著的经济作用。

四是数字技术深度触及实体经济领域产权变革。产权是实体经济运行的基础，产权分离程度是经济发展高度的核心标志。网络信息技术促使传统产权在更大程度和更大范围内更加广泛地实现分离和组合。在产权基础方面，传统产权被"进入权"取代；在产权组合方面，传统经济下权力有限分离逐渐被权力分离泛在化取代。互联网导致经济主体产权组合不断重构和重新配置，触及经济变革的最深层次。

数字经济降低实体经济成本、提高效率、促进供需精准匹配，使现存经济活动费用更低，激发新模式、新业态，推动经济向形态更高级、分工更精准、结构更合理、空间更广阔的阶段演进。因此，数字化转型对企业降低成本、提高效率具有重要作用，企业交易成本越高、生产效率越低，进行数字化转型对企业降本增效的作用越明显。本书将从降低成本和提高效率两个方面对企业进行数字化转型的紧迫性进行评价，其中，**降低成本主要考虑数字化转型在降低企业交易成本、管理成本、财务成本方面的作用，提高效率主要考虑数字化转型对企业资源配置效率、资本使用效率、劳动生产效率提升的作用**。企业数字化转型空间分析框架如图 13-4 所示。

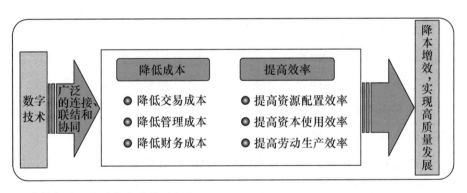

资料来源：中国信息通信研究院

图 13-4　企业数字化转型空间分析框架

（二）产业数字化转型潜在空间估算结果

本书选取计算机、通信和其他电子设备制造业，汽车制造业，化学原料和化学制品制造业，医药制造业作为典型行业代表，以行业和企业数据库为基础，对典型的省（自治区、直辖市）企业数字化转型的潜在空间进行分析。

在离散型行业中,例如,北京、浙江等省(自治区、直辖市)的计算机、通信和其他电子设备制造业,江苏、重庆等省(自治区、直辖市)的汽车制造业,利用云计算、大数据等新一代信息技术,建立以工业互联网为基础、以装备智能化为核心的智能工厂,提升企业内部的智能化水平,提高企业外部产业链之间的协作能力,对于企业降低成本和提高效率具有重要作用。在流程型行业中,例如,浙江、广东等省(自治区、直辖市)的化学原料和化学制品制造业,广东、四川等省(自治区、直辖市)的医药制造业,通过引入数字化、联网化生产设备,加强生产过程数字化建设,从产品末端控制向全流程控制转变,实现原材料和内部生产配送系统化、流程化,实现产品生产全过程跨部门协同,有助于推动企业向"高精尖"发展。典型行业典型省份数字化转型的潜在空间如图 13-5 所示。

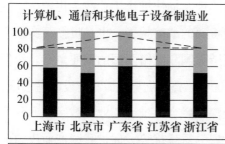
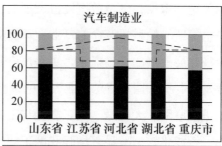
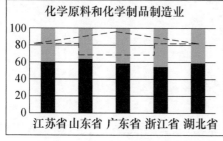
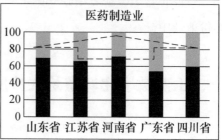

注:黑色柱状图表示成本效率水平与全国水平对比得分,黑色柱越小表示企业成本越高、效率越差,灰色柱状图表示数字化转型的潜在空间

数据来源:中国信息通信研究院

图 13-5　典型行业典型省份数字化转型的潜在空间

第十四章
工业数字化转型的
现状、问题和路径

我国是世界制造大国，工业是国民经济的命脉，是推动经济高质量发展的关键和重点，也是数字经济发展的主阵地。加快推进工业数字化转型，既是抢抓新一轮科技革命与产业变革历史机遇的战略抉择，也是贯彻落实数字经济发展战略的关键抓手，更是建设制造强国和网络强国的重要举措。我们要发挥制造大国、信息产业大国的综合优势、叠加优势，加快建设制造强国，推进互联网、大数据、人工智能与工业深度融合，推动工业向数字化、网络化、智能化转型，显著增强我国工业发展的质量优势，促进我国产业迈向全球价值链中高端。

一、工业数字化转型是大势所趋

当前，新一轮科技革命和产业变革蓬勃兴起，互联网、大数据、人工智能等现代信息技术不断取得突破，与实体经济在更广范围、更深层次、更高水平融合，加快推动以数字化、网络化、智能化为主要特征的制造业转型升级，加快推动经济增长新旧动能转换。

（一）从创新驱动看，新科技革命持续打造工业数字化转型关键动力

21 世纪以来，全球科技创新进入空前密集活跃的时期，科学技术日益呈现交叉融合态势，一场更大范围、更深层次的科技革命和产业变革正在重构全球创新版图，重塑产业发展方式。首先，应用驱动、体系融合、开源开放使信息技术保持强大的创新活力，网络、计算、感知三大主线迭代升级，与大数据的指数级增长相结合，推动 5G、物联网、人工智能、区块链、量子信息等新一代信息技术代际跃迁、前沿突破。其次，信息技术与生物技术、新能源技术、新材料技术等交叉融合，正在引发以绿色、智能、泛在为特征的群体性技术创新，信息、生命、制造、能源、空间、海洋等领域基础性、原创性突破，使前沿技术、颠覆性技术不断涌现。最后，新一代信息技术与先进制造技术深度融合，加速推进制造业向数字化、网络化、智能化转型，数字制造、先进材料、智能机器人、无人驾驶汽车等新技术、新产品不断突破，网络化协同、智能化生产、个性化定制、服务化延伸等新模式、新业态不断涌现，不断培育新的增长点，形成新动能。

（二）从产业变革看，工业数字化转型加快成为高质量发展的战略方向

以新一代信息技术为代表的新科技革命，推动工业基础技术、工艺、材料和部件加快数字化变革，生产过程柔性和集成性不断提升，设计虚拟，生产敏捷，过程可视，结果可控，实现渐进式质量改善和跨越式质量飞跃。**一是产品质量升级**。互联网、大数据、人工智能与制造业深度融合，催生具有感知、分析和交互功能的智能硬件产品，推动硬件产品向"互联网＋软件＋硬件＋服务"系统转变，品种更多，品质更高，功能更多，性能更优。**二是装备质量升级**。先进制造技术、信息技术和智能技术的演进升级和深度集成，提升数控机床、工业机器人等高端装备的网络化、智能化水平，实现深度感知、人机协同、智慧决策、自动执行功能，提升可靠性、精度保持性等。**三是服务质量升级**。互联网全面渗透产品研发、设计、物流、营销、金融、信

用等生产性服务环节，应用到教育、文化、医疗、养老、交通、环境等生活服务领域，提供个性化、精准化、定制化服务，丰富服务内容，降低服务成本，提高服务质量。

（三）从全球竞争看，工业数字化转型加快成为新一轮产业变革的制高点

自国际金融危机爆发以来，世界经济整体保持增长，但危机的深层次影响仍未消除，上一轮科技进步带来的增长动能逐渐衰减，新一轮科技和产业革命尚未形成势头，世界经济仍处于增速换挡、动能转换的关键当口。世界主要国家抢抓互联网与产业变革交汇的历史机遇，高度重视产业数字化转型，力争发展主导权，占领制高点。**一是全面布局数字经济发展，纷纷将数字经济上升为国家战略。**近年来，美国、德国、英国、日本等先后发布物联网、云计算、大数据、人工智能、数字经济等战略行动，从网络、技术、应用、安全、治理等方面，全方位、多层次地推进数字经济发展。**二是把先进制造业作为战略重点，大力发展工业互联网，围绕核心标准、平台等加速布局，构建数字驱动的工业新生态。**金融危机以来，制造业战略地位得到重新审视和确立，发达国家纷纷提出"再工业化"战略，美国先进制造战略和工业互联网理念、德国"工业4.0"、法国的"工业新法国"计划、英国的"英国工业2050战略"、日本"新产业创造战略"等，核心都是先进制造，主线都是新一代信息技术与制造业融合。

二、推动我国工业数字化转型正当其时

我国是规模优势不断扩大的制造大国，同时也是名副其实的网络大国，互联网与制造业融合纵深推进，工业互联网取得突破进展，网络支撑能力、平台服务能力、融合应用水平不断提高，工业数字化转型基础坚实、成效显著、势头强劲。

（一）政策体系不断完善，转型环境进一步优化

国家加强规划引导。党中央、国务院高度重视推动新一代信息技术和制造业融合发展。党的十六大确定了中国特色新型工业化道路，"以信息化带动工业化，以工业化促进信息化"。党的十七大提出"大力推进信息化与工业化融合"，党的十七届五中全会进一步要求"深度融合"。党的十八大指出"促进'四化'同步发展"。党的十九大强调"推动互联网、大数据、人工智能和实体经济深度融合"。国务院近年来先后制定并出台了《国务院关于积极推进"互联网＋"行动的指导意见》《促进大数据发展行动纲要》《国务院关于深化制造业与互联网融合发展的指导意见》等一系列规划政策文件，全力推进工业与数字经济融合发展。这些决策部署和规划政策，为我国工业数字化转型指明了方向，提出了要求，增添了动力。各地政府因地制宜、统筹推进，认真贯彻落实党中央、国务院的部署和要求，积极探索适合本地产业、经济、信息化基础的工业数字化转型路径，取得显著成绩。例如，广东省依托基础雄厚的工业和数字化基础，以工业互联网为工作突破口，一手抓供给能力提升，摸清家底，建资源池，一手抓需求引导，推动应用示范。宁波、苏州两市工业基础雄厚，都强调把智能制造作为主攻方向，以企业智能化诊断为突破口，抓解决方案供应商培育，加强典型企业应用示范。贵州省经济和工业基础较为薄弱，企业和公众的数字意识欠缺，缺少领军企业和带头人，需要政府更强力地推动，更深入地组织，起到"第一推动力"的作用，贵州省人民政府作为主导者，兼做指路者、推动者和参与者。

（二）我国工业量质齐升，转型基础日益坚实

改革开放40年来，我国工业化发展取得历史性成就，快速从农业经济大国成长为工业经济大国，制造业规模快速扩张，结构持续改善，效益显著提升，正由数量规模扩张向质量效益提升转变，大步迈向高质量发展新阶段。

制造业规模效益不断提升，规模世界第一。2017年，制造业增加值达到24.27万亿元，占GDP比重为29.3%，占全球制造业比重达到25.5%。创新

能力大幅增强。航空航天、船舶和海洋工程装备、轨道交通、机床等领域重大创新成果竞相涌现。产业结构持续优化。2017年，装备制造业、高技术制造业占规模以上工业增加值的比重分别达到32.7%、12.7%。企业竞争力显著增强。一批骨干企业和龙头企业脱颖而出，进入世界500强的制造企业达到60家。

工业企业数字化基础日益坚实，制造企业数字化水平大幅提升。截至2018年第三季度，规模以上工业企业数字化研发设计工具普及率、关键工序数控化率已分别达到67.8%和48.5%，两项指标近5年平均增长约3个百分点，制造业骨干企业"双创"平台的普及率达到70%。越来越多的企业深入开展研发、设计、制造、管理、营销等全流程和全产业链的集成应用，数字化转型已经在各行业工业企业广泛部署，基于数据驱动的生产模式变革和开放价值形态，已成为企业的自觉选择。个性化大批量定制、智能化生产、网络化协同、服务型制造等新模式、新业态日渐丰富。"互联网+"协同制造快速发展，产能共享市场规模超过4100亿元，服务的企业超过20万家。

信息服务供给能力持续增强，信息产业规模不断提升。2017年，我国信息产业收入规模超过20万亿元，软件和信息技术服务业完成软件收入5.5亿元。智能电视、智能手机、集成电路、显示屏、计算机等产能和出货量均位于全球第一。信息技术应用服务水平显著提升，在全球排名前十的互联网公司中，我国占3家，在前30强中占10家。截至2018年第三季度，网上零售额达6.3万亿元，移动支付规模达198.2万亿元，信息消费总规模达3.6万亿元。

（三）新技术体系正在形成，转型可能性边界不断拓展

数字技术的每次进步都为工业数字化转型提供了更丰富的工具，扩大数字化转型的可能性边界，数字化转型的深度和范围不断拓展。当前，数字技术进入群体突破新阶段，传感、网络、算力、算据、算法等各方向均有新进展。传感器体积、价格加速下降，可靠性和精度提升；网络朝着更高速率、更低时延、更高可靠性演进；通用芯片的计算能力稳步提高，异构芯片加快发展；数据加速积累，增强分析技术不断突破；特别是在算法方面，数字孪生、机

器学习技术取得突破式进展。

这些技术进步从两个方面推动工业数字化转型。**第一，提供更为丰富、先进的数字化转型工具，直接拓展转型边界**。例如高速、稳定、低时延的网络，让物理世界的人员、企业、设备、内容和服务全部接入、实时在线并实现快速协同；而高性能计算、并行计算等工具，则可适应自动驾驶等日益复杂的应用场景。**第二，技术融合产生组合效应，构建数据感知、传输、分析、决策的数字化转型闭环**，这不仅将会把服务业领域数字化转型向前推进一大步，而且会使工业领域的数字化转型从企业内部、浅层拓展到产业全局和深层，从而开创业务转型的新局面。数字技术进步不断拓展工业数字化转型可能性边界如图14-1所示。

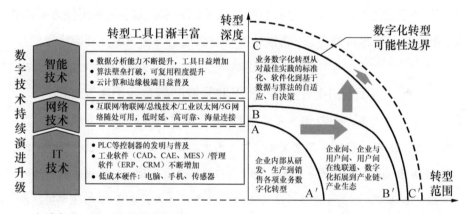

资料来源：中国信息通信研究院

图14-1　数字技术进步不断拓展工业数字化转型可能性边界

同时，数字技术群正以新的方式组合起来，形成基于云边协同的新技术体系。与传统的单体式技术体系相比，基于云边协同的新技术体系，其IT资源的获取可伸缩性更强，业务开发也更具灵活性、更加敏捷，可以更好地满足业务快速变革的需要。技术体系的新变化将推动业务转型方式深刻变革。

在传统单体式技术体系中，业务与技术之间是紧密耦合在一起的，扩大业务转型的范围和边界，需要不断添加新的业务融合系统，其IT部署成本高，业务系统之间烟囱化严重，采用面向服务的结构（Service-Oriented Architecture，SOA）架构集成成本高，更适用于确定性高、业务成熟的转型，这种"业务系统＋业务系统"的转型方式是封闭式、重化的业务转型方式。

在基于云边协同的技术体系中，技术与业务之间松耦合，更多的IT资源可以共享，更多的现场操作层（OT）知识也开始沉淀，这是一种"大型中后台（包括技术、业务、数据中后台）＋小业务前台"开放式、轻量化转型方式，其IT部署成本低，业务之间的互联、互通、互操作更加融合，也可以更好地适应外部流程复杂、多变、不确定性高的业务场景转型。

从企业的角度看，传统单体式技术体系支撑的业务转型对企业的资本和数字化应用能力要求高，容易把资本和能力不足的广大中小型企业排除在外，而基于云边协同架构的业务转型对企业的资本、数字化应用能力要求较低，更容易汇聚起转型生态，将推动中小型企业更好更快地开展数字化转型。

专栏 14-1　5G 在工业领域的融合应用爆发在即

2018 年以来，全球 5G 商用竞争就已拉开帷幕，我国 5G 研发和产业化加速发展，5G 融合应用在工业领域中发展迅速。在增强型移动宽带（enhanced Mobile Broadband，eMBB）场景，5G 的传输能力可以助力工业设计和产线数据分析等环节。在工业设计领域，5G 支持工业设计人员通过 AR 增强现实技术将工业产品的设计过程从平面搬到立体空间，实现在真实世界快速地展现工业设计模型，实现设计方案的实时完善优化，加强设计人员对最终产品的直观感受，降低制造企业生产设计成本，提高生产效率。在数据分析领域，5G 支持生产实时数据的高速处理分析，这是工业总线或者 Wi-Fi 等连接的传输速率不能实现的。5G 网络可将全生产流程的高清影像和大量数据实时传输回来，远程专家和智能分析系统可以结合产线的情况对生产各个环节进行及时把控，保障生产的顺利进行，优化产线资源分配。在高可靠低时延通信（ultra Reliable Low Latency Communications，uRLLC）场景，5G 为海量设备终端提供高质量、广覆盖的连接能力，支持全面地采集工业生产信息，进一步推动对工业数据的智能化应用。在工业监控领域，制造厂商通过 5G 网络的海量连接能力在工业生产区域部署数以万计的传感器和执行器，进行工业信息的大规模采集和控制，实现产线设备运行状态实时监控，便于及时发现问题，进行提前维护，极大缩短了处理故障的周期。在工业仓储物流领域，5G 支持对海量工业货物的实时运输状态监控，全面支持代运物品入库、仓储、出库、运输等物流环节的数据收集和动态跟踪。5G 能为工业物流业务的有序展开提供良好网络保障，满足工厂运输区域中海量自动导引运输车（Automated Guided Vehicle，AGV）、无人车、无人机等设备的联网需求，实现对工业产品、货物的全数字化、智能化管理，提高整个配送环节的资源优化能力。在大规模机器类通信（massive Machine Type of Communication，mMTC）场景，5G 网络支持工业机器人、自动化控制等应用场景，全面保障生产流程控制的准确、高效。在工业机器人领域，制造企业可以在产线上全面部署云端工业机器人，5G 网络可以保证产线机器人与工厂云端控制系统之间的网络传输时延不超过 10ms，支持机器与云端、机器与机器之间的实时协同控制。在工业自动化控制领域，在 5G 网络的支持下，可以在对时延极其敏感的高精度生产制造环节中把生产数据传输到工厂核心控制系统，并能保证高精准数据传输，完成对生产作业的控制，全面保障生产任务顺利、高效进行。

（四）工业互联网取得重要突破，转型支撑更加稳固

三大体系建设加快推进。在网络方面，顶层设计已经完成，国内、国际标准研制工作协同推进。企业加快探索时间敏感网络（Time Sensitive Network，TSN）、软件定义网络（Software Defined Network，SDN）、5G 等新型网络技术。基础电信企业持续推进工厂外骨干网建设，IPv6 改造初见成效。北京、上海、广州、武汉、重庆 5 个工业互联网标识解析国家顶级节点建设取得积极进展。在平台方面，国内工业互联网平台数量快速增长，

具有一定行业、区域影响力的平台超过 50 家，部分平台工业设备连接数量超过 10 万台（套），各类平台在质量控制、工艺优化、设备预测性维护、产能共享、供应链协同等方面形成一系列的创新应用。在安全方面，企业自主研发基于人工智能技术的新一代工业防火墙、入侵检测产品，已开始迈入应用阶段。工业互联网安全监测平台初步建成，形成安全风险监测发现、预警通知以及处置支持能力。

产业生态加快完善。工业互联网产业联盟（Alliance of Industrial Internet, AII）（以下简称联盟）快速发展壮大，凝聚行业共识，深化跨界融合、政产协同，贯通创新链和价值链，有力地促进了工业互联网的产业生态构建。同时，联盟坚持开放包容理念，广泛开展国际合作，吸纳了 GE、思科、IBM 等 30 余家外企，还与美国工业互联网产业联盟（Industrial Internet Consortium, IIC）、日本工业价值链促进会（Industrial Value Chain Initiative, IVI）等多个国际工业互联网产业组织建立了密切的合作关系。在产业界的共同努力下，在生产制造、运营管理、仓储物流、产品服务等不同环节涌现出一大批融合应用创新，这些新模式、新业态创造了新需求，显著提升产品和服务质量，降低企业运营成本，有力地支撑了工业数字化转型。

（五）工业数字化转型整体推进，转型空间不断拓展

制造企业顺应数字化变革趋势，积极利用互联网、大数据、人工智能等新一代信息通信技术，从解决企业实际问题出发，从内部改造到外部协同、从单点应用到全局优化，持续推动企业数字化、服务化升级。

离散型制造企业的数字化转型探索丰富多样。在汽车、航空、电子等产品设计和生产高度复杂的离散型行业中，领军企业内外兼顾，全面推进数字化转型，对外通过网络化平台，有效整合全球的设计、制造、服务和智力资源，大幅缩短产品研制周期；对内通过建立生产现场设备、生产管理和企业决策系统纵向集成的数字车间／智能工厂，提高生产柔性化水平和生产效率。例如，商飞公司建立的全球网络化协同研发平台，通过国内跨

地区协同研发和制造，使 C919 飞机的研制周期缩短 20%，生产效率提高 30%，制造成本降低 20%，制造质量问题发生率降低 25%。潍柴动力公司通过打造研发、采购、生产、销售、服务等业务高度协同的智能化生产体系，使产品在线时间由 24 小时缩短至 14 小时，综合运营成本降低 20% 左右。在家电、服装、家具等需求个性化突出的离散型行业中，领军企业正在探索利用互联网平台打通生产现场与客户端，获取分析海量客户数据，实现自主设计、自动排产，大幅降低设计成本和库存，提高供需匹配效率和盈利能力。例如，维尚家居公司通过构建"新居网"互动开放式设计平台，建立"大规模家具设计定制生产系统"，实现消费驱动生产，企业也得以快速扩张。在工程机械、机床装备、风机制造等对已售设备运维要求高的离散型行业中，领军企业通过在装备和产品中集成传感、控制、通信等功能，对设备进行全面联网，打造大数据监测分析的服务平台，实现设备在线状态监控、远程运维和全生命周期管理，加快向服务化转型。例如，金风科技公司建立风机远程运维服务平台，实现风机和风电场的智能监控、故障诊断、预测性维护，比传统方法的维护成本减少 20% ～ 25%，故障预警准确率达 91% 以上，发电效益提高 10% ～ 15%。

流程型工业企业的数字化转型探索全面系统。在制药、化妆品等对生产过程控制极为严格的流程行业中，领军企业通过全流程可视化监测、全过程集中化精密控制，形成一体化的智能生产和运维系统，提高产品质量和生产效率。例如，康恩贝药业建立了覆盖采购、仓库、生产、质检、销售等全流程的数字化管控系统，实现了对药物生产过程的全程有效监控和自动控制，改善了生产工艺，降低了药物生产质量风险，提升了药品的安全性、有效性、稳定性。在冶炼、石化等对能源控制要求高的重化型流程行业中，领军企业通过构建覆盖能源"供、产、转、输、耗"全流程能源综合监测系统，建立生产与能耗预测模型、产能优化模型，实现能源生产和消耗一体化优化和协同，提高能源生产效率。例如，九江石化通过建立一体化的能源管控中心平台，以及针对高附加值用能的氢气和瓦斯产耗平衡模型和优化系统，对能源计划、能源生产、能源优化、能源评价的闭环管控，从而实现节能降耗。

生产性服务企业助推工业数字化转型。互联网企业、电信企业、自动化企业和软件企业等生产性服务企业大胆探索，积极助力工业数字化转型。生产性服务企业掌握数字化知识和资源，是工业数字化转型的支撑者和使能者。

互联网企业跨界融合。伴随消费互联网的繁荣，我国快速成长起来一批具有全球领先水平的互联网企业。近年来，这些企业发挥优势，加速与工业、制造业跨界融合，为制造企业提供连接、云计算、数据算法等服务，助推数字化转型。电信企业优化拓展服务，充分发挥连接广泛、计算和存储资源丰富、数据分析建模能力强等优势，主动为传统制造企业提供数据储存、数据分析等基础服务，专注于为数字化转型提供底层支撑。例如，中国电信天翼云通过云网融合，向上承接企业业务云化，向下实现网络软化智能化，让企业可以利用网络便捷获取计算、存储、数据、应用等服务，大幅降低了企业上云成本，加快了工业云应用生态的创新发展。软件企业和自动化企业加快软件企业信息技术（IT）和现场操作层（OT）融合。IT知识系统，近年来积极向下延伸至OT，而OT经验丰富，积极向上拓展至IT。两者殊途同归，努力实现IT与OT集成融合，为制造企业提供完善的数字化转型综合解决方案。例如，浙江中控公司依托浙江大学的雄厚实力，以流程式制造业为主要对象，以智能控制仪表、仪器和工件为基础，打造工业操作系统，帮助企业在实现数据集成的基础上，解决生产智能控制、设备预测性维护、企业精细化管理等问题。

三、我国工业数字化转型面临的问题

产业数字化是数字经济发展的主阵地，工业数字化转型是产业数字化的主攻方向，相对于服务业数字化，工业数字化转型相对缓慢。

（一）关键核心技术缺失

一是智能装备呈现高端失势局面，长期难以改变。例如智能装备的典型代表高档数控机床领域，其发展受制于核心零部件、数控系统技术落后等诸多问题。

二是工业自动化核心产品及标准均由国际企业掌控。例如工业传感器产品及标准由霍尼韦尔、意法等国际公司主导，我国在整机领域有一定的基础，但局限于低端环节。

三是工业软件仍处于全球产业生态边缘和中下游位置。我国工业基础与应用软件技术与国际领先水平差距较大，多数领域技术仍处于第二梯队。

四是新一代工业数字化技术在起步阶段已经落后。工业互联网平台作为未来高端制造新的关键核心技术，国外已经加快发展，我国存在与国际企业差距持续拉大的风险，将会制约工业数字化完整生态体系的构建。

（二）产业支撑能力不足

一是基础研究引领作用不强。近年来，我国科技投入不断增加，但科技投入中基础研究比例不足 5%，仅仅是发达国家比例的 20%，这导致我国原创能力不足。

二是缺少龙头企业。国外企业不仅在规模体量上具有优势，而且产品线和业务范围也较为全面，通常横跨装备、自动化和工业软件多个领域，能够向用户企业提供完整的解决方案。反观我国企业，在市场规模上与国际企业仍有差距。

三是广大中小型企业信息化基础不足。我国制造企业发展不平衡，尽管部分企业的信息化已经达到高阶水平，但大部分企业，特别是广大中小型企业仍然处于发展阶段，部分甚至处于起步阶段。中小型企业信息化发展相对滞后，管理理念、制度和方式落后，经营者对信息化建设的重要性紧迫性认识不到位，信息化建设投入不足、成效不佳。

（三）发展环境仍需优化

一是支撑数字工业发展的人才结构失衡。在数字化浪潮下，传统制造业的人才素质提高和转岗转业任务艰巨。

二是各方资金支持仍无法支撑数字工业发展需求。发展数字工业需要在平台建设、系统开发、应用部署等方面进行大量的投入。

三是新产业革命国际竞争日趋激烈，加剧外部环境压力。为抢占制造业未来制高点，巩固加强主导优势，美、德等发达国家已经抢占了一定的先机，并加快新技术、新产品、新标准向我国布局，试图借我国工业数字化转型升级之机，主导新的技术体系和市场格局。

（四）政策制定实施有待完善

一是产业政策精准性有待进一步提升。国家围绕数字化升级已制定并出台了一系列国家级、地方级产业政策。当前，数字化政策存在传导不畅、协调不足、精准度有待提升等问题。在政策落实的过程中，许多省（自治区、直辖市）在一些重点领域"一哄而上"，导致低水平的重复建设较多，出现了高端产业低端化和新的产能过剩。

二是数据流转保护政策体系尚未构建。数据作为一种新的资产、新的生产要素，出现了确权、交易、流通、保护等一系列问题。依托工业互联网，智能装备、智能工厂与智能服务的工业数据流动普遍存在。工业数据涉及战略级的安全，其数据保护相对于一般数据保护更为重要。如果政府的工业数据保护水平不足，或者工业数据被当地执法部门强制披露，容易出现工业企业运营和技术数据泄露风险。

三是兜底保障政策亟须进一步完善。数字化升级虽然长期来看将优化产业机构、就业结构，推动升级，但是在短期内相对生产、加工等劳动密集型行业，数字化行业对技能要求更高，雇佣人数更少，无法满足更多转移就业及新增人口的就业需求，数字化升级对岗位的可替代性的影响特别是对低技能人员、老龄劳动力岗位的可替代性的影响不可忽视。

四、工业数字化转型的策略路径

我国工业数字化转型面临互联网与新工业革命交汇的历史机遇，也面临许多严峻挑战。我们要把握数字化、网络化、智能化融合发展的契机，加快构筑形成数据驱动、软件定义、平台支撑、服务增值、智能主导的制造业发展新范式，加快推动先进制造业与现代化服务业融合发展，开启制造业高质量发展的新征程。

（一）加快关键技术产业演进升级，强化转型基础

加速推动信息领域核心技术突破，提升工业软硬件产业的核心竞争力，培育解决方案供应商，全面构筑制造业数字化的坚实基础。一是推动软件产业高质量发展，着力完善产业政策体系，增强基础软件、核心工业软件、嵌入式软件供给能力，着力发展"软件定义"平台，加强优化公共服务。二是发展核心工业硬件。着力突破核心芯片、智能传感器、工业机器人、数控机床等关键核心技术，推进在重要行业的规模化示范应用，提升产业竞争力。三是加快培育数字化转型解决方案商，既要培育跨行业、跨领域的综合型数字化解决方案供应商，更要培育一批面向特定行业、特定领域，能够真正解决制造企业现实痛点的专业性数字化解决方案供应商，大幅降低企业，特别是中小制造业企业的数字化转型难度。

（二）深入推进工业互联网建设，引领转型方向

围绕网络、平台、安全三大体系，加快推动工业互联网创新发展，赋能工业数字化转型。一是继续推动网络体系建设，在工厂内积极推行新型网络技术部署，在工厂外加快建设高可靠、广覆盖、大带宽、可定制的工业互联网骨干网络。加快完成5个工业互联网标识解析国家顶级节点的部署及互连，推动顶级节点与部分完成部署的二级节点、实施的创新集成应用之间实现业务对接。二是深化平台体系生态构建，按照功能和业务方向差异，加强平台

分类指导，明确发展路径，从供给侧和需求侧两端发力，提升工业互联网平台的建设质量。三是不断健全管理机制、强化技术手段，尽快建立涵盖设备安全、控制安全、网络安全、平台安全和数据安全的多层次安全保障体系。

（三）全面深化融合应用，拓展转型空间

推动互联网、大数据、人工智能和制造业深度融合，形成一批网络连接更广、数据驱动更强、智能程度更高的数字化制造新模式、新业态。**一是加快企业数字化改造升级**。推动设备、生产线的自动化、数字化改造，进一步提高工业企业关键工序数控化率和数字化生产设备联网率。推动升级企业信息化系统，推动中小工业企业普及应用基础信息系统，支持大中型企业升级设计仿真、制造执行等新型信息系统。**二是深化制造业与互联网融合创新**。支持鼓励有数字化转型意识、有基础、有条件的企业率先探索，推广智能化生产、网络化协同、个性化定制、服务化延伸等新模式，创新生产方式、组织形式和商业范式。促进制造业"双创"高质量发展，打造低门槛、广覆盖、有活力的"双创"生态系统，激发创业创新活力。**三是推动人工智能和制造业深度融合**。大力发展智能制造，加快建设智能工厂，构建智能制造公共服务平台，培育一批服务能力强的系统解决方案供应商。

（四）持续优化发展环境，增强转型保障

着力挖掘数据要素潜力，强化财税支持，释放制度红利，利用好国际国内两个市场两种资源，营造工业数字化转型的良好环境。**一是丰富要素供给**。加快数据立法，完善工业数据权属、开放共享、交易流通、跨境传输和安全保护等法律规定，构筑全流程、全产业链、全生命周期的工业数据链，形成数据采集汇聚、传输流通、开发利用的闭环，挖掘工业数据要素价值。鼓励高校与信息技术企业、互联网企业和工业企业联合，培育既具备数字化思维和能力，又熟悉制造业发展模式及流程的融合复合型人才。**二是加大财税支持，引导资金投入工业数字化转型**，充分利用现有资金渠道，加大对工业数字化转型的支持力度。推动信息传输、软件和信息技术服务业税收优惠政策

延续升级，并进一步向工业软件等领域聚焦。鼓励金融机构创新金融产品，为中小型企业实施数字化转型提供定向贷款、供应链金融等服务。**三是强化制度保障**。进一步深化"放管服"改革，全面实行市场准入负面清单管理制度，努力营造规范有序、包容审慎、鼓励创新的发展环境。加大对企业专利、数字版权、商业秘密等数据信息和知识产权的保护力度。引导工业企业与平台企业、金融机构建立数据共享和业务协作机制，打造数据驱动的新型信用体系。**四是深化国际合作**。以智能制造、工业互联网等领域双边或多边合作为重点，围绕技术、产业、标准、园区、人才培养等方面开展多领域、多层次交流合作，加强试点示范，培育支持若干个具有示范性、引领性、标志性合作项目。

第十五章
服务业数字化转型的
现状、问题和路径

　　我国已是服务业大国。在第一、二、三产业构成中，我国服务业增加值占 GDP 的比重在 2012 年首次超过第二产业，成为国民经济的第一大产业。之后，服务业一直保持较快增长，服务业增加值的占比持续提升。2018 年，服务业增加值 47 万亿元，增长 7.6%，占 GDP 总量的 52%，对增长的贡献率达到 59.7%。服务业对经济增长的贡献不断提高，成为中国经济发展的主要动力。我国经济服务化进程还有很多空间，发达国家服务业占比已经超过 70%，部分国家更是超过 80%。

　　服务业是数字化转型的先发领域也是优势领域。服务业数字化新模式、新业态不断涌现，在带动消费增长、创业就业、产业转型方面展现出了强大的引领优势。当前，服务业数字化转型仍在加速发展，要充分发挥网络零售、移动支付等领域已形成的领先优势，推进服务业与信息技术全面深度融合，拓展服务业数字化转型空间，引领带动经济高质量发展。

一、服务业数字化转型的内涵

　　服务业数字化转型指**充分发挥数字技术在服务业生产要素配置中的优化和**

集成作用，通过推动数字技术与服务业各领域各环节的深度融合，实现服务业的平台化、在线化、数据化和智能化，以技术进步、效率提高和组织变革提升服务业创新力，进而形成服务业在生产方式、经营方式、管理方式和组织方式的全面升级。

服务业数字化转型的外延主要涉及服务要素、过程和产出的数字化。**一是服务要素的数字化**。一方面，数字技术以及技术框架将深刻改造以劳动为核心的传统服务业生产要素，对分散、非标和低效的传统服务资源加以整合，形成高效的资源体系；另一方面，数据广泛汇聚将产生融合型的数字化人才、知识，打造服务业的新生产要素，形成以知识为核心的服务业分工体系，推动服务业呈现全新的面貌。**二是服务过程数字化**。主要是利用数字化的手段应对复杂的服务过程管理，实现服务现场多系统的交互，包括服务手段数字化改造、服务设计规划数字化改造和服务考核评估数字化等业务流程数字化，提高服务效率和协作效率。**三是服务产品数字化**。当今世界正在经历从以产品为核心向以服务为核心的历史性转变，产品的服务化和服务的产品化趋势正在交汇，将数字化作为服务化的起点，从智能产品到智能产品系统，再到智能服务模式，构建完整的服务价值体系是服务业数字化转型的关键。

服务业数字化转型应以数字技术构建平台转型生态为主要路径。一直以来，我国服务业企业努力推进自身业务和管理的数字化来实现降本增效，但服务业转型的经验证明，数字化转型的主要路径更应该依托那些具有强大转型支撑能力的大型平台生态。正是服务业领域的平台生态的构建，实现了服务业整体的转型和服务业业态的全面重构。当前，服务领域涌现出众多大型互联网平台，例如电商领域的淘宝、本地服务领域的美团、交通出行领域的滴滴、旅行住宿领域的小猪短租、物流领域的菜鸟网络等，这些生活服务领域大型平台的出现为转型提供了丰富的数据基础、强大的计算能力和无穷的智能化前景，为数字化转型提供了良好的生态保障。

二、服务业数字化转型的现状

数字化转型有力推动服务业高质量发展。近年来，我国服务业的发展得益于消费升级和产业升级的双重拉动，以及产业数字化转型的持续推进，2018 年服务业增加值超过 46 万亿元，占 GDP 的比重达 52%，连续 5 年领跑第三产业。其中服务业数字化转型延续良好发展势头，新模式、新业态蓬勃兴起。在消费零售领域，2018 年，我国实物商品网上零售额为 70198 亿元，比 2017 年增长 25.4%，占社会消费品零售总额的比重为 18.4%，比 2017 年提高 3.4 个百分点。《中华人民共和国电子商务法》的正式出台，对电商纳税、海外代购、虚假评价等突出问题进行了回应，标志电子商务进入规范发展阶段。在智慧物流领域，区块链、人工智能等技术的优先应用取得了显著成效，2018 年 2 月，菜鸟网络宣布已经启用区块链技术跟踪、上传、查证跨境进口商品的物流全链路信息，这些信息涵盖了生产、运输、通关、报检、第三方检验等商品进口全流程，将给每个跨境进口商品打上独一无二的"身份证"，供消费者查询验证。在电子支付领域，移动支付等技术的普及应用节约了交易双方的成本，有助于激活交易和提高效率。2018 年，我国移动支付业务量快速增长，移动支付业务达 605.31 亿笔，金额达 277.39 万亿元，同比分别增长 61.19% 和 36.69%。移动支付平台已经成为一种重要的便捷交易设施，以蚂蚁金服的收钱码为例，据统计，这项服务可以将收银效率提高 60%，节约 1% 的交易成本。在社交娱乐领域，短视频行业进入爆发期，以抖音和快手为代表的短视频正在深刻影响和改变我们的生活。在线上教育领域，教育部印发了《教育信息化 2.0 行动计划》，努力构建数字经济条件下的人才培养新模式，发展基于互联网的教育服务新模式，探索数字经济时代教育治理新模式。

当前我国服务业领域数字经济创新最为活跃，数字化基础设施持续升级，服务领域资源配置效率显著提高，整体服务水平不断改善，初步实现了从规模扩张到规范发展的转变。

（一）服务业数字化基础设施全面升级

信息通信服务业自身不断壮大。互联网普及率的不断提升是服务业数字经济发展的重要支撑，截至 2018 年 12 月，我国网民规模达 8.29 亿，普及率达 59.6%，较 2017 年年底提升 3.8 个百分点，全年新增网民 5653 万，人人联网时代不再遥远。2017 年，作为新兴领域的信息通信服务增长强劲，与传统服务领域的融合应用持续快速发展。其中担负驱动新动能发展重任的信息传输、软件和信息技术服务业较 2016 年增长 26%，比 GDP 的增速高出近 20%。在规模以上服务业企业中，互联网信息服务行业营业收入同比增长 42.9%，信息技术咨询服务行业同比增长 35.4%，数据处理和存储服务行业同比增长 39.1%；移动互联网接入流量高达 246.0 亿 GB，同比增长 162.7%。信息通信服务业在其自身快速发展的同时，为服务业领域数字经济发展奠定了雄厚的产业基础。

服务业高效可靠的底层计算基础设施初步形成。大数据、云计算等作为数字经济运行的底层技术，全面支撑服务业领域数字经济的快速发展。例如，阿里巴巴开发出以"飞天"开放平台为基础的大规模分布式高可用电子商务交易处理平台，可以支撑每秒钟 17.5 万笔的交易订单和每秒钟 12 万笔的支付的产生，保障了电子商务交易和支付的稳定运行。同时，数据计算技术广泛应用于公共服务等方面，为社会经济公共服务提供计算资源，例如"云上贵州"单个平台基本集群可提供 12 万核计算资源、100P 存储资源、500T 内存资源的服务能力，推动政府数据整合、共享、开放，带动了企业、社会数据集聚及开发应用。

支撑线上、线下融合应用的物流基础设施不断完善。区块链、人工智能等技术在物流领域优先应用取得显著成效，2018 年 2 月，菜鸟网络宣布已经启用区块链技术跟踪、上传、查证跨境进口商品的物流全链路信息，这些信息涵盖了生产、运输、通关、报检、第三方检验等商品进口全流程，将给每个跨境进口商品打上独一无二的"身份证"，供消费者查询验证。京东运用智能技术推动"无人仓、无人车、无人机"的研发和应用，智慧物流领跑全球，打造全自动化的无人智慧仓储和运输，通过机器人融入上架、拣货、搬运、包装等一系列生产，构建了一套系统化的整体物流解决方案，支持分拣、搬运、拆码垛等仓储全流程的自主实现，全面提升效率，存储效率提升10倍以上，搬运、拣选效率提升 5 ～ 6 倍以上，2017 年我国快递业务量突破 400 亿的事实从侧面印证了这一趋势。

（二）服务业资源配置效率显著提升

传统服务业资源闲置、信息不对称、服务不规范、交易成本高等特点突出，显著制约服务业健康发展。数字经济通过平台组织形态和数字技术手段整合传统服务业，降低交易成本，显著提高资源配置效率。

平台组织提升服务资源配置效率。平台经济和数字技术凭借透明、共享和"去中介化"等优势，全面整合本地生活服务与垂直领域服务，逐步消除传统商业模式中的中间环节、重复生产、信息不透明等劣势，实现小、散、乱的传统服务业资源配置质量显著提升。

数字技术融合应用，显著降低交易成本。一方面，移动支付等技术的普及应用大范围节约了交易双方的成本，有助于激活交易和效率提高。另一方面，交易成本大幅下降，支撑了大范围的应用创新，基于移动支付的新型服务业态不断涌现，例如共享单车的推出，生鲜食品 30 分钟送达服务等。作为市场估值超过 30 亿美元的 55 家创业公司之一，"货车帮"是一个货车信息平台，聚集公路物流信息，可融入全国物流服务。该系统可以与运输公司提出的运输要求自动匹配，大幅降低了空载率。每年"货车帮"在中国可节约价值 500 亿元的燃料，减少 2700 万吨二氧化碳的排放。

（三）服务业实现从规模扩张向规范发展转变

近年来，通过切实加强服务业数字经济平台监督和管理，以及数字技术手段的广泛应用，服务领域安全保障缺乏、服务品质良莠不齐等现象显著改善，助力服务业领域数字经济从野蛮生长向规范发展持续转型。

监管政策纷纷出台，及时弥补治理缺位。例如在互联网金融领域，3 年来，政府在监管和合规方面持续发力，行业乱象得到进一步规范，《关于促进互联网金融健康发展的指导意见》《互联网金融风险专项整治工作实施方案》等政策得到有效落实。信息披露、征信等互联网金融基础设施建设正步入正轨，《网络借贷资金存管业务指引》和《网络借贷信息中介机构业务活动信息披露指引》先后发布，反映出互联网金融服务实现了野蛮扩张向规范发展的转变。

技术手段广泛应用，全面提升治理水平。以共享单车为例，截至 2017 年 12 月，共享单车全球注册用户总数已近 4 亿，全球单车投放总量为 2300 万辆，治理难度巨大。针对共享单车乱象：一方面，政府持续加强监管，交通运输部等 10 个部门联合出台《关于鼓励和规范互联网租赁自行车发展的指导意见》，各地纷纷出台有关管理细则，促使共享单车行业不断规范；另一方面，企业建立融合智能化、信息化、可视化技术的自行车服务系统，做好共享单车大数据的收集、管理和使用，实现科学投放，合理规划，共享单车企业服务质量明显提升，群众出行体验持续改善。在网络打假方面，阿里巴巴全球最早使用现代 OCR 等技术用于扫描审核包括身份证、发票、营业执照、专利证书在内的 23 种资质图，识别并拦截违规商品图片，净化了平台环境，提升了平台治理能力。

专栏 15-1　分散化、规模小、碎片化的物流服务业的数字化转型

物流行业的最大特点是需求个性化、多样化、碎片化，空运空载多，浪费大。其转型诉求是物流信息共享与精准匹配，实现各个供应链上多环节沟通，更好地实现智能化的管理和协作。转型路径主要是基于网络平台的共享物流和众包物流，基于数据驱动的精准物流，并正在向智能化无人物流演进。物流业的数字化转型历程如图 15-1 所示。

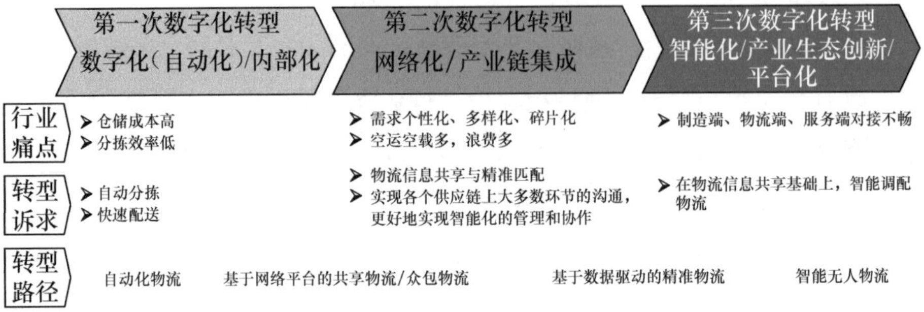

资料来源：中国信息通信研究院

图 15-1　物流业的数字化转型历程

我们对比分析了工业和服务业的数字化转型路径，发现它们有很多不同：在转型基础上，服务业的数字化转型需要连接人，工业数字化则需要实现人、机器、物料全面连接；在转型路径上，服务业通用性强，常常呈现平台化发展态势，而工业专用性强，垂直深化，平台化不足；在转型目标上，服务业主要是提高交易效率，提升体验，而工业是提高生产效率；在推动主体上，服务业主要是互联网企业，而工业领域主要是工业企业；在转型时间上，服务业短中期快速变革，工业中长期渐进推进；在数据主线上，服务业是滞后分析，而工业是实时分析，分析数据背后的物理意义和关联逻辑，需要跨学科技术融合，包括数学、物理、机器学习、生产工艺等。

三、服务业数字化转型的趋势和挑战

（一）服务业数字化转型的新趋势

趋势一：数字化转型推动生活性服务业和生产性服务业融合发展

从上述的很多案例中可以观察到，在数字经济时代，大数据、云计算、人工智能等信息技术日益渗透到生活性服务领域，不断增加生活性服务业的技术含量，大幅改变服务业技术薄弱、小散乱的传统形象。同样，类似技术也被作为生产性服务的技术支撑，例如，阿里云就推出了 ET 医疗大脑和 ET 工业大脑，这两个"大脑"与其电子商务平台具有共同的底层技术。数字技术作为生产和生活领域的通用技术，使生活性服务业和生产性服务业具备融合发展的基础。

趋势二：数字化转型激发公益性服务业巨大潜力

近年来，群众对公共服务效率的需求不断提高，政府不断精简行政性支出，公益性事业的社会化主办和市场化转型成为必然趋势，由政府承担的公益性服务将逐步进入市场。相对于需求而言，市场化公益服务的供给缺口巨大，数字技术的广泛使用有助于弥补传统公益服务资源缺口。以养老服务为例，中国社会老年人口规模庞大，增速加快，在数字经济时代，以互联网和大数据为依托，集聚并应用老龄人口大数据，可以弥补和克服养老资源不足、传统养老服务水平低等问题。

趋势三：数字化转型推动监管创新与服务创新同步发展

在数字化转型背景下，企业竞争向平台竞争发展，市场中的不规范竞争问题频现，呈现出许多新特点、新问题。我国需要加强和创新竞争执法，在尊重服务型企业模式创新的同时，利用大数据创新治理手段，探索建立与平台协同治理机制，不断规范企业行为，创新竞争执法模式，营造良好的发展环境。另外，在不断进行服务模式创新的同时，运用大数据管理手段，实施信用信息共享，加大对"违信"的处罚力度，可以提高失信违约成本，让各类主体"不敢违约、不愿违约"，建立守信、有序的服务业市场秩序。

（二）服务业数字化转型的挑战

挑战一：转型不平衡的挑战

目前我国服务业数字转型仍然极不平衡，一方面表现为服务业内部转型的不平衡，虽然在电子商务、普惠金融、共享经济等方面处于国际前列，但是物流、商务、科技服务等领域的数字化转型仍处于发展初期，需要不懈努力；另一方面表现为服务业大中小型企业间的转型不平衡。当前服务业数字化转型成功经验仍然是以大型企业为主，但广大中小型企业，特别是小微企业和个人在参与服务业业务转型过程中处于被动地位，如何提升数字化能力使广大中小型企业受惠是值得关注的重要问题。

挑战二：转型引发冲击的挑战

转型迟缓的传统服务企业与新兴的依托互联网平台快速崛起的服务企业竞争进入白热化阶段，例如，电商对实体零售行业的冲击、互联网金融对传统金融服务的冲击等表现明显，数字化催生的新业态加速对服务业进行全面渗透，传统服务企业的发展举步维艰。数字化的购物、广告、租车、旅游、教育等新型服务的兴起给实体、门店经营模式带来严峻挑战。

挑战三：转型对经济治理的挑战

平台持续健康发展需要治理能力匹配。近年来，以阿里巴巴、腾讯、百度为代表的互联网企业崛起，它们以电商、社交、搜索为核心，凭借雄厚的资本，通过收购、入股、战略合作等方式进行布局，广泛渗透到各行各业，规模和影响力持续扩大。一方面这些平台经济体技术先进，触角广泛，数据丰富；另一方面，网络上虚假信息、假货泛滥、不良信息的传播等问题与它们密切相关。在数字时代，对于平台经济体，政府既不能放任又离不开支持，需要在监管与治理中把握平衡，形成良性互动、公平合理的治理结构。转型顺利开展需要将适应性法律法规作为有力保障。数字化转型的过程中涌现出很多新技术、新模式、新业态。"新"意味着旧的利益格局被打破，创新处于摸索阶段，行业发展不成熟，政府的政策准备不充分，法律滞后。现有的法律政策体系仍是面向工业时代，适用于数字时代的相关政策和法律还没有及时跟上。

四、服务业数字化转型的策略路径

第一，加强传统服务领域数字技术应用创新

受到技术能力的制约，传统生活服务领域直接采用数字技术的难度更大，成本更高，但数字技术创新的不断深化，为生活性服务领域的数字技术应用创造了更多可能性。通过加强数字技术在生活的服务层面的应用：一方面可以推进服务业管理标准化进程，以餐饮为例，机器人技术不仅将人类从一些高重复性、高风险的劳动中解放出来，让人类去从事更安全、更有创意的工作，而且那些融合了数字技术的清洁机器人的清洁服务，通过程序设定和自动执行，将显著缩短清洁时间，更好地执行统一化的清洁标准，提高整体效率；另一方面，数字化也正在颠覆整个行业的管理模式和商业模式，协助提高消费者的满意度和运营管理效率。以智慧餐饮结算系统为例，只要1秒钟扫一下餐盘，就能完成菜品的自动结算，还支持刷脸支付等功能，带给客人全新的用餐体验。数字技术在餐饮服务业的应用不但能提高收银员的劳动效率，还可以分析菜品数据，寻找客户的用餐偏好，为客户的健康保驾护航，协助厨师长管理食材成本，进而发掘新的利润增长点。

第二，抓住数字化转型契机实现服务业产业整合

从企业层面到平台层面的整合是服务业效率提高和质量跃迁的必然之路。一方面，数字化转型正推动服务企业做大做强，鼓励大型服务企业整合多方资源，引导我国服务业的格局由小型、零散向大型、统一改变，使我国服务企业充分享受数字经济发展的红利。另一方面，服务领域"线上、线下"融合的平台生态日益成熟。以零售为例，在变革的阵痛过后，几乎每家实体零售企业都在努力"触网"，打造线上平台，并与互联网企业、电商企业展开合作。更值得注意的是，大型电商企业也在向传统零售业中的优质资源靠拢，积极向线下拓展。在大数据、智慧物流和个性化生产的推动下，零售业

依靠线上、线下结合迎来了"新零售"的新局面。当前，服务业的实体店面正在成为品牌展示、数据收集、资源分发的集成和中转场所，有力地促进了服务供给和服务需求之间的反馈、迭代，连通着大物流和小社区，资金流、商流和信息流也在此进行全面融合。

第三，加快生产性服务业数字化转型的步伐

从具体领域看，加快生产性服务业数字化转型要做到以下 3 点。**一是加快发展高效物流。** 加快建设跨行业、跨区域的物流信息服务平台，提高物流供需信息对接和使用效率，鼓励大数据、云计算在物流领域的应用，建设智能仓储体系，优化物流运作流程，提升物流仓储的自动化、智能化水平和运转效率，降低物流成本。**二是加快发展电子商务。** 增强我国电子商务发展领先优势，大力发展农村电商、行业电商和跨境电商，进一步扩大电子商务发展空间。**三是加快发展普惠金融。** 促进互联网金融健康发展，全面提升互联网金融服务能力和普惠水平，鼓励互联网与银行、证券、保险、基金的融合创新，为大众提供丰富、安全、便捷的金融产品和服务。

第四，增加数字化公共服务供给

加强网络信息技术与政府公共服务体系的深度融合，推动公共数据资源开放，促进公共服务创新供给和服务资源整合，构建面向公众的一体化在线公共服务体系。一是推进基础设施的资源整合与共建共用，推进基础信息资源和业务信息汇聚、交互共享，挖掘大数据，创新公共服务。二是推进电子政务大数据研发与应用，推动我国电子政务大数据的研发与应用发展，以政府数据开放推进大数据深度应用，鼓励社会力量积极参与政府数据资源的深加工和再利用，促进公共服务创新供给和服务资源整合。三是推动中小型企业公共服务平台健康有序发展。加强中小型企业公共服务平台协同能力，促进企业集聚，提升服务带动能力，扩大社会影响力。推动平台向产业链上下游拓展服务内容，加强服务合作，打造以平台为核心的服务功能协同、服务人员协同、组织机制协同的公共服务生态。充分利用专项基金、政府购买服务等多种形式，开展面向创新创业、"走出去"等新型服务，拓展中小型企业公共服务的广度和深度，提升专业化、便利化水平。多种形式引入第三方服务主体，扩大增值性服务供给，鼓励平台与众包、众筹、众扶、众创等"双创"支撑平台深入合作，开展平台对接，开展基于新一代信息技术的定制化、多元化、动态化等服务。

第五，优化服务业数字化治理

推动数字化转型过程中服务业规范有序发展。**一是加快转型标准化进程**。鼓励行业协会等社会组织出台统一的行业标准，为服务业转型标准化提供依据。引导企业完善自身管理机制，加强服务质量控制，促进我国服务业不断提高自身标准化程度和提供标准化服务的能力。**二是规范数字化转型过程中服务业市场秩序**。进一步完善法律法规和监管机制，规范企业行为，督促企业向高端化、专业化发展，远离各类不正当竞争和低价竞争行为，引导服务业公平有序发展。**三是着力破除准入门槛高、服务规范难、个人征信缺失等瓶颈制约**。探索推动新模式、新业态发展的有效途径，全面梳理融合业务发展存在的准入门槛问题，逐步清理闲置新企业进入的不合理因素，打造开放包容的发展环境。同时，发挥大数据作用，助力企业完善个人征信体系建设，营造可信服务环境。强化市场标准规范制定和落实。加快出台公共服务市场服务质量考核、产品应用服务标准、服务保护法律规范等政策文件，推动公共服务市场健康有序发展。

第十六章
农业数字化转型的
现状、问题和路径

农业是我国的基础性产业，关乎国家稳定、民心安定。但我们应看到，无论是与国民经济其他行业相比，还是与发达国家农业相比，我国农业整体还处于传统发展阶段。互联网是农业组织形态的新框架、农民生产经营的新工具、农村全面发展的新载体，为解决我国农业发展面临的组织形式小散、生产方式粗放、服务水平滞后、质量安全缺失等一系列突出问题提供了有效途径。

我国农业生产总体尚处于机械化阶段，数字化、网络化、智能化进程任重道远。深化互联网在农业领域的融合应用，直接目的是提高劳动生产率和资源利用率，降低农民劳动强度，根本目的是强农、惠农、富农，让农民享受现代化成果。农业数字化转型就是要将物联网、云计算、大数据、移动互联、电子商务、4G/5G 等新兴信息技术与农业生产、经营、管理、服务等各个方面深度融合，实现生产智能化、经营网络化、管理高效化、服务便捷化，实现传统农业向现代农业的转型升级。

一、农业数字化转型的概念内涵

农业数字化即充分发挥信息技术在农业生产要素配置中的优化和集成作用，通过农业的在线化和数据化，实现信息技术与农业生产、经营、管理、服务各个环节和农村经济社会各个领域的深度融合，通过技术进步、效率提高和组织变革，提升农业的创新力，进而形成农业生产方式、经营方式、管理方式、组织方式和农民生活方式变革的新形态。农业数字化以解决农业生产、经营、管理、服务中的现实问题为起点，通过物联网、大数据、移动互联网、云计算、空间技术、智能化技术（机器人及装备等）等信息通信技术与农业全要素、全价值链的融合，实现农业的在线化、数据化，以达到提质、增效、增收、便利的最终目标。农业数字化转型的体系架构如图 16-1 所示。

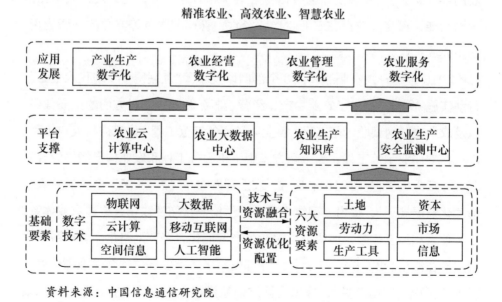

资料来源：中国信息通信研究院

图 16-1　农业数字化转型的体系架构

二、农业数字化转型的现状

（一）支撑转型的政策体系基本成形

党中央、国务院把农业农村作为实施国家创新驱动发展战略、网络强国战略以及"大众创业、万众创新"的重要领域，并做出了全面部署，推动农业数字化转型。

2015年9月，农业部（现农业农村部）、商务部等印发了《推进农业电子商务发展行动计划》，提出了推进农业电子商务的指导思想和基本原则，要求在推进过程中以改革创新为动力，以加快转变农业发展方式、有效提升消费需求为主线，强化顶层设计和政策引导，着力解决农业电子商务发展中的困难和问题，完善制度、机制和模式，营造开放、规范、诚信、安全的发展环境。2015年12月，农业部印发了《农业部关于推进农业农村大数据发展的实施意见》，强调要加强数据整合共享和有序开放，充分发挥大数据的预测功能，深化大数据在农业生产、经营、管理和服务等方面的创新应用，初步完成农业数据化改造。

2016年4月，农业部联合8个部门印发了《"互联网＋"现代农业三年行动实施方案》，提出了农业生产、经营、服务和农业农村方面的主要任务，以及农业物联网试验示范工程、农业电子商务示范工程、信息进村入户工程、农机精准作业示范工程、测土配方施肥手机服务工程和农业信息经济综合示范区6项重大工程。2016年9月，农业部发布了《"十三五"全国农业农村信息化发展规划》，提出要围绕推进农业供给侧结构性改革，构建农业体系、生产体系和经营体系，加快推进农业生产智能化、经营网络化、管理数字化和服务在线化。2016年11月，农业部发布了《农业部关于全面推进信息进村入户工程的实施意见》，提出要推进信息进村入户工程，完善基层信息服务体系，构建综合信息服务平台，力争到2020年完善"政府＋运营商＋服务商"三位一体的推进机制，修通农村"信息高速公路"等基本目标。

2018年6月27日，国务院常务会议听取了"深入推进'互联网＋农业'促进农村第一、二、三产业融合发展情况"的汇报。会议强调，要加快信息技术在农业生产中的广泛应用，实施"互联网＋"农产品出村工程，鼓励社会力量运用互联网发展各种亲农惠农新模式、新业态。2019年5月，中共中央办公厅、国务院办公厅印发了《数字乡村发展战略纲要》，要加快农村数字经济发展，强化农业农村的科技创新供给，繁荣乡村网络文化，激发内生动力，明确3个阶段的网络覆盖率、城乡"数字鸿沟"和农民数字化目标。与此同时，各地区各部门也相继出台了一系列配套政策，以部门协作协同的推进机制为农业数字化转型营造了良好的政策环境。

（二）农业数字化转型全面推进

1. 农业生产数字化

互联网促进了农业传统粗放式的种养殖模式向集约化、精细化方式转变，进而向智能化演进。通过部署具有传感器的智能农业设施、农机装备，可以实现对环境信息的有效感知；利用互联网、物联网将智能农业设施、设备高效联通，可以实现农业设施的自动调节控制；利用云计算、大数据等对农业环境信息、生产信息等进行计算分析，可以实现对天气、气候、病虫等方面的精准预测。例如，通过互联网平台和智能终端，农户甚至可以足不出户，就实现对大田土壤温度、湿度、光照等信息的远程查看，实现对畜禽个体行为的远程监测，实现对养殖塘内温度、水质、溶氧量等的远程调控。

传统的粗放式农业生产方式对资源破坏严重、生产效率低、农产品市场竞争力低、农民收益率低，亟须向精准化的生产方式转变，而农业物联网则是推动我国精准农业发展的关键。同时，我国幅员广阔、地区发展不平衡，在全国全面铺开农业物联网建设并不现实，应当在网络基础设施较好的领域和地区率先发展，总结经验，再由点到面逐步推开。

农业生产环境实时监测。针对不同的农业领域，研发了专业化、系列化的传感、传输、控制设备，开发部署相应的软件分析系统。例如针对大田粮食种植、设施农业等，选择网络基础较好的地区，发展土壤墒情、肥料情况、光照度、气温湿度、虫情监测等环境感知系统；针对畜禽水产养殖领域，加快普及动物行为、养殖环境实时监测系统。

专栏 16-1　农业物联网技术在葡萄种植上的应用

安徽省滁州市全椒县六镇镇牧龙山现代农业示范区地势平坦、土壤肥沃、水源充足、电力、网络开通，葡萄品种优良，为物联网建设提供了良好的基础条件。为实现科学种植、科学监测，提升农业效益，该示范区建立了1个智能生产管理平台、1个物联网应用控制中心和1个物联网数据中心。智能生产管理平台包括葡萄精细种植管理物联网应用和葡萄园区视频监控物联网应用两个部分，可对葡萄园区进行环境数据监测、环境预警、设备控制、数据管理和视频监控，结合大数据分析和自动控制系统，做到远程管理、在线诊断，实现葡萄种植物联网精细管理。物联网应用控制中心将项目的视频信号、信息数据等应用系统接入全椒县平台，实现数据、视频、报警、水泵控制的统一管理和物联网各项功能的展示。物联网数据中心用于存储葡萄园区综合应用平台的视频和传感信息及业务数据，并提供业务应用服务，是葡萄园区各项应用系统的基础数据源。

如今，园区葡萄单产 $1.87 \times 10^6 \text{kg/km}^2$，产量稳定，损失减少 1%，异形果减少 5%，果穗颗粒大小均匀，质量和售价有所提升；同时，用水、用肥、用药精准，大幅减少人工，成本约减少 10%。与物联网未建之前相比，共增收 14.925 万元，其中，因销量增加增收 1.25 万元，因质量、售价提高增收 12.375 万元，投入品减少增收 0.3 万元，减少 1 个临时工增收 1 万元，实现了社会效益和生态效益的双提高。

农业精准生产。大宗农产品规模生产区域往往也是我国的粮食主产区，地理条件便于大型机械集中化生产，交通、网络等基础设施覆盖能力较好，有利于机械化、信息化优势的充分发挥。这些区域率先尝试集全球定位、地理信息、农田遥感、环境监测、智能化农机具、农业专家等于一体，实施智能节水灌溉、测土配方施肥、农机定位耕种等精准化作业，发展机械化、网络化有机结合的现代化农业大生产。构建"天地一体"的农业物联网测控体系，有利于政府的宏观预测和精确统计，从而提高农业生产的灾害预警和科学管理能力。

农业标准化基地建设。现阶段，畜禽标准化规模养殖基地和水产健康养殖示范基地建设已经取得了一定的成效，这些基地经济基础和技术基础良好，规模化、标准化养殖能力强。一些大型养殖场已经开始引进先进设备和养殖场环境监控系统，对温度、湿度、空气质量等进行实时监测。同时，这些养殖基地进一步推动饲料精准投放、疾病自动诊断、废弃物自动回收等智能设备的应用普及和互联互通，以"测"为基础，在"控"上多做文章；以环境信息为基础，在养殖对象上多做文章；以单机为基础，在联网上多做文章。有助于总结成功经验，形成示范效应，进而逐步推开，提高全行业的养殖水平，规范养殖行为，确保动物产品质量安全。

2. 农业经营数字化

互联网改变了农业经营的理念和模式，实现了农业经营的网络化。互联网加速了农户之间、农户与市场之间的信息对接和信息共享，提高了农业经营的规模化水平和资源利用效率。互联网提升了农业大户、龙头企业、农民专业合作社等新型农业生产经营主体的经营管理水平，实现了对生产过程、人员情况、成本核算等方面的工业化管理。农业电子商务的发展，将农业生产、流通、交易连成有机整体，有效减少了流通环节，实现了小农户与大市场的有效对接。

以"小而散"的农户家庭经营为基础的传统农业生产经营体系已经不

能够适应现代农业面向大生产、面向服务化的发展要求。通过互联网将分散的小农户集中连片，加强互联网在专业大户、家庭农场、农民合作社、农业产业化龙头企业等规模化生产主体中的应用，构建以新型生产主体为基本单元的全新的农业生产经营体系，是保障现代农业发展方式顺利推进的前提。

新型生产经营主体是通过数字化技术转变农业生产经营模式的主力军。鼓励互联网企业建立农业服务平台，提升这些新型生产主体的产销对接能力，对于整个农业生产经营方式由"生产导向"向"消费导向"转变至关重要。例如，通过大力发展农业电子商务平台，不断增强农业生产主体与消费者的产需互动，逐渐将其从单纯的交易平台拓展为生产经营的决策平台，实现根据"消费者吃什么"决定"农民种什么"。**订单农业就是近年来发展起来的具有典型"消费导向"性质的新型农业生产经营模式，即农业生产主体通过互联网与农产品购买者签订订单，根据市场需要来组织安排农产品生产，从而有效避免了盲目生产。**

专栏 16-2　贵安新区"云上农场"种蔬菜，实现订单农业精准销

　　2017 年 6 月，刚刚完成大数据农业精准扶贫云平台基础系统建设的贵州省贵安新区绿澳农业科技有限公司（以下简称"贵澳"），将贵安新区马场镇场边村列为首批帮扶村之一，成立了云兴惠民生态农业农民专业合作社。贵澳构建深度垂直的产业生态，一边打造线上"云上农场"，推动专业合作社种植经济价值高的西兰花、番茄等生态蔬菜，一边通过线下采摘体验促进旅游、示范园区展示等方式，推动场边村传统农业向现代高效生态农业转型，带动传统农民向新型产业化农民转变。不足三年的时间，云兴惠民生态农业农民专业合作社的土地规模从 80000 平方米扩大到了 200000 平方米，每年通过合作社务工增加收入的村民达 400 多人。

　　贵澳通过大数据对全国各大农贸市场的走势和曲线进行分析，得到当前

各类农产品的需求趋势，再指导合作社按需生产，种出适合市场的产品。基于大数据农业绿色、健康等种植特点，花溪大学城的一批高校食堂原材料采购商纷纷找到场边村等线下种植基地，要求进行原材料供应。在订单模式下，采购商先下单，订单明确，需求和数量明确，以销促产，引导生产就有了可能。贵安新区坚持"云"思维，充分发挥大数据产业发展优势，精准把握产业发展要素，大力推广"龙头企业＋合作社＋农户"模式，把千家万户的农业产前、产中、产后各个环节连接起来，实现产销一体化、规模化、专业化和集约化，探索出一条用大数据助推乡村振兴，用市场化推动乡村振兴的贵安新路子。

互联网等新一代信息技术的应用对提升农业生产经营主体的科技化、组织化和精细化水平具有重要意义。通过发展综合的农业互联网服务平台，不断汇聚农副产品、农用物资的市场和交易大数据资源，对市场行为进行有效分析，进而帮助专业大户、农业合作社做出更符合市场需求的经营策略。大力发展农业电子商务，不但能够显著降低农副产品、农用物资的交易成本，还可以有效提升交易的透明化程度，充分发挥价格信号的引导作用，使市场中的各类主体及时准确地进行决策，从而减缓农产品价格的波动，提高生产经营效率，提升普通农户生产经营的增值空间。

专栏 16-3　农业沃土云大数据平台建立，中国农业向智慧化迈进

2018 年 11 月，青岛市城阳区"农业沃土云"平台正式上线。依托华为大数据技术打造的"农业沃土云"平台，是一套集成了传感器、物联网、云计算、大数据的智能化农业综合服务平台，整合了上游传感器供应链、下游农业管理应用商等资源接入，为盐碱地稻作改良、全产业生态圈的打造、智慧农业的发展提供平台化、标准化和共享化服务。"农业沃土云"平台由 GIS（地理信息系统）、大数据 AI 分析决策支持系统、土壤改良大数据管理系统、

精准种植管理系统、精准作业管理系统、病虫害预警诊断管理系统、智慧农业视频云管理平台、农业云计算中心、指挥调度服务中心等组成，能够实现农业生产环境的智能感知、智能预警、智能分析、智能决策、专家在线指导，为农业生产提供精准化种植、可视化管理、智能化决策，实现"从农田到餐桌"的全过程质量追溯体系。

"农业沃土云"平台已建立了首个农业私有云，未来将陆续在山东济南、陕西延安、新疆喀什、海南三亚多地建立数据云平台，构建物理分散、逻辑集中、资源共享、按需服务的分布式数据中心。

土地规模是农业实现机械化和专业化生产、获得较高生产经营效益的前提和保证。而农村土地流转是发展土地规模经营、构建新型农业生产经营体系的重要机制和有效手段。我国农村土地流转总体平稳，规范用好农村土地流转公共服务平台，对提升土地流转透明水平、切实保障农民权益至关重要。当前土地流转市场还缺少全局化、权威化、专业化的信息服务和流转交易平台，我国需要针对土地流转过程中存在的主要问题，重点建设土地确权登记管理服务、耕地流转管理服务、农民负担监管等网络化平台，强化对各类土地承包经营权的物权保护，规范经营流转行为，提升纠纷仲裁效率，保障农民的财产权利。

3. 农业管理数字化

互联网为农业管理提供了更便捷的支撑手段，推动了农业管理方式创新，提高了农业部门的行政效率，实现了农业管理高效透明。移动互联网能够有效拉近农业生产经营主体与农业主管部门间的距离，实现行政审批、公共服务等工作的在线处理，推动了信息公开。农业管理部门通过对农业大数据挖掘分析，能够有效提升管理决策的科学化水平，提高对自然灾害、突发事件、重大动物疫病防控等方面的相应处理能力。利用云计算建立农业监测预警、农产品和生产资料市场监管、农村市场和科技信息服务等公共服务平台，有效提高农业政务管理信息化、网络化水平。

在农业管理中，最重要的应用之一是农副产品质量安全追溯。追溯体系建设的首要任务是构建农副产品质量安全追溯公共服务平台，推进制度标准建设，建立产地准出与市场准入衔接机制。公共服务平台建设即建立全国性质的农业追溯平台，将政府监管、全程追溯、违法举报、信用记录等功能融为一体，使每个公民都可以充分了解所购买农副产品的全流程信息。除制定相关法律法规外，加快统一各门类、各行业、各部门的数据标准，建立统一的数据接口是实现全流程追溯的真正前提。农副产品可追溯的关键环节是产地准出和市场准入，利用互联网建立各主管部门的有效协同机制，对严控农副产品"一出一入"具有重要意义。

追溯体系建设的目的是实现生产、流通、经营等环节的信息透明。当前全国多数地区的追溯服务以超市经营环节应用居多，在流通环节也已有应用，但在农副产品的源头——生产环节的信息获取还不充分。同时，产品追溯只在一些大型企业或某些食品（例如奶粉）方面有应用，大部分农副产品还不具备追溯条件。新型农业生产经营主体比小农家庭更有条件部署互联网相关技术，应率先将追溯能力深入到生产源头，加大移动互联网、物联网等技术在生产经营中的投入，提高农副产品生产加工、流通经营各环节的信息采集能力。加强上下游各经营主体间、经营主体与消费者间的信息对接。先从有条件的大型农业主体、重点农业产区入手，逐步向全行业推广普及，最终实现从"农田到餐桌"真正意义上的全过程可追溯，提高食品安全保障水平。

专栏 16-4　北京设施农业食品安全溯源管理系统

北京设施农业物联网应用示范项目根据北京设施蔬菜生产实际需求和保障农产品质量安全的建设目标，通过数据库技术、RFID 技术以及二维码技术，建立了设施农业食品安全溯源管理系统。通过 RFID、二维码追溯各基地各批次蔬菜在生长过程中的环境信息、用药信息、农残信息、视频信息，追溯配送车辆运输过程中车厢内的空气环境，车辆位置以及行驶状况等信息，使得消费者可以透明了解设施蔬菜"从农田到餐桌"的生产与供应过程。

4. 农业服务数字化

互联网为农业信息服务开辟了多种信息化渠道，拓宽了信息服务领域，丰富了信息服务手段。通过电脑、智能终端等载体，以及官方网站、微信、微博等媒介，广大农民能够及时获取与生产、经营生活息息相关的各类政策、市场和科技信息，便于接受专业人员的远程指导。随着互联网向农村、农业加速渗透，信息服务模式也不断丰富，为推动农民生产生活方式改变、促进城乡经济协调发展等也起到了重要作用。

信息进村入户是推动农业转型升级、提升农业现代化水平的重要举措。随着智能手机在农村普及度的不断提升，移动互联网成为推进信息进村入户的关键切入点。互联网企业、行业协会、专业机构等加大对涉农微信、微博、专业 App 等移动应用的平台和内容投入，为农民提供政策、市场、科技、保险等生产生活各方面的便捷信息服务，确保能将农业政策法规、新品种技术、动植物疫病、农产品市场价格、农产品质量安全等信息及时传达给农民，以此培养农民应用互联网的习惯，提高农民的网络依赖度。

专栏 16-5　信息服务深入农村

自 2017 年起，农业部开始在全国范围内实施信息进村入户工程，在有关部门和各地政府的有力推动下，信息进村入户的服务覆盖面不断扩大，功能不断拓展，作用不断凸显，实现了公益服务、便民服务、电子商务和培训体验服务的"一社综合、一站解决"。截至 2018 年 10 月底，全国共建成运营 22.3 万个益农信息社，累计培训村级信息员 72.2 万人次，为农民和新型农业经营主体提供公益服务 8731

万人次，开展便民服务 3.1 亿人次，实现电子商务交易额达 203 亿元。

河南省是最早开展信息进村入户试点工作的省份之一，也是首批整省推进示范省之一。自 2017 年以来，河南省先后建成益农信息社 38725 个，占建设任务 37600 个的 103%，占全省行政村总数 46938 个的 82.5%。此外，益农信息社还对农业数据、农村经济运行数据和农民日常生活数据进行日常采集，为发展数字农业、建设智慧乡村、实施乡村振兴战略提供了信息支撑。

在涉农信息服务方面，一些政府和专业的农业机构已初步建立基于新一代信息技术的农业信息服务平台，为广大农民提供良好的服务支撑。但同时应该看到，当今在大数据、云计算技术等方面领先的互联网企业、软件服务企业鲜少在农业信息、数据服务方面进行业务布局。因此，应充分发挥互联网企业、软件服务企业的技术优势，与农业生产主体实现跨界合作，建立起基于新一代信息技术的农业信息监测体系，推动大数据在灾害异常预警、耕地质量监测、重大动植物疫情防控、市场波动预测、经营科学决策等方面的深度应用，为农业生产提供更加精准的信息服务，带动农业的高效发展。

专栏 16-6 政府和专业机构在农业信息服务方面的探索

12316 平台是一个中央级的农业综合信息服务平台，包括 12316 农业综合信息服务门户、语音平台、短彩信平台、视频诊断系统、农民专业合作社经营管理系统等应用系统。12316 平台按照边建设、边应用、边完善的原则，已在北京、辽宁、吉林等 12 个省（自治区、直辖市）实现了系统示范应用和平台对接。

中国农业科学院信息所开发了农技服务云平台，该平台主要包括工作平台、管理平台、农情采集与监测平台三大功能模块。农技人员在田间地头利用手机拍照就能够随时采集信息，再通过移动互联网访问云平台，与农业专家实现线上互动，从而提高了种养殖过程中的疑难问题解决的效率，提高了生产经营的科学决策水平。

三、农业数字化转型面临的主要问题

"宽带中国"战略加快推进，农村互联网普及速度逐年上升，一些大型互联网企业也加快向农业、农村布局，个别先进的地区、农业生产主体也已经开始将互联网逐步由管理、经营环节向生产环节拓展，这些都为农业数字化转型的加快实施提供了良好基础。但同时也应看到，互联网在农业领域的应用还面临制度、基建、人才、技术等方面的挑战，在很大程度上制约着农业数字化转型的全面推广。

（一）农村互联网基础设施相对薄弱

高速、泛在、安全的网络基础设施是推动农业数字化转型的基本前提，数字化转型发展较好的领域，无不是先有信息基础设施的有力支撑，后有各类新模式、新业态的蓬勃兴起。同样，农业数字化转型离开了农村互联网基础设施建设，就成为"空中楼阁"。然而，就目前来讲，农村地区的互联网基础设施仍然相对薄弱，全国仍有近 3 万个行政村没有通宽带，拥有计算机的农民家庭比例不足 30%，农村互联网普及率不足 40%。中国互联网络信息中心（China Internet Network Information Center，CNNIC）2019 年 2 月发布的第 43 次《中国互联网络发展状况统计报告》显示，尽管农村地区网民规模、普及率不断增长，但是城乡互联网的普及率差异仍有扩大趋势，截至 2018 年 12 月，城乡普及率差异达到 36.2%。

（二）农业复合型人才缺乏

农业数字化转型是一项复杂的系统工程，需要一批既熟悉农业生产经营又精通数字技术的复合型人才，但是农村信息化人才匮乏问题长期难以有效解决。市、县、乡三级农业信息员以兼职为主，缺乏对互联网相关知识技术的系统性掌握，同时也无法专心致志地从事农业互联网的相关工作，从而影响了农业现代化的发展速度。

（三）农业数字化应用能力不足

以互联网为代表的数字技术应用产业链的完善和成熟是推动数字技术在各个领域深入渗透的有力保障。但对于农业领域来说，当前相关应用的研发和集成创新明显不足，技术成果转化率和产业化程度不高。农业数据资源利用不足，数据分割严重，物联网、云计算、大数据等技术在农业领域的应用大多停留在试验示范阶段，亟须转化为现实生产力。互联网企业、软件服务企业、电信运营商对农业领域，特别是生产环节的布局缺乏动力，农业生产主体自身对互联网新产品、新模式、新业态缺乏敏感度，供需双方普遍没有形成良性互动，进一步制约了农业领域互联网应用的产业化推广。

四、农业数字化转型的策略路径

（一）夯实基础设施建设

我国农村电子商务尚处于发展初期，各项基础设施还不够完善，因此要加强农业农村信息化装备建设，不断提升农田水利基础设施、畜禽水产工厂化养殖、农产品加工贮运、农机装备等基础设施信息化水平，推进北斗系统在农业农村中的应用。第一，加强农村流通基础设施建设，推动"宽带中国"战略在农村深入实施，提高农村宽带普及率，完善电信普遍服务补偿机制，加快农村信息基础设施建设和宽带普及，促进宽带网络提速降费；第二，对未通宽带行政村进行光纤覆盖，对已通宽带但接入能力低于12Mbit/s的行政村进行光纤升级改造，边远地区、林牧区、海岛等区域根据条件采用移动蜂窝、卫星通信等多种方式实现覆盖，尽快落实农村地区的网络降费政策，探索面向贫困户的网络资费优惠；第三，加强农村公路建设，提高农村物流配送能力，以建制村通硬化路为重点加快农村公路建设，推进城乡客运一体化，推动有条件的地区实施农村客运线路公交化改造；第四，推动智慧城市农业领域的试点示范，例加强智慧农业生产、农产品冷链物流与电子商务、休闲农业等的信息化基础设施建设，充分发挥都市现代农业的生产、生活、生态功能。

（二）加强政策支持

健全农业农村信息化发展的政策体系、法律体系和制度体系。编制出台数字农业农村发展相关规划和实施意见，包括农产品的质量安全可追溯、标准化、分级包装、冷链物流等，加强数字农业农村和农产品出村工作支持力度。建立完备的政策调控和法律保障体系：在流程上，包括农业生产、农业经营、农业管理以及农业服务的各个环节；在技术上，包括物联网技术、电子商务、大数据、云计算、移动互联网等，做到系统设计、分步实施，有条不紊地展开各项工作，最大限度地发挥农业和工业科技信息资源共享价值，使农业信息化工作真正落地。同时，指导各地区制定推进农业农村信息化建设的实施方案，细化实化工作重点和政策措施，确保取得实效，促进农业电子商务等新模式、新业态健康有序发展。

开展农业信息化补贴与专项资金支持。对生产农业信息化产品的企业给予一定的税收优惠政策，对研发农业信息化产品的高校和科研院所进行一定的经费倾斜，对使用农业信息化产品的企业、农民专业合作社和种养大户给予一定补贴。加强农业信息化发展专项资金支持政策，专项资金由财政部、工业和信息化部、农业农村部、科技部共同管理，将农业信息化技术研发与产业化、标准研究与制定、应用示范与推广、公共服务平台等方面的项目确定为支持范围。

（三）推进试点示范

深入实施信息进村入户工程，支持整省推进示范，力争率先实现示范省份行政村基本全覆盖，再带动其他各省份自行开展整省推进。推进互联网特色村镇建设，指导各地开展农业特色互联网小镇建设试点，探索建立农业特色互联网小镇建设可持续发展机制。继续做好数字农业建设试点项目，重点支持数字农业试点县、重要农产品全产业链大数据和数字农业创新中心建设。扩大农业物联网区域试验规模、范围和内容，深入推进农业农村大数据试点，做好农产品重要品种全产业链大数据，做好农业信息监测预警工作，推动农、林、牧、渔结合，种养一体，促进农村第一、二、三产业融合发展。继续加快益农信息社建设，健全完善建设运营机制，调动企业等社会力量的参与积极性，实现可持续发展。加强部门合作，集聚涉农信息资源，建设公益服务平台，提升益农信息社的服务功能和水平。

（四）培养复合型人才

培育复合型人才是推进农业数字化的着力点。解决农民共享信息化红利的"最后一公里"问题，取决于解决农民对技术的掌握和运用能力。加强政策宣传和引导，鼓励支持返乡、下乡人员投身农业数字化转型。强化村级信息化培训，利用现有培训渠道和资源，开展不同类别、不同主体、有针对性的专题培训，着力提高基层农业干部运用互联网技术和信息化手段推进工作的能力，进而提高新型农业经营主体、小农户、基层农技推广人员、农村信息员、网店店主和农家乐业主应用现代信息产品和技术的能力。继续大规模开展农民手机应用技能培训，积极引导农村网民对网络求职、电子商务、电子政务等价值型应用的侧重，学习互联网的使用技能，认识互联网的工具价值，提高农民利用手机发展生产、便利生活、增收致富的能力，让手机成为广大农民的"新农具"。

第五篇
数字化治理篇

世界经济面临着前所未有的大变局。面对新一轮科技革命和产业变革，世界主要经济体纷纷出台了宏观层面的数字经济发展战略及相关政策，积极谋划制定引领全球数字经济发展的规则框架，将数字经济视为拉动经济增长和占领未来竞争制高点的关键依托。

针对我国数字经济发展中存在的问题，我国要推进数字经济向更多领域、更深层次发展，要以习近平新时代中国特色社会主义思想为指导，深入贯彻落实党的十九大决策部署，牢牢把握高质量发展要求，充分发挥数字化的创新引领作用；同时要准确把握好政府引导和市场主导的关系、技术扩散与实体经济的关系、创新发展与融合监管的关系、经济发展与风险防范的关系、国内发展与国际发展的关系，推动质量变革、效率变革、动力变革，实现数字经济持续健康发展。

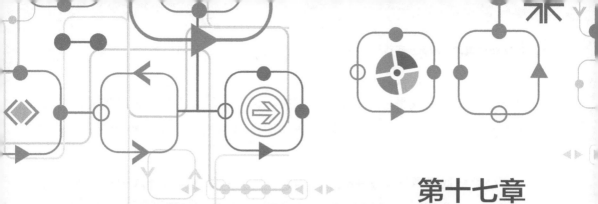

第十七章
我国数字经济发展面临的挑战

技术进步驱动经济发展已经成为普遍共识，也是不可逆转的历史潮流。在新一轮科技和产业变革浪潮中，我国发展数字经济具有良好机遇，同时也面临严峻挑战。如同农业技术、工业技术对实体经济的冲击一样，数字技术在与实体经济的融合过程中也会出现诸多问题。

一、数字经济发展基础薄弱

（一）数据要素开发利用水平低

在数字经济时代，数据资源日益成为关键的生产要素和社会财富，是新时期的"数字石油"，蕴藏着巨大的潜力和能量。我国具有庞大的人口和经济规模，各领域信息化的快速发展，以及线上、线下产业新形态的快速崛起，正在推动我国成为数据生产和积累量最大、类型最丰富的国家之一。但与丰富的潜在数据资源极不相称的，是我国数据资源的开发利用水平还处于初级阶段，数据资源在经济社会发展中远未发挥其应有的作用。

数据资源权属不清。数据确权是权利义务分配的逻辑起点。国内外在立法实践中，均面临数据权属界定这个共同难题。由于数据权属和权利边界不清，企业或平台在保护自身数据、试图合理合法获取他方数据时，将面临无法可依的窘境；数据作为要素进行市场化交易时，也极易产生争议。

公共数据资源开放水平低。当前，我国公共信息资源开放刚刚起步，各地、各行业的思想认识不一致，数据开放整体制度尚不成熟。一是缺乏保障数据开放的配套制度，政府部门和公共企事业单位缺乏开放动力，尤其是在地理信息等数据较为敏感的行业中，需要从法律层面处理好保密与开放的关系。二是由于认识、条件和数据属性不同，各地和各行业的数据开放进展不同，现有的数据开放网站分散自建、数据标准不一，存在重复建设、数据分割的隐患。当前，政府数据开放共享主要面临两大问题：一是存在大量的无效开放数据，这些数据要么与政府、企业、社会开发利用的需求不一致，要么时效性、准确性差，限制了数据的利用；二是安全和隐私保护限制了开放共享进度，数据如果涉及个人身份、企业经营等，则须分级分类、脱敏后方可开放共享。

数据交易市场尚不健全。数据交易企业的数量不断增多，但这些数据交易平台并未充分激发出大数据的价值，推动我国数据交易的飞速发展。我国数据交易行业面临的法律风险不清，买卖双方处于摸索阶段，导致步伐缓慢；数据资源权属不清，企业或平台在保护自身数据、试图合理合法获取他方数据时，将面临无法可依的窘境，数据作为要素进行市场化交易时，也极易产生争议；平台之间没有统一的交易规则，各个交易平台依赖自身制定的定价、评估等机制不能形成合力，无法带动整个产业的发展；数据资源定价困难，缺乏统一的价值尺度和定价方法，例如贵阳大数据交易所推出《数据定价办法》，分别制定了协议定价、固定定价、实时定价 3 种定价方式，但最终价格仍无法直接确定；数据交易中面临的安全问题目前也没有相应的标准，数据交易的形式、受保护的程度尚未确定。

数据保护制度建设滞后，数据相关的法律法规仍不健全。在数据保护制度方面，随着数据价值凸显，围绕数据的侵害事件、违法活动大幅上升，数据资产的脆弱性逐步显现。由于数据可复制、易传输的特点，数据资产一旦泄露，其价值会严重受损。例如，企业生产经营数据发生泄露并被竞争对手掌握，数据所带来的竞争优势便会被稀释，数据资产价值贬损。更有甚者，数据所有者可能会完全失去数据资产的价值，例如"只认秘钥、不认人"的比特币，一旦其秘钥丢失，比特币也将永远丢失，价值清零。在法律法规方面：一是在数据开放方面，《中华人民共和国政府信息公开条例》还不能适用数据开放的管理，开放原则、开放平台、数据管理制度（包括数据资源目录、数据开放目录、公众参与机制等）、再利用许可制度、成本与收费等规则还有待补充和完善；二是在数据交易方面，数据权属、数据交易市场准入、市场监管以及纠纷解决等机制尚未有相关的立法予以规定。

数据流通体系尚不健全。数据流通规则缺失是数据市场化发展缓慢的原因之一，表现为"小散乱"。一是市场规模小，各地大数据交易机构重复定位、各自为战、区块划分明显，交易市场间的流动性不足，难以形成规模经济。二是数据标准差异大，不同的数据格式、数据结构加大了数字资源的整合和应用难度，降低了数据的内在价值。三是市场乱象频发，含有个人信息的"灰黑市"数据交易猖獗，信息泄露事件时有发生。

（二）关键核心数字技术受制于人

目前，我国已经是全球最大的电子信息产品制造基地和全球极为重要的信息技术产品和服务市场，但是核心技术受制于人的被动局面还没有完全改变。重要领域的核心设备国产化率很低，高端服务器、存储系统、数据库等领域长期被国外厂商垄断。核心器件、材料、软件和制造装备依赖进口，数字经济发展安全形势严峻，可持续发展能力受限。

在创新投入方面，前沿核心领域创新投入不足。针对石墨烯、量子计算、虚拟现实、人工智能等新方向，不同部门陆续出台了多个有关技术、产业、应用的战略和规划，但是由于分头管理、缺乏衔接，国家巨额的资金被"碎片化"投入，前沿领域的重复投入、无效投入、投入缺失等现象普遍存在。**在创新环境方面，尚未形成开放包容的创新氛围**。科研体制注重短期效果，忽视长期支持，科研投入方式和考核方式亟待创新。**在成果转化方面，转换途径不畅、转化率不高**。数字技术的研发与产业应用脱节，应用和研发难以形成有效闭环。**在体系化发展方面，单点突破没有转化为整体性优势，自主技术产业体系生态亟待完善**。缺乏对于重要技术领域的战略方向把控能力，技术创新亦步亦趋；缺乏全产业链系统布局的体系化创新，集成电路与操作系统等核心技术的研发和应用间存在一定程度的脱节，无法形成有竞争力的产业生态。

（三）数字人才相对缺乏

各领域数字化进程加快对熟练掌握数字技术、善于创新、精益求精的数字化人才产生大量需求。目前我国数字化应用型人才较为稀缺，对数字化转型形成了较大制约。

我国国民信息素质和 ICT 技能整体偏低。国际电信联盟发布的 2017 年 IDI 指数显示，我国 ICT 技能在全球 176 个国家中排名第八十位，处于全球中下水平，主要原因包括：一是城乡之间、城市不同社会阶层之间存在"数字鸿沟"，信息化建设推进进度不平衡，一些边远地区、贫困地区中小学信息化基础设施不完善，信息化教育师资力量薄弱，知识结构、教学方法、教育观念等较为落后，不适应数字化基础教育的需要；二是一些特殊群体，例如中老年群体、农民、进城务工人员受教育程度不高。我国传统制造业中一些从业者接受数字技术较慢，甚至对新技术存在畏难情绪，很难通过短期培训提升数字化知识储备和技能水平。

数字化人才缺乏。新兴产业掌握数字技术的专业型人才供需矛盾突出。预计到 2025 年，新一代信息技术产业人才缺口达 950 万，高档数控机床和机器人产业人才缺口达 450 万，主要原因有以下两点：**一是现行教育体系发展与培养数字人才需求尚有较大差距**，高校受传统专业设置局限，学科调整滞后，对跨领域复合数字化人才专业设置缺乏前瞻研究和长期规划，师资力量、专业水平不高，难以适应信息技术快速发展对创新型、跨领域、高技术人才的需求，职业院校与企业协同不足，与企业技能人才需求脱节，学生岗位适应性差，需要进行"零起点培训"，企业不堪重负；**二是企业支持在职培训动力不足**，部分企业对数字化人才重使用、轻培训、支持少，甚至寄希望于高薪挖人，也有企业担心工人技能提升后会跳槽或要求增加工资而给企业带来损失，对在职培训态度谨慎。

传统行业中小型企业招人留人难。相对金融、IT 等高薪领域，一些传统行业吸纳高学历人才没有优势。同时，"重学历、轻技能，重理论、轻操作，重装备、轻技工"的观念未曾扭转，传统行业一线工人的工作强度大，工作苦、脏、累，但工资和福利待遇远低于专业技术人员和管理人员，影响数字化技能人才流入。国有企业数字化人才占比较高，而一些中小民营企业工资福利制度不完善，管理不规范，对数字化人才吸引力较弱，很难引进和留住人才。

二、产业数字化转型面临诸多困难

（一）工业数字化转型举步维艰

虽然我国近年来工业转型升级探索已经展现出积极的成效，但我国工业数字化转型的挑战仍然突出。2018 年，我国工业数字经济占行业增加值的比重仅为 18.3%，远低于服务业 35.9% 的渗透水平，突出表现为在供给侧缺乏核心技术与龙头解决方案，在需求侧缺乏转型升级的能力和动力，严重制约着工业数字化转型升级的深度与广度。

1. 工业领域数字化解决方案供给能力较弱

第一，工业数字化升级关键技术产品对外依赖严重

我国工业基础与应用软件技术与国际领先技术存在差距，多数领域的技术仍处于第二梯队。工业互联网平台作为未来高端制造新的关键核心技术，

GE、西门子、博世等国外企业已经加快布局，我国企业与它们的差距有持续拉大的风险，这将会制约工业数字化完整生态体系的构建。各层级工业能力缺失，核心技术受制于人。工业数字化转型的核心就是对工业大数据的把控，需要将生产设备、网络设备、控制设备等底层设备的关键数据打通采集，并通过处理、分析，实现对企业决策的支撑。

第二，工业领域数字化尚不存在成熟可复制模式

例如，三一重工作为工程机械制造企业，属于多品种、小批量生产，相对于大批量生产的行业而言，在数字化转型升级上存在更多的困难和挑战。如何将数字化的投入转变为质量、效率的提高并最终体现在收益上，这目前在行业内部都处于探索阶段，导致工业企业数字化转型没有明确方向。

第三，缺乏具有前瞻引领作用的龙头型综合型解决方案企业带动

国外企业通常横跨装备、自动化和工业软件多个领域，能够向用户企业提供完整的解决方案。反观我国企业，在市场规模上还有所差距。

2. 工业企业数字化能力不足

第一，落后工业企业数字化转型意识弱、基础差

一是落后企业对信息化、数字化发展意识薄弱。二是落后工业企业发展数字化水平较低，进一步发展的基础较弱。我国制造企业数字化发展不平衡，尽管有部分企业已经达到很高的水平，但大部分企业，特别是广大中小型企业仍然处于发展数字化的阶段，部分甚至处于刚起步阶段。

第二，先进工业企业数字化转型短期收益低、转换成本高、试错风险大

一是数字化设备无法在短期内实现高额收益。工业企业发展主要以企业投入产出情况决定发展方向。根据前期调研，大部分工业企业转型升级主要由企业投入产出的实际情况来决定，引入新技术、新型软硬件设备，需要对企业发展的利润、成本等财务数据进行考量，并不是有意识地主动进行升级，而是由于财务盈亏情况被动选择转型发展。先进工业企业利润表现优于落后企业，且更新数字化设备不能在短期内为企业获得巨大收益，导致先进企业一般缺乏更新数字化设备的动力。**二是数字化设备沉没成本高企，阻碍企业数字化深度发展。**先进工业企业采用数字化设备程度较高，能够率先通过数字化手段获取较高收益，对数字化认同程度也较高。但数字化设备通常具备重资产属性，且大部分企业在购置数字化设备时，基本集中于某个环节生产效率的提升，缺乏整体布局。因此，不同环节间数字化设备的标准不统一、无法实现连接等问题普遍存在。但由于数字化设备"沉没成本"（即企业退出某产业时，原来的专用设备、技术、厂房等不能收回所构成的成本损失）的影响，工业企业无力更新先进设备。**三是先进企业继续推进数字化转型面临巨大的试错风险。**高新技术产业化是以科学技术上的新发明、新创造为基础的技术商品化活动，不可避免地存在开发失败的风险。有关资料显示，"20%～30%的高新技术产业化的巨大成功是以70%～80%的企业失败作为代价"。根据科学技术部报告，我国每年取得科技成果的转化率只有20%左右，形成规模效益的只有15%，约80%处于闲置状态。企业采用新技术实现产业化是经过多个阶段、多个环节、多个程序的连续过程。产业化过程中的每个环节都存在大量的不确定因素，例如，由于高技术开发、生产的探索性引发的技术风险，由高技术产品市场的潜在性问题引发的市场风险，由持续的资金投入引发的财务风险，由国家法律、政策"事后规制"引发的制度风险等，这些都会直接影响传统企业数字化转型。

（二）服务业数字化转型创新能力不足

我国虽然在共享经济、电子商务、互联网金融等新兴服务业上取得了世界瞩目的成就，但受制于自身规模，以及对经济增长的支撑作用，整体发展能力仍有待提高，服务业数字化创新面临诸多问题。

服务业规模小、经营分散等行业特性造成数字化转型困难。我国传统服务业呈现小、散、乱的特点，严重制约了传统服务业的转型升级。**一是我国传统服务业企业规模普遍偏小。**例如，2018年我国服务业500强企业的入围门槛为 44.26 亿元，远低于制造业的 86.4 亿元，规模较小的企业普遍受限于自身资金、人才等资源，难以支撑自身的数字化转型。**二是传统服务企业分布零散。**我国零售、餐饮、住宿等传统服务领域呈现较强的地域特点，同时缺少类似于美国沃尔玛、麦当劳、希尔顿等全国和跨国企业，传统服务业企业发展往往立足于本地，数字化转型优势不明显，转型意愿不强。**三是行业秩序混乱。**我国服务业仍面临法律法规不够完善、市场监督和竞争机制不成熟等问题，传统服务业市场竞争格局混乱，企业将主要精力放在眼前的竞争上，数字化转型难以开展。

服务业标准化程度低，数字化转型创新能力不足。我国服务业起步晚，发展慢，部分服务业缺乏标准化流程和专业化产品，无法有效管控服务质量，可靠性不足，造成数字化创新能力不足。**一是缺乏服务质量管控，导致难以在数字经济平台商誉体系获取优势，从而很难进一步发展壮大。**例如，同一家企业在淘宝等购物平台上可能获得完全相反的用户评价，造成新用户不敢购买其服务。**二是服务供给缺乏可靠性导致难以与上下游整合，阻碍了服务效率的进一步提高。**例如，网络零售依托物流，而目前物流超时、物品丢失损坏等问题已经成为网络零售最大的发展瓶颈。

生产性服务供给缺乏可靠性，服务需求未充分释放。生产性服务业供给和需求均存在短板：一是我国服务业，特别是生产性服务业数字化水平与发达国家相比仍有较大差距，服务产品、服务手段、配套制度等方面多为运用网络信息技术进行的模式创新，行业整体技术的创新能力较差；二是我国现代产业分工体系还没有完全形成，大量的金融、法律、物流仓储等生产性服务尚未从产业链中脱离出来，导致需求未被充分释放。

三、数字经济市场发展秩序有待规范

市场经济是促进经济发展和人类进步的共同规律。在农业经济时代，市场经济只是补充。进入工业经济时代后，市场经济成为核心动力引擎。在数字经济时代，随着互联网、云计算等赋能型技术的发展和应用，更多的主体和资源参与经济活动，以协调和配置资源为核心职能的市场经济将发挥远比工业经济时代更为重要的作用。

健全的市场组织体系是市场经济良性运转的基础和依托。数字技术与市场体系的结合，重构了市场中参与主体间的关系结构，也带来新的市场竞争方式和竞争规则。但当前的市场体系主要是为激发和促进工业经济时代生产力的发展而服务的，与数字经济的发展存在不少不相适应的地方。

（一）新型劳资关系问题频发

在工业经济时代，灵活就业只是主流雇佣型就业的补充。在数字经济时代，灵活就业依托互联网平台蓬勃兴起，成为越来越重要的就业新形式。例如电子商务灵活就业者等。新型灵活就业模式在繁荣发展的同时也引发了不少新问题。

灵活就业者与平台间的劳动关系没有明确规定。在工业经济时代，劳资双方是雇佣关系。劳动雇佣关系在本质上是一种规定雇佣双方之间责权利的契约，核心是劳动者让渡部分劳动支配权，获取劳动工资和福利，企业主支付工资和福利，获取劳动者让渡的部分劳动支配权。发展至今，劳动雇佣关系已经相对成熟，法律上对劳资双方的责权利界定也非常清晰，并衍生出一套与之相匹配的管理体系。在数字经济时代，灵活就业者和互联网平台之间不是传统的雇佣关系，而是一种新型合作关系。在这种新型关系下，平台与灵活就业者之间的责权利怎么划分，还没有明确的法律规定，相应的管理体系也没有形成，由此引发的劳动诉讼案件越来越多。

灵活就业者福利保障缺乏。传统的雇佣关系已经发展出一套完整的以企业为基本单位的福利保障体系，例如，最低工资制度、医疗、住房、养老等福利保障等。在这些体制制度的保障下，正式雇员能够获得应享有的福利，但灵活就业者的合理福利难以得到保障。一是最低工资等基本保障和执行制度与灵活就业特点不适应。依托互联网平台创造的灵活就业机会中，许多是低门槛、低收入的工作岗位，甚至有一些工作的收入难以达到政府规定的最低工资标准，但政府的最低工资保障等制度是基于传统雇佣关系，以企业为基本单位执行的，不适应于灵活就业的特点。二是政府现有福利保障体系与灵活就业特点不匹配，灵活就业者的医疗、住房、养老等方面的福利保障难以保证。依托平台的灵活就业门槛低，灵活多变，稳定性不够，平台的代理责任没有确认，灵活就业者的福利保障任重道远。

灵活就业者缺少与平台平等对话的能力和机制。平台在本质上是一个开放的生态系统，其增长与繁荣依赖平台上主体的数量以及主体间的交互效率。也就是说，平台与灵活就业者之间是一种相互依赖的关系，但这种依赖关系是不对等的。平台是一个强有力的组织，但灵活就业者之间联系松散。在谈判中，灵活就业者难以组织起足够匹敌平台的力量。随着平台市场占有率的提高，灵活就业者对平台的依赖度不断提高，平台利用强势地位可单方面对经营政策进行调整，劳动者没有质疑和反对的力量和机会。

（二）平台垄断初显端倪

平台是数字经济时代重要的新经济组织。近年来，平台蓬勃发展，逐渐比肩传统企业。平台的快速发展极大地便利了人们生活，提高了生产效率的同时，也导致产业竞争态势日趋复杂，垄断问题逐渐浮出水面。一是平台垄断地位逐渐形成并日益稳固，滥用市场支配地位的行为时有发生。例如，掠夺性定价、不兼容、捆绑搭售、签署排他性很强的"垄断协议"等。这些行为损害了竞争和消费者权益，令人担忧。二是大型企业经常通过"跨界竞争"传导垄断优势，中小型企业创新活力受到抑制。常见手段包括直接"复制"其他领域中小型企业的产品和经营模式，或者大量收购中小型企业等。前一手段容易挤压中小型企业的生存空间，直接"挫伤"行业的创新积极性，后一手段造成许多有潜力成长为未来巨头的中小型企业，要么被大企业收购成为附庸，要么被扼杀在摇篮之中。三是大型企业间的并购整合日渐增多，可能产生排除、限制竞争效果。近年来，互联网行业的横向和垂直一体化整合趋势明显，大型平台企业间的并购整合加速。大平台之间的并购，一方面适度提高了互联网行业的市场集中度，降低了企业间的恶性竞争，另一方面却更容易造成合并后的企业一家独大，产生损害竞争和消费者福利的行为。

平台更容易形成垄断是由平台自身的基因决定的，是竞争的"自然结果"。但与供水、供电、煤气等公共基础设施领域的"自然垄断"不同，平台垄断地位的形成并不是因为事先所需的固定成本投资过高，导致规模经济太大，而是主要源于以下两种机制。**第一，受网络效应支配，寡头垄断型市场结构常常成为平台竞争的自然结果**。平台连接供需双方，是双边市场，其运行受网络效应支配。在平台启动后，一旦供给方（需求方）的初始用户数量跨过某个临界点后，会产生源源不断的外溢效应，平台将吸引更多的需求方（供给方）用户，反过来，需求（供给）增加也会带动供给（需求）扩张，如此循环，最终形成"赢者通吃""一家独大"的竞争结果，即一家有着绝对优势的企业，其市场份额显著地超过其他的企业，形成高度集中的市场竞争格局。网络效应越大，最终市场越集中，越容易形成寡占或垄断的市场格局。**第二，以数据和用户为核心资源，平台常常通过跨界竞争获取双重网络效应，传导并巩固垄断地位**。平台的核心资源是没有明显产业特征的用户、信息和数据，因此在向相关或不相关产业进行多样化扩张时，不像传统企业一样，容易面临产业能力和知识壁垒。为了扩张"势力范围"和保护原有"根据地"不被侵占，平台有着强大的内在动机向其他领域扩张，将原平台中的用户等核心资源（垄断优势）传导到新领域，快速树立竞争优势，然后再反哺原平台，形成新旧平台间相互支撑的格局，最终获得双重网络效应，不断巩固垄断地位。

竞争是市场经济的灵魂。平台间的良性竞争是促进平台创新发展的根本动力。世界各地均开始对平台垄断采取必要的竞争监管措施，并不断加强反垄断执法力度。例如，美国、欧盟近年来先后对苹果、谷歌、亚马逊、

Facebook 等公司启动了反垄断调查，我国也应加速行动，但我国现有反垄断体系在平台竞争执法实践中遇到了不少困难。

第一，平台创新竞争激烈，垄断地位难以长期维持，反垄断执法的必要性被削弱。反垄断的根本目的是破除垄断企业的长期垄断地位，以鼓励竞争和创新，提高产业运行效率，保护消费者福利。传统行业市场稳定，企业的垄断地位一旦形成，就在供给端树立了较高的壁垒，且难以在短期内被竞争者或新进入者打破。这降低了垄断企业的竞争压力和创新激励，容易诱发各种限制竞争和损害消费者福利的行为。但平台不同，平台即使获得了垄断地位，也面临着极其强大的外部竞争压力。对用户而言，在手机上新增加一个 App 或者保留两个相对同质的 App 不需要太高的成本，一家平台做得太"过分"，消费者自然会"投票"给其他平台。这决定了在平台经济中，创新迅速，平台的市场地位变化很快，垄断地位容易受到冲击，即使是行业领先的企业也可能在短时间内被新的竞争者通过"颠覆式创新"所取代。互联网市场风云变幻，门户网站演进到电子商务，再到社交媒体等，市场不稳定。

第二，以"垄断状态"判定为核心的现有反垄断执法办法在平台中失去"正当性"。在传统产业中，企业的垄断地位稳固，难以被打破，其市场地位与垄断行为之间存在着"必然"联系。这意味着垄断状态是垄断行为的合理指示。因此，以垄断状态规制为主的传统反垄断执法有着内在的"正当性"，平台反垄断需要转变思路。平台面临的动态竞争、创新竞争激烈，其垄断地位并不稳固，垄断状态与垄断行为之间的"必然"联系并不准确，因此不能高估平台企业市场份额的指示作用，而应更多地关注市场进入、经营者的市场行为、对竞争的影响等有助于判断市场支配地位的具体事实和证据，平台反垄断的重点需要从规制垄断状态向垄断行为规制转变。

第三，平台的双边市场、跨界融合等特征造成现有相关市场界定办法不适用。界定相关市场是现有反垄断司法过程中最基础、最核心、最关键的工作之一。在工业经济时代，在单边市场中，产业边界清晰，竞争对手容易确定，相关市场容易界定。但平台是双边市场，具有跨界融合等特性，造成产业边界模糊，难以确定竞争对手的范围，相关市场界定困难。

第四，免费、补贴等行为是平台商业模式的内在构成，垄断行为的判定存在困难。 在传统经济中，判断滥用市场地位，可以使用价格要素作为判断维度。但平台经济绝大多数都是免费产品，甚至还对消费者或服务供给者提供补贴，这些是平台模式的正常构成。因此以价格作为判断标准就失去了意义。这也导致反垄断法在平台领域适用过程中产生了不少问题。

平台反垄断面临不少困难，既要加强执法，规范平台的发展，又要营造宽松的环境，鼓励平台创新发展。对平台的反垄断执法要慎之又慎，必须充分考虑其竞争特点，否则相关的反垄断执法会扼杀平台的快速成长。

（三）市场不规范竞争形式多样

与传统市场竞争相比，数字经济市场的竞争具有线上、线下结合的特征，线上经营隐蔽性强、扩散速度快等，引发了越来越多的不规范竞争，且在现有监管体系下越来越难以治理。

网上经营不规范问题频现。 互联网在为消费者带来极大便利的同时，网络上的商家或个人利用信息不对称侵犯消费者权益的问题也越发突出，中国消费者协会数据显示，2018 年我国网络购物虚假宣传投诉量达到 6333 件，在网络购物总投诉中的占比为 13.9%，成为影响我国电子商务健康发展的主要问题。

市场不正当竞争问题多发。 互联网行业的激烈竞争是推动我国数字经济迅速壮大的重要动力，但公平有序的市场竞争秩序始终没有形成。很多企业存在利用虚假交易、软件干扰、流量劫持、生态封闭等不正当手段抑制竞争对手的现象。

网络违法犯罪问题屡禁不止。 伴随着各种互联网应用的爆炸式增长，互联网也成为诈骗、赌博、传销、非法集资等违法犯罪活动的新载体。网络违法犯罪往往具有迷惑性强、蔓延速度快、波及范围广、涉案金额大等特点，社会危害性更大。

线上、线下冲突问题时有发生。数字经济创造了全新的商业模式和经济规则，常常表现出与旧模式、旧制度的冲突，特别是在准入壁垒高的领域表现得尤为突出。

四、政府治理体系亟待优化

数字经济的快速发展显著领先于制度规范，市场乱象不断显现，而政府监管体系不能适应业态创新的发展需要，政府治理能力和治理水平亟待优化。

（一）市场准入监管与数字经济发展不相适应

随着数字经济的快速发展，互联网与各个领域的渗透融合日益深化，现有的政策法规与数字经济发展需求之间的矛盾越发突出：一是数字经济相关的准入制度缺失，例如虚拟货币等；二是数字经济相关的准入门槛要求过高，导致一些要从事互联网新业务的新兴企业无法进入，例如企业申请全国范围内从事支付业务，要求其注册资本最低限额为 1 亿元人民币，交通出行领域的监管范围将从对传统出租车的资质要求延伸到对网约车的管理；三是法律法规冲突问题，根据《中华人民共和国证券法》《中华人民共和国公司法》以及《中华人民共和国刑法》相关条款，股权众筹面临擅自公开发行证券罪风险与非法集资罪风险。

（二）政府监管体系不能适应业态创新发展需要

条块分割的垂直管理体制不适应数字经济跨界融合发展态势。一方面，现有的体制架构是条块化和属地化的，各部门条块分割的监管体制造成"政出多门"，部门之间协调不够，甚至存在不同部门之间的政策、标准要求等相抵触的现象。而互联网平台上商家的经营活动往往是跨领域、跨地区的，一个部门或一个地区的监管力量根本无法应对，传统垂直监管模式已不能满足"互联网+"跨界融合发展的需要。另一方面，在线上、线下加速融合的趋势下，线下业务不断向线上扩展，原有的线下监管问题通过"互联网＋"进一步放大，新业态如何界定，线上和线下管理部门如何划分职责和实现协同，都是新的监管难题。例如，在电子商务领域，线下销售的假货问题在线上更加严重，还面临消费者个人信息保护等新问题。

单边监管理念不适应数字经济多元化发展需要。现有依靠政府自身力量的单边监管模式显然不足以应对新的形势，平台的崛起、社群的崛起都是对政府监管权威的挑战。未来，平台、社群等将在规则的制定、行为的监管中发挥越来越重要的作用，如何利用和引导社会力量参与治理是必须面对的新课题。

以事前准入管理为主的政府监管方式难适应数字经济开放化发展需要。现有的监管是以事前许可或备案为主、事中事后为辅的方式，面对海量商家（特别是个体商家）涌入、跨界创新的常态化以及普遍的多平台经营等现象，事前监管不仅疲于应对，而且效果有限。以网络专车服务为例：一是在完全开放条件下，社会车辆都可以自由地接入和退出专车平台，政府无法依靠过去"一车一牌"的方式进行管理，以有限人力应对无限主体的监管方式肯定不能成为应对"互联网＋"的应有理念；二是在牌照管理模式下，责任主体明确，但专车服务一般是专车平台和第三方租赁公司、私家车主，甚至第三方劳务公司等多主体协同实现的，增加了对交通事故和权益纠纷进行责任界定的复杂性。

依靠人力等传统监管手段难以应对数字经济参与主体海量化、问题隐蔽化等挑战。现有的监管手段多是事后处罚，特别是严重依赖行政处罚的被动模式，不仅对涉事主体的惩罚效果不佳，而且不能有效理顺市场的自我进化机制。例如，对于市场不正当竞争行为的处理，如果仅仅是在接到投诉和协调后，对涉事企业仅仅进行几百万元的罚款，根本无法形成长效机制。仅仅依靠监管部门现有的力量和手段，在应对市场不规范行为的大量涌现上，必然导致政府应对的低效率和差效果，并将直接影响政府在整个行业监管中的地位和威信。在监管力量无法大幅增加的前提下，如何提升政府的监管效率、效果和权威，触发市场的自我进化机制，是新的监管体系必须面临的挑战。当前，我国在大数据治理、跨平台信用体系、定期随机抽检等监管手段创新上还处于探索阶段。

（三）政务服务数字化水平和服务效率偏低

一是"网上办事"大多只能实现浏览办事流程、公文表格下载，无法进行网上审批申报、"全流程"在线办理，企业和老百姓的获得感不强。二是条块分割、业务协同难、数据共享难等问题仍然突出，信息流通遭遇"梗阻"，群众跑腿、服务资源碎片化现象仍然普遍。三是信息资源开发利用和公共数据开放共享水平不高，政府信息资源开发利用远滞后于经济和产业发展要求，政务服务创新不能有效满足数字红利释放和治理能力现代化的发展需求。

五、数字经济发展风险初步显现

数字经济快速发展的同时，也会带来经济波动风险，新旧业态交替会加速传统企业退出，拉大收入分配差距，从而造成结构性失业，加大网络安全风险等。

（一）加大经济运行风险

传统企业加速退出，经济运行波动加大。 在服务业领域，数字经济有效解决信息不对称的问题，使基于网络信息技术的新模式、新业态快速产生和发展，压缩原有产业链环节，对传统企业的挤出效应不断显现。例如，受网络零售冲击，2018年7月全国50家重点大型零售企业零售额同比降低3.9%，降幅比2017年同期增加8.9个百分点，零售企业出现"关店"和退出现象。在工业领域，网络信息技术的快速应用渗透，提高企业技术创新能力，促使产出效率和产品品质快速提升，而那些成本高、效率低的企业就逐渐在激烈的市场竞争中被淘汰。量化研究表明，2012—2015 年网络信息技术融合渗透使传统企业退出的平均速度提高了约 5.34%。数字经济结构调整需要一个较长的过程，其间必然造成一定的经济运行波动。在新旧经济模式转换中，数字经济企业成长与传统企业退出引起经济转换摩擦的风险值得警惕。

不良资产处置难度加大，拖累经济转型。一方面，数字经济的发展伴随传统企业大量退出，由此产生的不良资产规模大幅提升。数据显示，2018 年年末规模以上工业企业资产负债率为 56.5%，规模以上工业企业应收账款总额从 2012 年年末的 8.2 万亿元增长至 2018 年年中的 14.3 万亿元，这部分应收账款中沉淀的不良资产也快速增加。同时，互联网金融的快速发展使基于网络的不良资产问题频现。另一方面，在数字经济下处置不良资产的乱象丛生。当前依托互联网诞生的各种不良资产处置平台规模偏小，本身不具备不良资产处置资质，处置的资产不属于法律意义上的"不良资产"范畴等。同时，部分民营不良资产处置平台恶意催收，或者将高风险的不良资产包装成高收益的 P2P 理财产品或资产管理计划出售给个人投资者，进一步激化矛盾。此外，各平台互联网资产处置信息披露多以匿名或半匿名形式标示，投资者仅靠网页获得信息，难以做出科学合理的判断和投资决策。由此可见，在数字经济转型过程中，资产处置不合理会引起漏出效应，制约投资需求，引起债务危机，甚至传导至金融体系给宏观经济造成风险。

（二）短期内放大收入分配差距

网络信息技术引发产业结构升级，造成收入分配分化。在数字经济转型背景下，第三产业的比重不断上升，成为吸收就业的主要渠道，第二产业比重下降，就业人数相应减少。第三产业中推动经济增长的高科技、知识产业，例如金融业、信息业等，对高素质人才的需求不断增加，但这类人才的供给却无法满足这种需求。在供不应求的局面下，高素质劳动者的收入不断增加。而大量剩余的劳动人口，由于其具有的知识与技术不足，无法胜任高素质的就业岗位，同时低技能要求的工作又在不断地被机器取代，岗位在不断减少。这样，大量低素质的劳动者追逐越来越少的岗位，会造成竞争加剧，工资水平下降。当出现技术进步时，贫富差距会扩大，而这种差距会随着技术进步的步伐放缓和政府的干预而变小，最终控制在一定的限度内。但是当新一轮技术进步来临的时候，这种差距将再次拉大，最终会和技术进步有相同的周期变化。网络信息技术引发资本市场爆发式增长，造成收入分配极化。在每一个技术经济创新周期中，伴随新技术的发明与应用，新一轮的投资热潮相伴而来，对各种新技术和创新企业成长的预期引发资本市场快速膨胀。在现代信息技术背景下，各种风险投资、天使投资等资本"炒高"技术预期收益，使掌握核心技术的少数发明者、技术拥有者等相关人员快速聚集巨额财富，而相距技术创新核心较远的一般职工与处于传统行业的普通劳动者则很难分享新技术带来的财富效应，收入差距形成鸿沟，收入分配的"二八效应"更加突出，甚至有固化的倾向，由此造成社会财富不公的潜在风险扩大。

（三）对就业产生结构性冲击

数字经济的发展正深刻变革就业结构。数字经济创造出灵活、多样的就业型模式和精准就业新渠道，为传统就业提供了有益补充，也成为新增就业的重要力量。与此同时，就业结构变革在带来红利的同时也引发了新的问题，它带来结构性失业、劳动者权益保障日益突出等风险和问题。我们不必过分担忧数字经济下就业结构的变化，但必须高度重视，政府需要出台措施妥善化解风险，收获数字经济就业红利。

结构性失业风险加大。数字经济可能从两个方面引发结构性失业风险。**一是传统企业退出，造成结构性失业。**基于网络信息技术的新模式、新业态快速发展，对传统企业的挤出效应不断显现，大量企业员工失业。**二是劳动生产率显著提高，减少低技能劳动需求。**随着生产工具的智能化水平极大提升，传统产业的劳动生产效率提高，产业所需人员减少，造成劳动者失业。例如，从我国东南地区"机器换人"实践来看，机器人对低水平劳动力

的替代效应非常明显，引入机器人生产线后，深圳雷柏科技公司员工数量由
3200 人减至 800 人，长盈精密公司打磨车间人数减少 2/3。

灵活就业者的合法劳动权益保护问题日益凸显。灵活就业长期存在劳工
标准、劳动条件、社会保险门槛过高等问题，导致劳动者的合法权益常常得
不到有效的保障。再加上平台与劳动者关系的认定存在法律困境，新型灵活
就业中的劳动者权益保护问题更加凸显。例如，尽管平台企业一般将平台上
的劳动者认定为独立的承包商，但很多劳动者、研究者、政府及司法部门并
不认同这个说法。目前，我国关于劳动关系认定的主要依据是人力资源和社
会保障部《关于确立劳动关系有关事项的通知》。此通知认定劳动关系主要
有 3 个条件：一是用人单位和劳动者主体资格合法；二是劳动者接受用人单
位管理并领取报酬；三是劳动者的劳动是用人单位业务的组成部分。我国对
未签订劳动合同的劳动关系裁定较为简单，没有充分考虑平台环境下的就业
特点，不能适应平台环境下劳动者权益保障的新形势。应该看到，不及时化
解灵活就业劳动权益问题将影响社会经济稳定。

就业准入门槛过高。当前，经济活动的准入管理还延续着工业经济时代
的思维，是以企业为基础制定的。在工业经济时代，形成的是以公司法人为
核心的经济制度体系。例如，有限责任公司、雇佣型就业、基于企业法人的
统计调查体系、完善的事前企业注册与审核机制等。进入数字经济时代后，
随着互联网平台企业的快速崛起，大量个人依托平台成为协调和组织经济活
动的重要微观主体。个体经济的崛起，个体创造性的释放，呼唤着新的治理
机制，尤其是准入管理。例如，自然人在淘宝上开网店、在饿了么上开快餐
店等生产经营活动。如果按照传统企业的准入管理，准入门槛过高，限制了
个体参与经济活动的可能性，会妨碍创新创业活动的开展，束缚社会经济活力。

（四）可能引发区域分化

信息技术的进步和互联网的普及极大地带动了社会生产生活的重大变
革和数字经济的蓬勃发展。但据统计，全球仍有几十亿人被排斥在互联网

之外，无缘分享互联网带来的文明进步成果，这部分人多为集中于经济不发达地区的少数弱势人群。这个现象说明数字经济发展的基础仍不牢固，数字经济发展的区域不均衡带来的潜在问题仍需要关注。

数字基础设施建设不均衡，区域数字鸿沟仍然存在。我国东中西部地区以及城乡经济发展的不均衡仍是当前我国的重要国情，我国各地互联网发展水平与经济发展程度关联度较高。互联网普及率排名靠前的省份主要集中在经济发展水平较高的华东地区，而普及率排名靠后的省份主要集中在经济仍相对落后的西南地区。2018年，互联网普及率最高的北京与最低的云南两地相差达32%，仍有两成省（自治区、直辖市）的互联网普及率低于50%。另外，截至2018年年底，我国农村网民占26.8%，规模为2.22亿，城镇网民占73.2%，规模为6.07亿。虽然农村人口和城镇人口规模接近，但是城乡网民数量的差距大说明城乡互联网接入水平的差距仍然巨大。

数字经济的普惠性特征需要一定的前置条件，那就是数字基础设施和数字技能的均等化。目前我国部分地区数字基础设施不足客观上造成网络连接不畅、信息技术应用不足，乃至企业数字投资需求不旺、信息消费能力薄弱。这种局面若不能及时扭转，则有可能导致经济发展的区域差距进一步固化，错失发展机遇，使本身具有普惠性、包容性，以及"去中心化"优势的数字经济面临数字鸿沟扩大的风险。

数字企业分布不均衡，区域数字经济后发优势缺失。中国互联网协会、工业和信息化部信息中心联合发布的2018年"中国互联网企业100强"排行榜显示：2017年互联网百强企业分布于17个省（自治区、直辖市），北京、上海、广东的百强企业数量名列前三。从区域分布看，东部地区互联网百强企业数量达到87家，安徽、广西、贵州、河南、黑龙江、湖北、湖南、重庆、四川9个中西部地区省（自治区、直辖市）共有13家企业上榜，互联网业务收入达到307亿元，同比增长73.45%，占百强企业互联网业务收入总额的1.78%。虽然中西部地区互联网增长迅速，而且取得了新成绩，但总体上看，优质数字经济企业集中在东部沿海地区的趋势并没有根本改变。由于互联网企业具有网络效应等特点，可以将分散的利润集中于网络平台，同时将总部设置于投资环境、基础设施优越的东部城市，这样一方面它们并未在中西部增加基础设施投资，另一方面却占领了该地区的市场。加之借助先进清算支付技术将资金归集于总部，采取税务筹划等手段，放大了传统总部企业利用税收筹划实现税收转移的效应。因此作为增量发展的互联网企业只集中于少数大中型城市，将引起中西部地区的投资和税收贡献的下降，互联网企业为区域平衡发展带来后发优势的期待落空。

（五）网络安全风险加剧

从世界范围看，网络安全威胁和风险日益突出，并日益向政治、经济、文化、社会、生态、国防等领域传导渗透。特别是国家关键信息基础设施面临较大风险隐患，网络安全防控能力薄弱，难以有效应对有组织的高强度网络攻击。我国高度重视网络安全工作，网络安全成为事关经济社会发展全局的重大战略问题。我国关键信息基础设施的安全可控水平有所提升，法律制度逐步健全，安全监管不断加强，安全技术能力显著提升，但也面临着不少问题。

网络安全产业整体实力较弱，潜藏安全风险。我国网络安全产业起步较晚，核心技术产品研发能力和产品转化能力相对较弱。一是我国信息领域核心技术受制于人，关键信息技术产品严重依赖国外，芯片、操作系统、高端服务器等领域的国产化应用水平较低。在我国重点领域的网络信息系统中，国外操作系统占97%以上的份额，数据库软件占95%以上的份额。在云计算、大数据、人工智能等新兴技术领域的方向把控能力较弱。二是网络安全技术体系尚未健全，密码、通信协议等底层安全技术存在短板，入侵检测、漏洞挖掘、流量清洗等应用安全技术也被国外企业垄断，自主标准体系在国际上缺少影响力，安全技术成果向产品转化的速度较慢。三是我国网络安全产业生态较为薄弱，我国网络安全产业发展起步较晚，全球网络安全产业已经逐步由软硬件转向应用和服务，国内安全产业链较低端，上下游缺少有效整合，国产产品集成能力和安全性较弱，存在很多漏洞隐患。我国网络安全企业梯队建设较晚，缺少具有国际竞争力和影响力的大型企业。由此可见，我国网络安全产业生态、技术体系相对薄弱，创新不足，依赖他人，自主网络安全管理能力不足，这为我国数字经济运行埋下了网络安全隐患。

网络数据和用户个人信息安全遭遇严重威胁。随着数字经济时代的到来，数据安全问题日益凸显，用户个人信息遭遇侵害的现象严重。一是企业过度收集和滥用数据情况突出。受商业利益驱动，企业收集、聚合数据的动机大大增强，存在超出业务范围、过度收集个人数据的情况。企业对收集的用户个人数据肆意加工、使用，不仅侵害了用户的隐私权益，而且也有可能危害国家安全。二是企业数据安全防护能力不足。电信企业缺乏有效的内部监督检查机制，存在企业主体责任不落实、安全漏洞修复不及时等问题。中小型互联网企业普遍存在数据安全防护资金投入少、人员配备不足、技术能力薄弱等一系列问题。

网络安全加速向传统行业渗透，形势更加严峻。云计算、大数据、物联网等新一代信息通信技术与工业、医疗、金融等领域深度融合，网络安全威胁加速向传统领域渗透。一是工业领域，全球新一轮工业变革迅猛发展，工业领域的信息化程度不断加深，智能终端和物联网使传统网络安全威胁迅速向工业领域蔓延。相关软件产品在我国电力、石油、水利等行业也被广泛运用，因此必须引起警觉。二是金融领域，美国、俄罗斯等都在国家战略中将金融领域网络安全放在首要位置，木马攻击能够造成大量经济损失，不法分子通过网络实施诈骗给社会造成不良影响。三是医疗领域，安全情报供应商 Risk Based Secwity 发布的《2018 年数据泄露快报》显示，2018 年全球公开披露的数据泄露事件达到 6500 起，涉及 50 亿条数据记录，其中医疗行业占 13.4%。从国内看，社保账户信息、病患信息等数据在全国的不同区域均有不同程度的泄露。

第十八章
推动数字经济持续健康发展

发展数字经济，工程宏大，意义深远，要着力构建 4 个体系，从 8 个方面加强部署，强化顶层设计，打通关节，疏通堵点，激活全盘，促进数字经济加快成长。4 个体系具有目的性、导向性，能够实现数字经济发展的最终目标，8 个方面则是 4 个体系发挥支点作用的方法与手段。

一、统筹构建 4 个体系，实现数字经济全面发展

（一）构建数字经济创新体系

塑造全面创新格局，发挥数字化引领创新先导作用，推进技术、产业、管理全面创新。激发创新主体活力，构建各类主体广泛参与、线上、线下结合的开放创新网络。优化创新体制，打造国家科技基础设施和创新资源开放共享平台，优化数字经济创新成果保护、转化和分配机制。

（二）构建数字经济产业体系

构建以新一代信息产业为先导产业，以深入应用数字技术的农业、工业和服务业为融合产业，以相关产业公共服务平台为支撑产业的数字经济产业体系。加强商业模式、生产模式、服务模式、管理模式等创新，构建开放生

产组织体系，形成网络化、集群化协同分工格局，培育成熟的数字经济产业生态体系。

（三）构建数字经济市场体系

完善要素市场体系，加快构建数据交易市场，健全数字技术交易市场，强化资本市场对数字经济发展的支撑。大力拓展国际市场，充分利用两个市场、两种资源，推动数字经济走出去，树立国际优势。加快形成包容有序的市场秩序，清除市场壁垒，支持新模式、新业态创新发展，维护线上、线下的公平竞争环境。

（四）构建数字经济治理体系

发挥治理体系的改革牵引作用，正确处理政府和市场的关系，建构整体、协同、系统的数字经济治理格局。着力解决"治理主体是谁"的问题，构建多元化、立体化的治理主体；着力解决"治理主体间关系"的问题，构建边界清晰、分工协作、平衡互动的治理结构；着力解决"用什么方法治理"的问题，构建运用大数据、云计算等数字技术的治理手段；着力解决"保障治理有效运转"的问题，构建政策、法律、监管三位一体的治理制度。

二、着力部署8个方面，促使政策措施落地生根

（一）夯实综合基础设施

如同高速铁路、高速公路、民航网络一样，信息网络具有基础性、战略性、先导性，发展信息网络对拉动有效投资、促进信息消费、推动高质量发展具有重要的支撑作用。要持续推动宽带网络演进升级，加快构建高速、移动、安全、泛在的新一代信息基础设施。

一是积极推进宽带网络升级。加大网络提速降费力度。加快百兆宽带普及，推进千兆城市建设，实现高速光纤宽带网络城乡全面覆盖、4G网络覆盖和速率进一步提升。进一步降低家庭宽带、企业宽带和专线的使用费，让

群众和企业切实受益。深入开展电信普遍服务试点。推动完善电信普遍服务长效补偿机制，推进行政村和陆地边境线 4G 网络覆盖，以及偏远地区中小学、医疗机构等场所的宽带网络覆盖，鼓励基础电信企业推动宽带网络向有条件的海岛和自然村延伸。加快推进 5G 产业化。推进 5G 国际标准研制，形成全球统一的 5G 标准。加快 5G 预商用产品研发，培育 5G 完整产业链。开展应用示范，推进 5G 与垂直行业应用的融合创新。

二是加快构建新型网络体系。打造工业互联网网络体系。面向企业低时延、高可靠、广覆盖的网络需求，大力推动工业企业内外网络的技术改造和演进升级，全面部署 IPv6。加快推进工业互联网标识解析体系建设，实现供应链系统和企业生产系统精准对接和人、机、物全面互联，促进信息资源的集成共享。加快建设天地一体化网络。围绕通信、导航、遥感等应用卫星领域，建立持续稳定、安全可控的国家空间基础设施。加快发展高通量宽带通信卫星和移动通信卫星，扩大卫星通信系统对全球陆地和重点海域的覆盖，加强北斗系统的全球覆盖能力建设。

（二）有效利用数据资源

数据是数字经济发展的关键核心要素，要充分挖掘数据要素资源，推动数据资源开发利用，促进数据资源交易流转，强化数据安全保障。

一是健全数据交易法律法规。在顶层制度层面，加快制定出台关于促进数据市场化的指导意见，注重数据价值的挖掘和利用，实现数据安全与价值的平衡统一。明确数据市场化须遵守的法律秩序，明确数据市场化的监管底线，即数据监管的通用规则，各行业监管机构制定相应的实施细则。

二是完善数据市场交易机制。鼓励和支持大数据交易所创新发展，明确各地区交易所功能定位，强化交易所间数据流动与资源整合。提升政府数据开放共享水平，引导互联网企业、制造企业积极参与数据市场交易，扩大要素市场规模。完善大数据流通交易规则，规范市场主体交易行为，推进流通风险评估，完善数据合规应用监督和审计。

三是促进大数据产业加速发展。 鼓励电信企业、互联网企业加强内部数据资源整合，积极推进与传统行业的数据对接，促进跨行业大数据应用落地。推动工业大数据在全生命周期和全产业链的创新应用，培育基于大数据的个性化定制、协同制造等制造业新模式。攻关大数据关键技术，推动产品和解决方案的研发及产业化。

四是强化数据保护与管理。 建立健全大数据安全保障体系，完善个人信息保护、数据跨境流动、数据安全防护等制度，维护网络空间安全以及网络数据的完整性、安全性、可靠性。加强技术保障能力建设，推进防泄露、防窃取、匿名化等大数据保护技术研发和应用，促进网络信息安全威胁数据采集与共享，建立统一高效、协同联动的网络安全管理体系。

（三）加强技术创新力度

核心技术是国之重器。核心技术靠花钱是买不来的。只有把核心技术掌握在自己手中，才能真正掌握竞争和发展的主动权。要下定决心、保持恒心、找准重心，加快突破数字经济核心技术。

一是夯实基础，补齐基础技术、通用技术发展短板。 持续强化核心器件、高端芯片、基础软件等基础技术，着力提升处理、计算、传感、通信和存储传输等通用技术能力，突破芯片关键加工装备、设计工具、基础工艺、重要材料等关键技术，推动用户端操作系统、云操作系统、物联网操作系统，以及数据库、通用应用软件、重点行业专用软件的安全可控，显著提升基础产品市场占有率和自给能力。

二是聚焦重点，着力培育非对称性技术、"杀手锏"技术的比较优势。 大力发展软件定义芯片等新兴技术，重点突破软件入侵与检测、硬件木马与破解、数据加密与解密、信息溯源与挖掘等关键技术，在国际产业竞争、贸易保护、网络攻防等重要斗争中形成有效的、长期的制衡与谈判能力，培育独特的发展优势和网络"巧实力"。

三是超前布局，积极构建前沿技术、颠覆性技术的先发优势。 加强石墨烯、碳纳米管等新型材料与器件的重大布局，开展新材料、新工艺、新器件理论研究，突破设计工艺集成关键技术。加快类脑计算、认知计算等人工智能技术，量子计算、高性能计算等新型计算技术，虚拟现实／增强现实技术，以及未来网络、太空互联网、量子通信、太赫兹通信等新技术的研发与试验，推动网络体系架构向开放化、虚拟化、智能化、弹性化方向发展，构筑安全可控、全球领先的现代网络技术能力。

四是面向应用，全面塑造全球产业主战场的关键技术体系化优势。加强超高速宽带、5G、下一代互联网、云计算、大数据、移动互联网、物联网、信息物理系统等重要领域的基础通用技术的创新与应用，构建完整技术体系，建立特色技术优势，夯实产业发展和国际竞争的技术基础。

（四）培育壮大新兴产业

新模式、新业态是数字经济发展最活跃的领域。要着力推动数字经济新模式、新业态创新发展，壮大新兴产业，增强经济发展新动能。

一是发展壮大新一代信息产业。强化体系化发展，打造自主产业生态。加强产业链与创新链的系统布局，打造国际先进的网络、计算、感知、存储、安全等自主产业生态；加强技术研发、产品制造、应用部署等环节的统筹衔接，畅通科研成果转化渠道；构筑技术创新、标准规范、认证检测、市场推广等公共服务平台，不断完善产业服务体系；发挥互联网在推动融合创新和产业变革的作用，促进产业链垂直整合、制造业服务化转型和产品智能化升级。

突破瓶颈性领域，实现技术产业的整体性跨越。着力突破集成电路制造业，实现设计、制造、封测等环节的协同发展，提升装备、材料的自主支撑能力；基于云服务、大数据应用、移动智能终端、高端网络设备等领域的比较优势，拓展操作系统、智能硬件等领域，实现技术优势向产业链上下游的延伸和扩散；强化自主可控集成电路、操作系统、服务器等的相互适配和协同发展，加快党政军等重要领域的国产部署，带动自主软硬件的整体性突破。

强化企业主体地位，培育国际大型企业群体。强化企业在产业技术创新中的主体地位，支持企业联合高校和科研机构打造企业研发中心和技术产业联盟，打通基础研究与技术产业化的高效转化通道。设立市场化运作的投资基金，面向信息技术战略性领域，支持和鼓励企业开展跨国兼并重组、购买技术和专利、引进人才和提升产能，培育一批具有国际竞争力的大型企业。创新技术产业政策，营造规范有序的产业发展环境。逐步放宽产业的资本结构限制，吸引创新型企业在国内上市，营造良好的投融资环境。进一步开放电信业务市场，鼓励多种所有制企业进入，形成公平竞争、良性互动的市场格局。加强技术专利与标准布局，推动建立专利联盟，完善知识产权预警机制和自有知识产权留存国内的机制，健全云计算、大数据等重点领域的标准体系，加强自主技术产业发展的技术引导和支撑。

二是推动工业互联网新业态加速发展。工业发展的新模式、新业态既要基于成熟有效的数字化解决方案和行业支撑平台，也要重视重点行业、领军企业的先行先试以及行业互动。首先，打造行业创新标杆。紧密围绕航空、航天、船舶、机械、汽车、石化、钢铁等具备工业互联网发展基础的领域，鼓励工业领军企业、工业和互联网融合先锋企业、大型系统集成商进行跨界发展，开展紧密合作，加速融合创新，联合打造产业技术应用测试项目及平台应用示范。其次，推进发展应用先导企业。鼓励应用基础好、实力强的企业率先进行工业互联网新兴模式与业态的实践，探索工业互联网应用路径，带动上下游产业链共同提升，使之成长为示范作用强和带动效应明显的行业领军企业。最后，充分发挥工业互联网产业联盟作用。推动工业互联网产业联盟多元化拓展，吸纳更多代表性企业加入发展阵营。推动产业各方继续在体系架构、技术创新、标准制定、测试床、试验平台等方面深入合作，协同解决发展中的共性问题。依托工业互联网产业联盟广泛开展行业宣贯，引导更多制造企业加深对智能化生产、网络化协同、个性化定制、服务化延伸等新模式的认知。

三是支持和引导共享经济新模式健康快速发展。共享经济作为数字经济发展的重要趋势之一，对于我国推进供给侧结构性改革，促进"大众创业、万众创新"具有重要意义。当前，我国共享经济在交通出行、住宿、餐饮等领域蓬勃发展，并积极向其他领域渗透。但总体来看，我国共享经济发展尚处于初步阶段，需要政府的支持与引导。政府应出台顶层设计，加强政策引导，优化发展环境，增强投资者、平台企业、资源分享者等各类市场主体的信心，从而鼓励更多市场力量参与到共享经济的发展中来。同时，政府应积极妥善处理好共享经济新业态与旧业态之间的关系、政府管理与平台治理之间的关系，从市场准入、法律法规、主体责任、劳动关系、公共服务、税收等方面入手，着力破除共享经济发展所面临的突出障碍，进一步释放共享经济的发展潜力。

（五）改造提升传统产业

实体经济数字化转型是数字经济融合创新发展的主攻方向。要充分发挥我国网络大国的优势，加快推进工业、服务业、农业数字化转型，前瞻布局产业互联网，大力发展智能融合型产业，构筑形成网络化、智能化、服务化、协同化的数字经济新形态。

一是深入实施工业互联网创新发展战略。细化完善实施方案。在编制"工业互联网三年行动计划"的基础上，进一步制定工业互联网网络化改造实施指南、工业互联网平台建设及推广工程实施指南、工业 App 培育专项行动指南、工业互联网安全指导性文件等一系列落地方案，力争实化、细化、精准化。深入实施重点工程。启动工业互联网创新发展一期工程，开展网络化改造、平台体系、安全体系、IPv6 等集成创新应用。培育若干家跨行业、跨领域的工业互联网平台。开展百万工业企业"上云"行动，加大工业 App 培育力度。加快推进工业互联网产业示范基地、创新中心、开源社区等创新生态载体建设。

二是持续推进"两化"融合创新发展。持续开展制造业与互联网融合发展试点示范，加快培育壮大融合发展新模式、新业态。进一步完善制造业"双创"推进机制和政策体系，建设一批制造业"双创"平台，促进大中小型企业融通发展，营造融合协同共享的制造业"双创"生态环境。大力发展信息物理系统、工业云、工业大数据、工业电子商务，夯实融合发展基础。

三是推动农业智能化、集约化发展。加快农业生产方式智能化转型，应用物联网、云计算、大数据、移动互联等技术，推动农业全产业链智能化改造升级，提高农业产业链整合水平和农产品附加值。进一步普及农业网络化经营方式，建立健全地方和行业农村电商服务体系，加快推动适应农村电商发展的农产品质量分级、采后处理、包装配送等标准体系建设。强化农业综合信息服务能力，深化农业信息服务体系建设，推广农业信息共建共享平台，全面提升农业信息化服务水平。

四是持续推进服务业数字化创新。加快生产性服务业数字化转型升级步伐，加快推动大数据、物联网等技术在物流、科技服务等数字化渗透较慢的生产性服务领域的应用，提升专业化、高端化、集中化水平。强化生活性服务业的数字化创新，加快大数据等数字技术在生活服务领域的应用，提高个性化、精细化水平。

（六）扩大升级有效需求

作为拉动经济增长的"三驾马车"，消费、投资、净出口在国民经济中发挥着重要作用，要注重消费、投资、净出口对数字经济发展的关键带动作用，着力扩大和升级有效需求。

一是进一步扩大和升级信息消费。实施《扩大和升级信息消费三年行动计划（2018—2020年）》，深化国家信息消费试点示范城市创建，做好信息消费统计监测。推动设立新型信息消费示范专项，支持一批发展前景好、示范效应强的项目，培育信息消费新应用新业态，增强信息消费有效供给，打造信息消费升级版。推动信息消费向基层延伸，下社区、进乡镇，在优化提升民生服务、激发社会活力、让人民群众有更多获得感上下功夫、出实招，持续扩大信息消费受众群体。

二是强化数字经济领域有效投资。打造融资服务风向标，建立和完善引导机制。积极发挥天使投资、风险投资基金等在数字经济领域的投资引导作用。开展股权众筹等互联网金融创新试点，支持小微企业发展。夯实融资服务基础，完善资本市场融资体系，建立多层次资本市场体系，充分发挥政府投资的杠杆作用，重点加强对基础性、前瞻性和颠覆性技术创新和应用的投资，优化投资结构。充分利用现有的各类发展基金和社会投资公司或建立专项基金，支持各领域数字经济发展。

三是积极拓展数字经济国际市场。第一，加强我国应对国外壁垒障碍的支撑体系。在日益复杂的国际环境下，可借助自由贸易协定、双边投资保护协定等谈判机制，推动解决民营企业在海外拓展中遇到的困难和问题，例如歧视性监管、不公平待遇等。行业主管部门协调建立针对数字经济业的法律援助体系，加强对基本规则的研究跟踪，定期发布报告，为企业"走出去"提供基本情况支持。扶持成立一批高水平的法律、公关及相关服务机构，使企业遇到问题时能够及时获得专业援助。第二，建立完善的国际综合服务支撑体系。建立政府服务信息平台，加强对各国法律、法规和政策的研究，为企业提供可靠、权威的国内外市场需求、投资环境等信息。大力发展国际信息服务和中介机构，建立资源共享平台，加强与其他国家相关机构、我国驻外使领馆的沟通协作，为数字经济企业提供更多信息和指导，规避风险。发挥相关行业协会和组织的优势，及时收集、传递和发布境外市场、项目的信息，建立信息资讯与服务中心，开拓信息传递渠道。第三，加强国际化交流与合作。充分利用高层互访和双边经贸会议，以及随团出访等机会，推介企业及其产品。通过政府间合作，加强数字经济领域国际之间的交流与合作，增进其他国家对我国企业和技术的了解，为我国民营企业实现国际化发展创造更多的机会。同时，充分利用各种区域组织、国际组织和多边、双边交流机制，例如上海合作组织、"澜沧江—湄公河合作"机制、国际电信联盟、东盟电信部长会议"10+3"机制等，为我国企业宣传推广自身优势技术、产品和服务创造机会，减少观念误区。

（七）优化公平竞争机制

数字经济发展除了要遵循技术和产业的发展规律之外，高效率的市场组织对数字经济发展也至关重要，有效的市场安排、良好的发展环境是推动数字经济发展经久不衰的动力。

一是推动形成良性互动的市场主体关系。第一，明确新型灵活劳动者的合法地位。《中华人民共和国劳动法》仅适用于形成劳动关系的劳动者，而依托平台大量涌现的灵活就业并非传统的劳动关系，它们需要新的法律法规予以保障和规范。我国加快深入研究数字经济下新型灵活就业劳动者的劳动特点，特别是针对以平台获取零工收入为生的劳动者，探索通过新的法律法规明确其权利和义务。借鉴国际经验，研究设立劳动者权利介于劳动关系和劳务关系之间的第三种劳工关系的法律障碍和可行性，建立富有弹性、多层次、人性化的劳动关系。第二，逐步改善数字经济下新型劳动者的保障。积极引导和发挥市场的力量和平台的自律机制，保障劳动者权益。鼓励发展多元化的商业模式，在竞争中促进劳动者权益的保障。鼓励基于劳务关系的"轻模式"和基于劳动关系的"重模式"的共同发展和公平竞争，鼓励平台企业根据市场竞争和业务发展需求开展多元化运营模式，构建不同模式的劳动者关系。鼓励平台赋予劳动者选择全职雇佣或兼职工作的权利。建议赋予劳动者和平台双向选择的权利，让劳动者自主选择是否与平台企业建立劳动关系，充分发挥共享经济的灵活性。调整完善劳动用工、社会保险等法规政策，明确作为新型劳动者依托的数字平台应承担的保障责任，实现体面、安全的劳动。第三，切实加强和创新平台反垄断执法行动。平台垄断现象已现端倪，反垄断规制要求急迫。但平台是双边市场，具有新的竞争特性，现有反垄断法律体系已经不适应平台的发展要求，机械地使用反垄断法，或不适当地扩大反垄断法的适用范围只会抑制平台的发展。我们应当依据平台竞争特性，加快探索并完善监管法律体系。深入研究平台发展过程中出现的法律问题，充分考虑平台双边市场的特性，合理借鉴国外的成熟经验和做法，加快完善符合中国国情的平台反垄断。根据平台双边市场特性创新相关市场界定办法。即便是给反垄断法带来了全新的观察视角和巨大的理论挑战的双边市场理论，也不足以颠覆传统反垄断法理论。在互联网产业相关市场界定中，"相关市场"概念本身所体现的基本内涵仍然是适用的，需要改变的是具体的界定方法和思维惯性。例如，执行机构与行业监管机构共同管理反垄断相关问题。对于以创新为特征的互联网市场来说，为尽可能地避免妨碍创新，反垄断执法机构需要非常谨慎，需要与行业监管机构密切合作，共同商议监管措施。这也是长期以来电信业反垄断监管的合作机制。我国应鼓励行业协会发挥作用，完善行业规范与自律公约。引导互联网平台企业和从业人员不断提高自律意识，自觉规范经营行为。

二是建立公平有序的市场竞争秩序。公平有序的竞争是市场经济的灵魂。在数字经济下，市场中的不规范竞争问题频现，许多新特点、新问题相继呈现，关于竞争的执法亟须加强和创新。一方面加强反不正当竞争执法。严厉打击网络售假、虚假宣传、虚假交易、商誉诋毁、流量劫持等不正当竞争行为，维护公平有序的市场竞争。严厉打击新型网络违法犯罪行为，例如，严打击电信诈骗、网络攻击窃密、网络盗版侵权、网络非法售卖个人信息、网络传销、网络诈骗、网络非法集资、网络赌博等违法犯罪行为，构建健康的市场环境。另一方面，创新竞争执法模式。加强事中、事后治理，利用大数据创新治理手段，探索建立与平台协同治理机制。

（八）创新政府治理模式

政府要顺应数字经济发展新形势，坚持包容审慎治理理念，创新行业治理方式，优化治理手段，营造规范有序、公平竞争的市场环境。

一是坚持包容审慎的治理理念。当前，尽管我国互联网平台企业广泛涌现，但与全球领先的平台企业相比，仍然有不少差距，鼓励平台企业做大做强仍然是首要任务。与此同时，近年来我国兴起的超大型平台，在激烈的市场竞争中，往往更关注规模增长，而对平台责任和内部治理体系建设重视不够。因此，未来对互联网平台的治理仍应坚持包容审慎的理念，包容互联网新业态发展，对于那些未知大于已知的新业态，要本着鼓励创新的原则，在看不准的时候，不要一上来就"管死"，而是留有一定的"观察期"。同时，要严守安全底线，对互联网行业存在的危害消费者生命财产安全、假冒伪劣、侵犯知识产权等行为，要采取严厉监管措施，坚决依法打击。

二是打造部门协同、社会参与的协同治理体系。一方面，相关部门应建立高效的部际联席会议制度，开展联合执法，着力解决部门职能交叉、监管信息不共享等难题，使协同监管制度化、常态化，在平台治理、网络安全保障等方面形成监管合力。另一方面，应建立互联网行业多方治理机构，就热点、重点与难点问题进行研讨磋商，寻求共识，打造政府主导、企业自治、行业自律、社会监督的社会共治模式，助力数字经济高质量发展。

三是优化治理手段与方式。互联网平台的治理既需要完善治理理念与规则，也需要优化治理手段与方式。首先，政府应将以往重事前审批为主的监管方式，积极转变为事前、事中、事后全流程监管，充分运用技术手段、信用管理等方式，加强事中事后监管。其次，积极运用大数据、人工智能等新技术提高治理能力，对典型平台的突出问题，例如交易类平台的假货问题、信息内容类平台的网络谣言等问题进行精准高效管理。最后，完善多层级信用体系，对各主体行为进行高效约束，加快培育信用服务市场，积极发展第三方信用服务，提高第三方信用服务的科学性、可靠性和权威性。同时，建立各平台间的守信激励与失信联合惩戒的机制，提高个体失信成本，共同促进业态的健康发展。

四是完善治理制度与环境。法律制度的相对稳定性与数字经济的创新性之间存在矛盾，从而会带来法律法规的缺位，或者法律法规与业态发展的不适应之处。因此，有关部门应及时出台行业监管政策，明确各方责任边界，使互联网平台经济的发展有法可依、有章可循。对关键性领域应尽快出台专门性法律，2018年《中华人民共和国电子商务法》的出台，为电子商务健康发展设定了法律框架。此外，在个人信息保护方面，我国也亟须出台相关法律法规以加大个人信息保护力度。行业管理部门应及时出台新的监管政策，提高政策的时效性，及时回应市场发展需求，尽快明确互联网平台企业的责任义务，在厘清平台法律责任的种类、保护用户个人信息等基本规则上，针对不同类型的平台，区别规定其应承担的法律责任，明确权责边界，减少平台应承担责任大小的随意性，以充分释放平台经济的活力。

五是积极参与全球治理体系构建。我国应持续推动数字经济发展战略、规划、政策、标准、监管等方面的紧密衔接，制定完善的适应数字经济发展的政策法规；加快建立"一带一路"沿线国家数据跨境流动机制，共同营造稳定透明、公平公正、开放包容、规范有序的发展环境；在联合国框架下，积极参与数据安全、数据跨境流动等规则建设，推动建立多边、合理、透明的数字经济国际治理体系；制定并推广数字经济治理的中国方案，提高我国在数字经济全球治理中的影响力。